AF560306

# नेहरू और आधुनिकता

# नेहरू और आधुनिकता

संपादक
धनंजय राय

नेहरू और आधुनिकता
*संपादक : धनंजय राय*



प्रथम संस्करण 2016

ISBN 978-93-5002-429-4



*प्रकाशक*
**आकार बुक्स**
28ई पॉकेट IV, मयूर विहार फेस–I, दिल्ली 110 091
फोन : 011 2279 5505, 2279 5641
aakarbooks@gmail.com; www.aakarbooks.com

*लेजर सेट*
अर्पित प्रिंटोग्राफर्स, दिल्ली–32

*मुद्रक*
सपरा ब्रदर्स, दिल्ली–92

# अनुक्रम

# आभार

यह अध्ययन एक सामूहिक प्रयास का नतीजा है। मैंने पहली बार आधुनिकता से संबंधित हिस्से को सेंटर फॉर पॉलिटिकल स्टडीज, जवाहरलाल नेहरू विश्वविद्यालय द्वारा आयोजित यंग स्कॉलर्स कांफ्रेंस 2014 [विषय 'पॉलिटिकल आइडियाज एंड डेमोक्रेटिक पॉलिटिक्स इन इंडिया' (मार्च 6-8, 2014)], में 'रेनेसांस मॉडर्निटी एंड डेमोक्रेसी इन इंडिया' नाम से प्रस्तुत किया था। मैं डिपार्टमेंट ऑफ स्पेशल असिस्टेंट, सेंटर फॉर पॉलिटिकल स्टडीज, जवाहरलाल नेहरू विश्वविद्यालय नई दिल्ली, का आभारी हूँ, जिसने मुझे मार्च 3 से 8, 2014 के दौरान विजिटिंग स्कॉलर के तौर पर बुलाया था। आधुनिकता के सिद्धान्तीकरण को समझने और विस्तृत चर्चा करने में विजिटिंग स्कालरशिप काफी मददगार साबित हुई। मैं इस आमंत्रण के लिए गुरप्रीत महाजन और अनुपमा रॉय (सेंटर फॉर पॉलिटिकल स्टडीज, जवाहरलाल नेहरू विश्वविद्यालय, नई दिल्ली) का आभारी हूँ।

जवाहरलाल नेहरू और आधुनिकता को साथ लाने के लिए मैं अपूर्वानंद का भी आभारी हूँ, जिन्होंने मुझे 'आलोचना' पत्रिका के विशेषांक में जवाहरलाल नेहरू के बारे में न केवल लिखने को कहा, बल्कि करीब-करीब दो साल तक मुझे नहीं लिखने का अहसास भी कराते रहे।

लेख से शुरू हुए मुद्दे को किताब की शक्ल में ढालने का श्रेय आकार बुक्स के के. के. सक्सेना को जाता है। उन्होंने न केवल इस मुद्दे को और विस्तार देने को कहा, बल्कि इसको विमर्श के तौर पर प्रकाशित करने के लिए सहर्ष तैयार हो गए। उनके उत्साह ने नेहरू और आधुनिकता को विमर्श में ढालने के प्रयास को आसान कर दिया।

विमर्श में ढालने की पद्धति बहुत ही आसान थी। इस परियोजना में उन लेखकों को भी शामिल किया गया, जो मेरे फ्रेम वर्क ('नेहरू और आधुनिकता'; अध्याय 1) से असहमत थे। यह असहमति भी कई सारगर्भित मुद्दों को जन्म देती है। इसके लिए मैं धर्मेन्द्र कुमार, सुधीर कुमार सुथार, परिमल माया सुधाकर, प्रमोद तिवारी,

कमल नयन चौबे, अब्दुल रहमान अंसारी, सदन झा और पावेल तोमर का आभारी हूँ जिन्होंने सहमति–असहमति के फ्रेमवर्क से बाहर जाकर अपने आलोचनात्मक लेख लिखे और उन मुद्दों को भी जन्म दिया, जो नेहरू और आधुनिकता से संबंधित विमर्शों में बहुत ही महत्वपूर्ण सिद्ध होंगे।

मैं अजय दांडेकर (शिव नाडर विश्वविद्यालय, नोयडा), मणीन्द्र नाथ ठाकुर (जवाहरलाल नेहरू विश्वविद्यालय, नई दिल्ली) और हिलाल अहमद (सीएसडीएस, दिल्ली) का आभारी हूँ, जिनकी आलोचनात्मक टिप्पणियों ने 'नेहरू और आधुनिकता' वाले अध्याय को और सुधारने में सहायता की। मैं गुजरात केंद्रीय विश्वविद्यालय और अपने साथियों का आभारी हूँ जिनके लगातार प्रोत्साहन ने इस कार्य को आगे बढ़ाने में मदद की। स्मृति रंजन धल, प्रिय रंजन कुमार, बेरिल आनंद, जगन्नाथम बेगारी और सौरभ शर्मा ने लगातार इस सन्दर्भ में महत्वपूर्ण सुझाव दिए। अमरेन्द्र पांडे (गुजरात विद्यापीठ, अहमदाबाद), विक्रम अमरावत (गुजरात विद्यापीठ, अहमदाबाद), राजीव रंजन कुमार (दिल्ली विश्वविद्यालय), शैलजा सिंह (दिल्ली विश्वविद्यालय), मंजूर अली (सेंटर फॉर बजट एंड गवर्नेंस एकाउंटेबिलिटी, नयी दिल्ली) जैसे अभिन्न मित्रों का साथ मिला। मैं खास तौर पर अभय कुमार (दयाल सिंह कॉलेज, दिल्ली विश्वविद्यालय) तथा प्रमोद तिवारी, विकास पाठे और अमरेन्द्र कुमार (गुजरात केंद्रीय विश्वविद्यालय) का आभारी हूँ, जिनकी सहायता, भाषा–परिष्कार और संपादन के बिना यह किताब इस रूप में नहीं आ सकती थी। दोनों का विशेष आभार।

अशोक तिवारी, आराधना त्रिपाठी, प्रत्युष और रित्युषा को लगातार संपादन करने और प्रोत्साहित करने के लिए आभार। रित्युषा के आलोचनात्मक प्रश्नों ने काफी मुद्दों को सुलझाने में मदद की। मेरे पिता, भाई (संजय राय) और बहन (हेमा) को हमेशा की तरह प्रोत्साहित करने के लिए आभार।

# प्रस्तावना

*धनंजय राय*

जवाहरलाल नेहरू ही क्यों? इस प्रश्न को समझने के लिए हमें भारत के सामाजिक विज्ञान और सामाजिक जीवन को टटोलना होगा। मेरा मानना है कि भारत का सामाजिक विज्ञान और सामाजिक जीवन दो प्रमुख धुरियों और बहसों में बँटा दिखाई देता है। ये दो धुरियाँ या बहसें 'परंपरा' और 'आधुनिकता' की रही हैं। इन दोनों बहसों के केंद्र में नेहरू रहे हैं। 'परंपरावादी' नेहरू को सबसे बड़ा विरोधी करार देते हैं, क्योंकि नेहरू की 'ज्ञान-मीमांसा' (एपिस्टेमोलोजी) का केंद्र 'पश्चिम' था। राजनैतिक मनोविज्ञानी आशीष नंदी, स्टैनले वोल्पेर्ट की किताब '*नेहरू : अ ट्रिस्ट विद डेस्टिनी*' की *लन्दन रिव्यू ऑफ बुक्स* के लिये समीक्षा करते हुए नेहरू को 'भारत में शासन करने वाला अंतिम अंग्रेज' करार देते हैं। यह शीर्षक नेहरू के द्वारा स्वयं को दिया गया अतिरंजित वाक्य तो है, लेकिन इसको संदर्भ के बाहर उद्धृत किया जाता रहा है। नेहरू ने जॉन केनेथ गालब्रेथ से कहा था कि 'गालब्रेथ आप एहसास कर सकते हैं कि मैं 'भारत में शासन करने वाला अंतिम अंग्रेज' हूँ।' यह नेहरू के सन्दर्भ में उनके ऊपर हुए ब्रिटिश असर यानी सिडनी और बीट्राइस वेब्ब, हेरोल्ड लास्की और ब्रिटिश वामपंथ से संबंधित है (गालब्रेथ, 1999: 132)। नंदी के अनुसार नेहरू के सेकुलरवाद और प्रगतिशीलता को केवल ब्राह्मणवादी मध्य वर्ग ने ही अपनाया था (नंदी, 1998: 14-15)। पीटर रोब्ब का मानना है कि जिस वर्ग की बात नंदी कर रहे हैं, वे कभी पाश्चात्य नहीं थे (रॉब, 1998)।

बहस का दूसरा छोर 'आधुनिकता' (मॉडर्निटी) से संबंधित है। यहाँ पर 'पुनरुत्थानवादी' (रिवाइवलिस्ट्स) भारतीयता को आधुनिकता से ऊपर बताते हैं, कभी-कभार यह भी घोषित कर दिया जाता है कि आधुनिकता भारत की प्राचीन धरोहर रही है। 'वर्तमान आधुनिकता' पश्चिमी है इसलिए इसको अस्वीकार करने का समय आ गया है। जहाँ परम्परावादी, जिनको राजनैतिक सिद्धांत में 'समुदायवादी'

(कम्यूनिटेरियन) कहा जा सकता है, नेहरू को 'परंपरा-विरोधी' के नाम पर ख़ारिज करते हैं, वहीं दूसरी तरफ पुनरुत्थानवादी उनको 'भारतीय' श्रेष्ठता के नाम पर ख़ारिज करते हैं। नेहरू की *'एन ऑटोबायोग्राफी'* दक्षिणपंथ/पुनरुत्थानवाद पर जबरदस्त आघात करती है। यह अनायास नहीं है कि दक्षिणपंथी बुद्धिजीवी तरुण विजय नेहरू को पूरी तरह से ख़ारिज करने की बात करते है (विजय, 2014)। यहाँ पर दोनों का मिलन-बिंदु भारतीयता हो जाता है। यह भारतीयता एक खास तरह की हो जाती है जो 'हिन्दूकरण' के समीप प्रतीत होती है।

इन दोनों विमर्शों के मध्य दो प्रश्न उठते हैं। पहला, क्या नेहरू को समुदायवादियों और पुनरुत्थानवादियों से मिली चुनौतियों पर महत्वपूर्ण तौर पर कुछ कहा गया है? मुझे लगता है, 'नहीं'। इसका सबसे महत्वपूर्ण कारण नेहरू को राजनैतिक सिद्धांतकार के तौर पर 'न' देखने से रहा है। नेहरू को 'व्यक्ति' या 'कर्ता' के तौर पर ही देखा गया है। यह प्रयास नेहरू को राजनैतिक सिद्धांतकार के तौर पर देखने से है। दूसरा सवाल यह भी उठता हैं कि क्या नेहरू के पास समुदायवादियों और पुनरुत्थानवादियों से बेहतर विकल्प है? अगर है भी तो क्या है?

इन प्रश्नों को अलग-अलग अध्यायों में खोजने की कोशिश की गयी है। इस प्रयास में भिन्न लेखों को संवादात्मक और द्वंद्वात्मक पद्धति के तौर पर देखा जाना चाहिए। धनंजय राय (अध्याय 1, नेहरू और आधुनिकता : प्राचीन और अर्वाचीन के दौर में) आधुनिकता को आधुनिकीकरण और आधुनिक से अलग करते हुए इसके तीन सबसे महत्वपूर्ण योगदान 'इंडिविजुअल', 'समाज' और 'राज्य को धर्म से अलग करने' को सबसे बड़ा योगदान मानते हैं। इसके विपरीत आधुनिकता के विरोधी समुदायवादी और पुनरुत्थानवादी इसको नकारते हुए, नेहरू को भी नकार देते हैं क्योंकि उन्हें नेहरू आधुनिकता के सबसे बड़े प्रवर्तक लगते हैं। इस तरह 'इंडिविजुअल', 'समाज' और 'धर्म रहित राज्य' जैसी तीन महत्वपूर्ण अवधारणाओं को नकार दिया जाता है। इन तीनों की जगह समुदायवादी और पुनरुत्थानवादी 'व्यक्ति', 'समुदायवादी' और 'धर्म सहित राज्य' जैसी अवधारणाओं की वापसी की पुरजोर कोशिश करते हैं। समुदायवादी और पुनरुत्थानवादी दोनों अलग विचारधाराएँ हैं, लेकिन दोनों सामान निष्कर्ष पर पहुँचते हैं। नेहरू आधुनिकता के तीन सबसे बड़े मूल्यों को मानते हुए इसके महत्व को रेखांकित करते हैं, लेकिन आधुनिकता को वे आन्दोलन में तब्दील नहीं कर पाए। इस तरह के अध्ययन के लिए यह जरूरी हो जाता है कि नेहरू को हम राजनैतिक सिद्धांतकार के तौर पर पढ़ें। इस तरह की 'पृष्ठभूमि' में सहमति और असहमति को आमंत्रित करते हुए तथा और भी संबंधित मुद्दों को जोड़ते हुए इस किताब के माध्यम से बहुयामी विमर्शों पर प्रकाश डालने की कोशिश की गयी है।

धर्मेन्द्र कुमार (अध्याय 2, नेहरू और आधुनिकता) का मानना है कि इतिहास के किसी दौर की तरह आधुनिकता के अंतर्विरोध का भी दौर रहा है। चूँकि आधुनिकता पूँजीवाद के द्वारा तैयार धरातल पर तैयार हो रही थी, इसलिए इसके मूल्य भी अंतर्विरोधों से भरे हुए थे। इसका मतलब यह नहीं है कि आधुनिकता पूँजीवाद से जुड़ी हुई है, बल्कि ऐतिहासिक रूप से इसका विकास इसी तरह से हुआ है। धर्मेन्द्र, हेगेल के माध्यम से यह बताते हैं कि सार (एसेंस) को आभासित (एपियर) होना ही होगा। सार को आभासित होने के लिए माध्यम की भी जरूरत होती है। इसको मध्यस्थीकरण (मेडीएशन) कहते हैं। इसी दौरान सार, माध्यम के अंतर्विरोधों के साथ हो जाता है, जिसके माध्यम से मध्यस्थीकरण होता है। यहीं अंतर्विरोध दिखते हैं। उनके अनुसार आधुनिकता और पूंजीवाद के सम्बन्ध काफी जटिल हैं। धनंजय जब समुदायवादियों की आलोचना करते हैं तो यह स्पष्ट नहीं हो पाता है कि समुदायवादी आधुनिकता की आलोचना किस तरह से कर रहे थे। हालाँकि समुदायवादियों और पुनरुत्थानवादियों का परंपरा को लेकर आलोचनाविहीन दृष्टिकोण की आलोचना उचित ही है। नेहरू की आधुनिकता कैसे पूँजीवादी राज्य में तब्दील हो गयी, इसको समझने के लिए परिस्थितियाँ भी समझनी होंगी, जिसने आधुनिकता और पूँजीवादी राज्य के बीच मध्यस्थीकरण किया। नेहरू के अंतर्विरोधों को समझने के लिए इन ऐतिहासिक परिस्थितियों को समझना होगा।

अब्दुल रहमान (अध्याय 3, नेहरू और भारत में आधुनिकता) नेहरू और आधुनिकता के संबंधों पर तो धनंजय से सहमत हैं, पर वे धनंजय की इस बात से असहमत हैं कि नेहरू ने आधुनिकता के लिए कोई आन्दोलन खड़ा नहीं किया। इंडिविजुअल और व्यक्ति में जो मूलभूत अन्तर है, उसके आधार पर कहा जा सकता है कि नेहरू के द्वारा आधुनिकता के लिए आन्दोलन न करने की बात ऐतिहासिक तौर पर सही नहीं है। अब्दुल यह प्रश्न करते हैं कि अगर आन्दोलन की परिभाषा सिर्फ उदारवादी संविधान से परे लामबंदी है और राज्य-आधारित परिवर्तन सिर्फ आधुनिकीकरण ही हो सकता है तो हमें नेहरू और उनके जैसे कई लोगों द्वारा लाये गए परिवर्तनों को नकारना होगा। वाशिंगटन, नेपोलियन, लेनिन, स्टालिन और माओ के जिक्र के बिना आधुनिकता के इतिहास पर चर्चा नहीं की जा सकती। अगर मुस्तफा कमाल और रजा शाह पहलवी के समाज को आधुनिक बनाने के प्रयासों को आन्दोलन माना जा सकता है तो क्यों नहीं नेहरू के प्रयासों को भी आन्दोलन माना जाए। आधुनिकता को सिर्फ सिद्धांत के तौर पर देखना और राज्य को इसके कार्यों से अलग-थलग कर देना आधुनिकता की स्थापना की सारी संभावनाओं को ख़त्म कर देता है। इंडिविजुअल की उत्पत्ति में राज्य ने बहुत योगदान किया है। आधुनिकता और आधुनिकीकरण में, जो धनंजय राय में बिल्कुल स्पष्ट है, अंतर

एकदम अलगाव के तौर पर नहीं किया जा सकता है। आधुनिकता को पूर्ण विकसित अवस्था में लाने के लिए आधुनिकीकरण पूरक का काम करती है। अब्दुल, नेहरू से संबंधित 'पैसिव रिवोल्युशन' के सिद्धांत को ख़ारिज करते हैं, जिसमें उन्हें उच्च वर्ग को बचाने वाला बताया गया है, क्योंकि आधुनिकता और वर्ग-संघर्ष परस्पर विरोधी अवधारणाएँ नहीं हैं। नेहरू और साम्प्रदायिकता को लेकर अब्दुल का मानना है कि रुढ़िवादियों द्वारा नेहरू के प्रति घृणा उस व्यक्ति और व्यवस्था के प्रति घृणा है, जो उनके आधिपत्य (हेजीमनी) को चुनौती देता हुआ, तोड़ने का दम रखता है। खास तौर से प्रगतिशील तबके द्वारा नेहरू को सारी समस्यायों का जिम्मेदार बता देना गैर-ऐतिहासिक सोच है।

पावेल तोमर (अध्याय 4, नेहरू की आधुनिकता) के लेख में नेहरू की आधुनिकता की प्रकृति और प्रवृति का विश्लेषण किया गया है। नेहरू के जो भी मूल्य थे, उन्हें इस संक्रमण दौर में उल्टा कर दिया गया है– सेकुलरिज्म/तुष्टीकरण, मांग-प्रबंधन और कल्याणकारी राज्य (वेलफेयर स्टेट)/विकास-विरोध (आर्थिक), गुट-निरपेक्षता/अमरीका-विरोध और समाजवाद/राष्ट्र-विरोध। पावेल का मानना है कि पुनरुत्थानवादियों के उदय, वह भी भारी-भरकम तरीके से, ने 'नेहरूवादी नेशनल-पॉपुलर कलेक्टिव विल' को पुनर्परिभाषित करने की सम्भावना को समाप्त कर दिया है, क्योंकि इसके अस्तित्व का ही अंत कर दिया गया है। यही वामपंथ की नेशनल-पॉपुलर-संस्कृति के आगे न बढ़ा पाने की वजह से ऐतिहासिक हार भी है। ब्रिटिश साम्राज्य के विरोध में चले आन्दोलन में किसान वर्ग ने सबसे महत्वपूर्ण भूमिका निभाई थी और किसान आन्दोलन में नेहरू की बहुत बड़ी भूमिका थी।

पावेल पूछते हैं कि ऐसा क्या हुआ कि जिस वर्ग के साथ नेहरू पहले खड़े थे, वैसे बाद में नहीं रह जाते हैं? नेहरू के विचार में ऐसा क्या था कि वे जनांदोलनों से अलग हो गए? पावेल, जिसको वह धनंजय राय की हेगेलियन परिपाटी कहते हैं, जिसमें विचारों पर ध्यान देकर निष्पादन को नकार दिया जाता है, से सहमत नहीं हैं, क्योंकि यह नेहरू को हेबरमासीय नेहरू में तब्दील कर देता है, इसका कारण यह है कि निष्पादन की विफलता संकल्पनात्मक विफलता की ही उपज है, साथ-ही-साथ जब नेहरू के कार्यों की आलोचना की जाए तो सिद्धांत की भी समीक्षा की जानी चाहिए। पावेल के अनुसार, नेहरू को समाजवाद की अपूर्ण समझ थी। ऐसा क्या था जो नेहरू को, पावेल के शब्दों में, सच्चा समाजवादी नहीं बनने देता? इसके उत्तर देने के लिए पावेल लाक्लाऊ, मूफे और ज़िज़ेक के मास्टर-सिग्निफायर का विवरण देते हैं। आधुनिकता (और नेहरू) के संबंध में धनंजय राय के सिद्धान्तीकरण को वह कांटियन आदर्शवाद बताते हैं क्योंकि आधुनिकता दृष्टिकोण रह जाती है और आधुनिक एक ऐतिहासिक मुकाम बन जाता है। धनंजय राय के इस तरह से देखने

के कारण, वह आधुनिकता को अनंत काल तक विलंबित करने की गुंजाइश छोड़ देते हैं। साथ-ही-साथ आधुनिकता को लोकतंत्र तक सीमित कर देना इसके क्रांतिकारी चरित्र को कम कर के आँकने जैसा है। लोकतंत्र को सामाजिक सहारे की जरूरत पड़ती है। नेहरू और कम्युनिज्म के जो सामाजिक स्रोत हैं, उनमें सारगर्भित अंतर है।

प्रमोद कुमार तिवारी (अध्याय 5, आधुनिकता के अंतर्विरोध) आधुनिकता के अंतर्विरोधों को उजागर करते हैं। प्रमोद लिखते हैं कि धनंजय के अध्ययन का नाम 'नेहरू और आधुनिकता' की बजाय 'आधुनिकता और नेहरू' होना चाहिए था। उनका मानना है कि आधुनिकता के संबंध में और खास तौर पर धनंजय के लेखन में तीन पक्षों की चर्चा होनी चाहिए थी। पहला, सत्ता और आधुनिकता के संबंध, खासतौर पर भौतिकता और सत्ता के परिप्रेक्ष्य में, की विवेचना की जानी चाहिए। विज्ञान ने आधुनिकता के माध्यम से कई वर्चस्वों को तो तोड़ा पर खुद का भी एकाधिकार स्थापित कर लिया। विज्ञान को वैयक्तिक बनाकर इसको सामूहिकता से दूर कर दिया गया है, विज्ञान और दर्शन के संबंध में अलगाव हो गया है। दूसरा, राष्ट्रवाद और आधुनिकता के संबंध की प्रकृति किस तरह की रही है, यह जानना जरूरी हो जाता है। राष्ट्रवाद और उपनिवेशवाद के बीच आधुनिकता कहाँ खड़ी होती है और इंडिविजुअल ने राष्ट्रीय शक्तियों के अभूतपूर्व विस्तार के तौर पर क्या भूमिका निभाई, बहुत ही महत्वपूर्ण मुद्दे हैं। तीसरा महत्वपूर्ण मुद्दा, जो प्रमोद उठाते हैं, वह आदिवासी-समाज से आधुनिकता के संबंधों को लेकर है। आधुनिकता को कैसे मापें? किसी भी समाज की आधुनिकता इस बात से तय होती है कि उसमें विविधता के लिए कितनी जगह है। इन प्रश्नों से आधुनिकतावादी और आधुनिकतावादी नेहरू एवं उनकी विरासत संभालने वाले बच नहीं सकते।

सुधीर कुमार सुथार (अध्याय 6, आधुनिकता, राजनैतिक सिद्धान्तीकरण और वर्चस्व की राजनीति) आधुनिकता और सिद्धान्तीकरण को समस्याग्रस्त बताते हैं, जहाँ वे समुदायवादियों और पुनरुत्थानवादियों के इतिहास और धार्मिक परम्पराओं के अंगीकरण को अस्वीकार करते हैं, वहीं वे यह भी कहते हैं कि आधुनिकता-विमर्श अपनी प्रासंगिकता खो चुका है। साथ-ही-साथ उत्तर-आधुनिकतावाद का विमर्श भी अपना महत्व खो चुका है, क्योंकि यह आधुनिकता के साए में आता है, आधुनिकता का विमर्श विशेष विवेक को प्राथमिकता देते हुए बाकी सभी समझ और ज्ञान-प्राप्ति के साधनों को दोयम समझता है। इसलिए आधुनिकता का विमर्श गैर-लोकतांत्रिक है। सुधीर के अनुसार आज इस तरह के विमर्श की जरूरत है, जिसमें समाज के विभिन्न वर्गों के मध्य विवेक, वैज्ञानिक, आधुनिक, मध्यकालीन आदि सभी प्रश्नों पर बातचीत हो, जिसमें प्रबुद्ध वर्ग, राजनीतिज्ञों और आम

जनमानस की भूमिका हो, जिन्होंने खास तौर के ज्ञान यानी आधुनिकता के ज्ञान का प्रचार–प्रसार किया, उन्हें ही वैज्ञानिक या सिद्धांतकार मान लिया गया। सुधीर, भीखू पारेख (पारेख राजनैतिक सिद्धांत की भारत में अनुपस्थिति की बात करते हैं) और धनंजय (जो नेहरू के रूप में राजनैतिक सिद्धांत को स्थापित करने का प्रयत्न करते हैं) के द्वारा सिद्धान्तीकरण की प्रक्रिया को महत्व देने को लेकर असहमत हैं, इस असहमति का सबसे बड़ा कारण सिद्धांतों की भाषा होती है और यह गैरजरूरी है कि हम विभिन्न समाजों को सिद्धांतों के नजरिये से देखें। चूँकि सिद्धांत की भाषा कुछ नियमों से संचालित होती है, उससे अन्य विधियों, संस्कृतियों और पारंपरिक ज्ञान की अनदेखी हो जाती है। आधुनिकता, वैज्ञानिकता और तकनीक के मिश्रण ने प्रतिदिन लड़ने की क्षमता को खत्म करके एक बाहरी एजेंसी, जिसे राज्य कहते हैं, उस पर निर्भर बना दिया है।

कमल नयन चौबे (अध्याय 7, आधुनिकीकरण के रथ पर सवार आधुनिकता : नेहरू और आदिवासी) ने नेहरू के संवैधानिक अधिकारों की वकालत, जो आदिवासी समाज को सामुदायिक मूल्यों के अधिकार देते हैं, की महत्ता को इंगित करते हैं, इसमें उनकी उत्तर–पूर्व के राज्यों के लिये 'पंचशील' नीति भी शामिल थी। नेहरू आदिवासी समाज की पारंपरिक जीवन–शैली को लेकर आकर्षित थे, लेकिन इसका दूसरा पहलू भी उल्लेखनीय है। नेहरू–सरकार की नीतियों की वजह से आदिवासियों को जंगल के संसाधनों से बेदखल होना पड़ा। औपनिवेशिक काल से चले आ रहे विभिन्न कानून, जिन्होंने आदिवासियों को संसाधनों से दूर करते हुए उनको 'अतिक्रमक' (एनक्रोचर) में बदल दिया, स्वतंत्रता के बाद भी जारी रहे। 1952 की वन–नीति ने संसाधनों पर स्थानीय प्रयोग को वर्जित करते हुए राष्ट्र के निर्माण में इसके उपयोगी होने की नीति पर मुहर लगा दी। कमल कहते हैं कि आधुनिकता के साथ हर समस्या का समाधान भी चलता है, जो कई मामलों में आधुनिकीकरण के माध्यम से बढ़ता है। यहाँ पर अगर कोई आधुनिकतावादी नेहरू की तरह संवेदनशील हो तो वह हाशियों पर पड़े समाजों के साथ हमदर्दी रख सकता है। अन्यथा, ज्यादातर मामलों में ख़ारिज करने की प्रक्रिया रहती है। यह सच है कि भारतीय राज्य की आधुनिकीकरण की प्रवृत्ति से वन–निवासी–समुदायों को सबसे बड़ा नुकसान उठाना पड़ा है। कमल यह भी कहते हैं कि नेहरू ने जिन लोकत्रांतिक संस्थाओं की नींव डाली, उससे आदिवासी समूहों को कई लाभकारी कानून, जैसे कि पंचायत (अनुसूचित क्षेत्र विस्तार) अधिनियम, 1966 (या पेसा) और अनुसूचित जनजाति और अन्य पारम्परिक वन–निवास (वन–अधिकार–मान्यता) अधिनियम 2006, जो संसद में पारित हुआ, का फायदा मिला। इन कानूनों की जानी–पहचानी सीमाओं के बावजूद यह कहा जा सकता है कि लोकतांत्रिक संस्थाओं के माध्यम से

बदलाव की चाहत आदिवासी क्षेत्रों तक पहुँची है। धनंजय द्वारा समुदायवादियों को पुनरुत्थानवादियों के साथ रखने को कमल अन्याय मानते हैं। अगर कोई समुदाय अपने पारंपरिक मूल्यों के चलते विकास की आधुनिक परिकल्पना का विरोध करता है, तो इसका सम्मान किया जाना चाहिये। अगर कोई विचार भविष्योन्मुखी नहीं है तो भी संवाद का रास्ता अख्तियार किया जाना चाहिए, जिसके नेहरू समर्थक थे। नेहरू की समस्या यह थी कि उन्होंने राष्ट्रीय विकास की ऐसी कल्पना की जो आधुनिकीकरण के उसी 'परमसत्य' के रास्ते से होकर जाती है, जिसमें नेहरू के संवेदनशील होने के बावजूद आदिवासी–समुदाय को विस्थापन देखना पड़ता है, आर्म्स फोर्सेज स्पेशल पॉवर एक्ट (आफ्सपा) लागू किया जाता है और केरल की ई. एम. एस. नम्बूदिरिपाद के नेतृत्व में बनी पहली वामपंथी सरकार को बर्खास्त कर दिया जाता है।

परिमल माया सुधाकर (अध्याय 8, नेहरू और हिंदुत्व) ने अपने लेख को पुनरुत्थानवादियों, जिनको वह हिंदुत्ववादी कहते हैं, तक सीमित रखा है। परिमल शुरू में ही नेहरू से संबंधित बहुत ही महत्वपूर्ण बात उठाते हैं कि नेहरू से हिंदुत्व और इससे संबंधित सत्ताधारी दल कोई सम्बन्ध नहीं रखना चाहते हैं, नेहरू को इतिहास के कोने में धकेलने की साजिश की जा रही है। महत्वपूर्ण सवाल है कि यह क्यों किया जा रहा है? इसी प्रश्न को खोजते हुए परिमल, नेहरू की भूमिका को संसदीय जनवादी प्रणाली, फासीवाद से उनका विरोध, स्वतंत्रता के बाद भारत को धार्मिक राज्य नहीं बनने देना, स्वतन्त्रता–आन्दोलन में भूमिका, जिसने दलित, आदिवासी और महिला–आन्दोलनों को जन्म दिया, में सारगर्भित तरीके से उठाते हैं जिसको हिन्दुत्ववादियों ने हमेशा से ही नापसंद किया। इन्हीं कारणों ने नेहरू को आक्रमण का केंद्र बना दिया है। परिमल याद दिलाते हैं कि नेहरू को हिन्दुत्ववादी शक्तियों से बचाना भारत की संकल्पना को बचाना होगा और यहीं से गांधी और अंबेडकर की हिन्दुत्ववादी दलों से मुक्ति का बिगुल भी बजेगा।

सदन झा (अध्याय 9, नेहरू बिना गांधी) नेहरू को अखिल भारतीय स्तर पर सबसे ज्यादा प्रभावित करने वाला नायक मानते हैं। सदन, धनंजय के द्वारा कर्ता और चिन्तक में किये गए अंतर को उकसानेवाला (प्रोवोकेटिव) तो मानते हैं, लेकिन असहमति भी जताते हैं कि नेहरू को राजनैतिक विचारक की जगह केवल राजनीतिज्ञ के तौर पर जगह मिली। सदन की दूसरी महत्वपूर्ण असहमति गांधी की अनुपस्थिति को लेकर है। गांधी का विचार समुदायवाद और पुनरूत्थानवाद के मान्य मूल्यों को चुनौती देता है। यहाँ इससे संबंधित प्रश्न और भी महत्वपूर्ण हो जाता है। क्या गांधी की आधुनिकता की आलोचना के बिना नेहरू की आधुनिकता पर सारगर्भित तौर पर लिखा जा सकता है? यही सदन की असहमति है और उनके

शब्दों में धनंजय की सार्थकता भी है।

इन विचार–विमर्शों में कई असहमतियों के बावजूद, सारे लेखक सामाजिक असहिष्णुता, अन्याय और आर्थिक शोषण के विरोध में तथा लोकतांत्रिक और समतावादी समाज के पक्ष में एक साथ खड़े हैं।

*अध्याय 1*

# नेहरू और आधुनिकता : प्राचीन और अर्वाचीन के दौर में

***धनंजय राय***

*'पंडितों की सरकार में एक मात्र गैर-ब्राह्मण व्यक्ति, जवाहरलाल नेहरू।'*
—बी. आर. अंबेडकर, बम्बई, 1950[1]

*'क्या मैं जान सकता हूँ कि आपका आना कहाँ से हुआ?'*
*'मैं तो इसी घाटी का हूँ।'*
*'लेकिन ठीक कहाँ के हैं? क्या घाटी की निचली ओर के?'*
*'हाँ, कुन्दापुर का'*
*'मैं जान सकता हूँ कि आप किस जाति के हैं?'*
*'मैं वैष्णव हूँ।'*
*'किस उप-शाखा के?'*
*'शिवल्ली के।'*
*'मैं कोट उप-शाखा का हूँ। आपका गोत्र क्या है?'*
*'भारद्वाज।'*

यू.आर अनन्तमूर्ति के उपन्यास *संस्कार* से (2009: 159)

*'जिन दिनों भारतवर्ष में गोरों की हुकूमत थी, (बशर्ते कि आगे लिखा जानेवाला इतिहास हमें ऐसा मनाने की इजाज़त दे), नदियों के किनारे या घाटियों, वनों और अमराइयों के बीच— यानी जहाँ कहीं भी वर्ड्सवर्थ, रवीन्द्रनाथ ठाकुर या सुमित्रानन्दन पन्त की कवितायें अपने-आप हलक तक आ जायें— डाकबंगले बनवाये गए थे। धूल-धक्कड़, हैजा-चेचक-प्लेग, भुखमरी-कंगाली, बदसूरती-बदतमीज़ी-बदमज़गी— जैसे तत्व वहाँ बड़ी मुश्किल से पहुँचते थे। दोनों*

*नस्लों के साहब–गोरे या काले–देहातों में जब दौरे पर जाते तो वहीं रुकते थे।'*
श्रीलाल शुक्ल के उपन्यास *राग दरबारी* से (2010: 322)

यह अध्याय समुदायवादी[2] और पुनरुत्थानवादी[3] सिद्धांतकारों को ध्यान में रख कर लिखा गया है। पहले प्रकार के सिद्धांतकारों ने समुदाय और परंपरा को भारत की सबसे बड़ी उपलब्धि बताया है।[4] समुदायवादियों ने आधुनिकता को सबसे बड़ा दुश्मन घोषित किया। चूँकि नेहरू को भारत में आधुनिकता का सबसे बड़ा प्रवर्तक माना गया है, इसलिए प्रत्यक्ष या अप्रत्यक्ष रूप से समुदायवादी नेहरू को भारत की सभी बड़ी समस्याओं के लिए जिम्मेदार ठहराते हैं। इन विद्वानों ने जहाँ एक ओर संविधान में निहित धर्मनिरपेक्षता और लोकतंत्र जैसे प्रगतिशील सिद्धांतों को भारत की 'अमूल्य' परंपराओं के खिलाफ बताया, वहीं दूसरी ओर आधुनिकता को पश्चिमी धरोहर घोषित कर दिया। इसी प्रकार पुनरुत्थानवादियों ने नेहरू को 'हिंदू–सभ्यता' का विरोधी और पश्चिमी सभ्यता का 'राजदूत' करार दिया। जहाँ समुदायवादियों का मुख्य बिंदु 'परंपरा' है, वहीं पुनरुत्थानवादियों का सबसे प्रमुख मुद्दा 'हिंदू' अस्मिता है।

समुदायवादी विभिन्न परंपराओं की आपसी सहजता पर बल देते हैं, जबकि पुनरुत्थानवादी हिंदू होने पर बहुत जोर देते हैं। ऊपरी तौर पर देखें तो 'परंपरा' और 'हिंदू अस्मिता' दो अलग–अलग सैद्धांतिक वर्ग हो सकते हैं। लेकिन, समुदायवादियों द्वारा परंपरा के आंतरिक अंतर्विरोधों को जान–बूझ कर अनदेखा करना इन दो अलग सैद्धांतिक वर्गों की सैद्धांतिक और व्यावहारिक संभावना को ही खत्म कर देता है। साथ ही पुनरुत्थानवादियों के लिए यह सैद्धांतिक विभेद गौण है। दोनों नेहरू की आलोचना करने के स्वार्थ में आधुनिकता जैसी महत्त्वपूर्ण अवधारणा पर चर्चा ही नहीं होने देते। नेहरू और आधुनिकता को ख़ारिज कर देना, भारत को 'परंपरा' के अत्याचारों (टेरनी ऑफ ट्रेडिशन) की तरफ धकेल देने के बराबर है। यह अध्ययन नेहरू और आधुनिकता को एक साथ देखने का प्रयत्न करता है।

## पुनर्जागरण, आधुनिकता और लोकतंत्र

पुनर्जागरण (रेनेसां) से पहले पुनर्जागरण मानवतावाद (रेनेसां ह्युमनिज्म) को समझने की जरूरत है। पुनर्जागरण मानवतावाद का मुख्य समय 14वीं और 16वीं शताब्दी के मध्य में रहा है। इसने मध्य काल के सबसे बुरे दौर के खात्मे में अहम् भूमिका निभाई। पेट्रार्क के अनुसार, प्रत्येक नागरिक बिना किसी निर्दोष का खून बहाए, स्वतंत्रता और सुरक्षा के साथ अपना जीवन व्यतीत करने का अधिकारी है (स्किनर, 2007: 401)। इस अवधारणा में दैवी हस्तक्षेप की जगह, मनुष्य के कार्यों को महत्त्वपूर्ण माना गया है। क्वीनटिन स्किनर का मानना है कि इन्हीं वजहों

से कैथोलिक चर्च ने 14वीं शताब्दी में अपने अस्तित्व का सबसे बड़ा संकट देखा (स्किनर, 2007: 4011)। पुनर्जागरण ने 'इंडिविजुअल' को सम्पूर्णता के साथ जन्म दिया। इसी सन्दर्भ में, पोज्जो ब्रच्चिलोनी (Poggio Bracciolini) ने दे *नोबिलिटेट* (De Vera nobilitate) में लिखा है कि इटली-निवासियों की यह बड़ी उपलब्धि थी कि उन्होंने मानवतावाद (ह्युमिनिटाज), उत्कृष्टता (वर्टुज), कलाओं और सामूहिक जीवन जीने के विज्ञान की उचित समझ को पूरे विश्व में फैलाया (स्किनर, 2007: 389)। पुनर्जागरण के सन्दर्भ में विभिन्न विमर्शों से पता चलता है कि इंडिविजुअल के जन्म ने आधुनिकता के आगमन को संभव बनाया है।

आधुनिकता क्या है? इसका सीधा जवाब नहीं है, फिर भी मैं इसको दो स्तर के मिलाप के तौर पर देखता हूँ। ये दो स्तर तत्वमीमांसा (मेटाफिजिक्स) और ज्ञानमीमांसा (एपिस्टेमोलोजी) हैं। आधुनिकता तत्वमीमांसा में 'मैटर' पर जोर देती है और ज्ञानमीमांसा से रीज़न को लेती है, जो अनुभववाद (एम्पिरिसिज्म) पर आधारित होता है। आधुनिकता की उत्पत्ति में फ्रांसिस बेकन, गैलिलियो गलिलेई और रेने देकार्ते का महत्त्वपूर्ण योगदान है। फ्रांसिस बेकन अपनी किताब *द ग्रेट इन्सेचुरेशन* में कहते हैं कि मानव ज्ञान और मानव शक्ति एक में ही मिलते हैं। देकार्त के अनुसार दुनिया को जानना और परिवर्तन करना आधुनिक सब्जेक्ट/ऑब्जेक्ट के द्वैतवाद में निहित है। कांट के अनुसार आधुनिकता 'अवयस्कता' से निकलने को लेकर है। मार्क्स और एंगेल्स के अनुसार पूर्व का पूर्ण विराम ही आधुनिकता है। फ्रेडरिक नीत्शे में यह 'डेथ ऑफ़ गॉड' है। अगस्ट काम्ट आधुनिकता को 'वैज्ञानिक दौर' के रूप में देखते हैं, जहाँ पर थिओलोजिकल और मेटाफिजिकल दौर को पद्धति के तौर पर नकार दिया जाता है। हैबरमास आधुनिकता को कम्यूनिकेटिव एक्शन से जोड़ते हैं, जो लाइफ-वर्ल्ड के लिए जरूरी है, ताकि सिस्टम-वर्ल्ड को नकारा जा सके। हालाँकि मार्टिन हेडेगर इसको आधुनिक मानव के अस्तित्व को देखने के लिए तकनीकी पद्धति बताते हैं (बेकन, 1994; मार्क्स और एंगेल्स, 1948; नीत्शे, 1967; टर्नर, 1994; हैबरमास, 1984 और 1987)।

आधुनिकता और अन्वेषण के आपसी सम्बन्ध को यहाँ उजागर करना बहुत महत्त्वपूर्ण है। इसे पद्धति (Method) के तौर पर भी परिभाषित किया जा सकता है। अन्वेषण की यह विधा पूरी तरह से भौतिक है। यह अमूर्त और मूर्त (अब्सट्रैक्ट और कंक्रीट) को एक साथ जोड़ती है। इस तरह से देखा जाए तो इंडिविजुअल का आगमन पुनर्जागरण के तौर पर होता है और अन्वेषण का आगमन आधुनिकता के तौर पर होता है।[6] लोकतंत्र का आगमन व्यक्ति और अन्वेषण के आने के साथ ही शुरू होता है। मैं पुनर्जागरण, आधुनिकता और लोकतंत्र के सम्बन्ध में तीन बातों पर शुरू में ही प्रकाश डालने का प्रयत्न करूँगा।

पहला, मेरा मानना है कि पुनर्जागरण, आधुनिकता और लोकतंत्र एक दूसरे से ज़ुड़े हुए हैं, क्योंकि तीनों का परस्पर विकास हुआ है। राजनैतिक सिद्धांत में इनको एक साथ देखने की जरूरत है। इन तीनों में से किसी का भी अलग से विश्लेषण केवल आधे-अधूरे तर्क को ही प्रस्तुत करेगा।

दूसरा, इन तीनों परिकल्पनाओं के ज़रिए सेरेमोनियल इनकैप्सुलेशन के खतरे को नकारा जा सकता है। पॉल डी. बुश के अनुसार, सेरेमोनियल इनकैप्सुलेशन एक तरह की परिकल्पना है, जहाँ संस्थागत ढाँचा उसी हद तक नयी तकनीक को अपनाता है, जहाँ तक वह अपने अन्तर्निहित मूल्यों को बचा सके (वालर जूनियर, 1987: 321)। पुनर्जागरण, आधुनिकता और लोकतंत्र का संयोग इस सेरेमोनियल इनकैप्सुलेशन को तीन तरह से नकारता है। पहला, नए मूल्यों का निर्माण किया जाता है और किया जाता रहेगा। दूसरा, मूल्यों को किसी संस्थागत ढाँचा में नहीं रखा जा सकता है। तीसरा, यहाँ पर नए ढाँचे की परिकल्पना और उसका निर्माण भी होता है।

तीसरा, पुनर्जागरण और आधुनिकता को पूँजीवाद और भूमंडलीकरण से अलग देखना जरूरी है। यह बहुत ही जरूरी हो जाता है, क्योंकि भूमंडलीकरण को आधुनिकता के आगमन से भी जोड़ा जाता है (अप्पादुरई, 1996)। यहाँ पर 'कल्पना' को सामाजिक शक्ति के तौर पर माना गया है, जो पहचान और ऊर्जा दोनों का निर्माण करती है। ये दोनों नए राष्ट्र-राज्य को प्रतिस्थापित कर देंगे, जो बहुत दिनों तक रहने वाला नहीं है। भूमंडलीकरण ने इस प्रक्रिया को बड़े पैमाने पर 'पलायन' और 'इलेक्ट्रॉनिक' मध्यस्थता के द्वारा आगे बढ़ाया है (अप्पादुरई, 1996)।

कई वजहों से भूमंडलीकरण को 'कल्पना के गढ़ने' और आधुनिकता को भूमंडलीकरण को बढ़ानेवाली प्रक्रिया के तौर से जोड़ना या मानना गलत है। अन्वेषण आधुनिकता का अभिन्न अंग है। अन्वेषण में व्याख्या महत्त्वपूर्ण होती है, न कि 'मान्यता'। आधुनिकता उन सभी लोगों के लिए (जो हमेशा से रूढ़िवाद, अन्धविश्वास और दैविक आदेशों के माध्यम से सताए गए हैं) के लिए मुक्ति का महत्त्वपूर्ण और सक्षम माध्यम है। भूमंडलीकरण का मूलमंत्र 'एकीकरण' रहा है, न कि अन्वेषण। आधुनिकता जहाँ लोगों को प्रश्न करने के लिए प्रेरित करती है, वहीं भूमंडलीकरण में वित्तीय एकीकरण पर जोर दिया गया है। भूमंडलीकरण को ज्यादा से ज्यादा आधुनिकीकरण की प्रक्रिया या इसका उत्पाद कहा जा सकता है (राय, 2013)।

आधुनिकीकरण की प्रक्रिया[7] को आधुनिकता तो नहीं ही कहा जा सकता है। दोनों में सबसे बड़ा अंतर यह है कि कोई भी आधुनिकता को अपनाए बिना ही आधुनिकीकरण को अपना सकता है। दूसरे शब्दों में, तकनीक का उपलब्ध होना,

उपभोक्ता वस्तुओं का बड़े स्तर पर उपभोग करना, जो निस्संदेह कुछ खास वर्ग के लिए सुलभ हैं, और स्वाभाविक तौर पर बड़े स्तर पर उपलब्ध हैं, को आधुनिकता नहीं कहा जा सकता है। आधुनिकता वह दृष्टिकोण है, जो बहुत सारी प्रक्रियाओं की व्याख्या वैज्ञानिक आधार (राय, 2013) और भौतिक आधार पर करता है।[8]

इसके अतिरिक्त भूमंडलीकरण को आधुनिकता बताना इसके शोषणकारी पहलू को सीधे नकार देना है। यह प्रश्न पूछा ही नहीं जाता है कि क्यों और किस तरह के एकीकरण की जरूरत है। भूमंडलीकरण, एकीकरण और संचयीकरण एक-दूसरे से मिले हुए हैं, जबकि पुनर्जागरण, आधुनिकता और लोकतंत्र एक-दूसरे से संबंधित हैं। पहले वाले समूह में संचयीकरण (एक्युमुलेशन) मुख्य बिंदु है और दूसरे में अन्वेषण (इन्क्वायरी) महत्त्वपूर्ण है। यह संचयीकरण और अन्वेषण के मध्य द्वन्द्व का मुद्दा है (राय, 2013)।

## इंडिविजुअल, सोसाइटी और स्टेट

पुनर्जागरण-आधुनिकता की रूपरेखा न सिर्फ ज्ञान-मीमांसा के स्तर पर नया परिवर्तन थी, बल्कि इसने इंडिविजुअल, सोसाइटी और स्टेट की संकल्पना को भी परिवर्तित कर दिया। जेम्स हॉकिंस का मानना है कि 14वीं और 15वीं शताब्दी के मानवतावादियों ने हालाँकि कोई महान राजनैतिक दर्शन उत्पन्न नहीं किया, लेकिन उन्होंने बौद्धिक दुनिया में मूलभूत परिवर्तन लाया, जिसके साथ हम अभी तक जी रहे हैं। उनका महत्व इसलिए नहीं है कि उन्होंने चिंतन की एक प्रणाली विकसित की, बल्कि इसलिए है कि उन्होंने चिन्तन के लिए वातावरण तैयार किया (हॉकिंस, 2004: 119)।

अब इंडिविजुअल दैवीय शक्ति का निमित्त मात्र नहीं था/है। इंडिविजुअल किसी पूर्व निर्धारित/नियोजित प्रणाली का हिस्सा नहीं है। इंडिविजुअल का स्थान स्थिर नहीं है। दूसरे शब्दों में, पुनर्जागरण-आधुनिकता की रूपरेखा के अंतर्गत इंडिविजुअल अब अधिकार प्राप्त प्राणी है। इंडिविजुअल का अस्तित्व उसके कार्यों के उपरांत उसके अधिकारों से संबंधित है।[9]

इस तरह से इंडिविजुअल की रचना ने अलग तरह के समाज (सोसाइटी) को जन्म दिया। यह समाज पाँच कारणों से बहुत ही महत्त्वपूर्ण हैं। पहला, समाज पूर्व निर्धारित परिघटना नहीं है। दूसरा, चूँकि यह पूर्व निर्धारित परिघटना नहीं है, इसलिए स्थिरता से इंकार किया जाता है। तीसरा, स्थिरता को नकारने से, सैद्धांतिक तौर पर समाज पूरी तरह से भौतिक परिघटना बन जाता है। चौथा, समाज गतिशील संस्था है। पाँचवाँ, चूँकि समाज संस्था है, इसलिए इसमें लोग अन्दर या बाहर रहने का निर्णय स्वयं लेते हैं। वास्तव में समाज आधुनिक परिघटना है, जहाँ से 'पब्लिक' जैसी संस्था का गठन होता है।[10]

राज्य के सन्दर्भ में पुनर्जागरण-आधुनिकता की रूपरेखा (फ्रेमवर्क ऑफ रेनेसांस-मॉडर्निटी) ने असीम योगदान किया है। फलतः इसके चलते राजनैतिक समुदाय जैसी संकल्पना का उद्‌भव हुआ। यहाँ इसका योगदान राज्य (स्टेट) और धर्म के सन्दर्भ में और भी महत्त्वपूर्ण हो जाता है। पुनर्जागरण-आधुनिकता की रूपरेखा में लोग राजनैतिक संस्था में प्रमुख बिंदु होते हैं और खुद ही प्रमुख भूमिका निभाते हैं। यहाँ पर राज्य को धार्मिक नियंत्रण में रखने की संकल्पना को पूरी तरह से ख़ारिज किया जाता है। धार्मिक योजना (थेओलोजिकल स्कीमों) में राज्य के नियम, उसकी भूमिका और सम्बन्ध पूर्व निर्धारित होते हैं। इसको और विस्तार से बताने की जरूरत है। धर्म एक 'पूर्वसिद्ध' (एप्रायरी) संस्थान है। इसकी मुख्य 'वैधता' स्थिर है। धर्म का विस्तार तो हो सकता है, लेकिन इसकी मुख्य वैधता का विस्तार होना नामुमकिन है। मुख्य वैधता का मतलब इसकी 'शाश्वत मूल्य' के प्रति प्रतिबद्धता है। ये शाश्वत मूल्य 'पूर्वसिद्ध' माने जाते हैं। समस्या तब आती है जब राज्य और धर्म को जोड़ दिया जाता है। अगर हम राज्य को न्यूनतावादी दृष्टिकोण (मिनिमलिस्ट स्टैंडपॉइंट)से भी देखें तो यह एक 'उद्विकासी संस्था' (एवोलुशनरी इंस्टिट्यूशन) है। उद्विकासी संस्था का आशय यहाँ पर बदलती सामाजिक-आर्थिक स्थिति का प्रतिबिंब होने से है। बुर्जुआ राज्य भी बदलती सामाजिक-आर्थिक स्थिति को नकार नहीं सकता है। धर्म को राज्य से जोड़ने से इसकी प्रकृति में परिवर्तन आता है। शाश्वत मूल्य को पूर्वसिद्ध मानने से, राज्य के उद्विकासी स्वरूप पर आघात पहुँचता है। इसके दो परिमाण बहुत ही त्वरित होते हैं। पहला, शाश्वत मूल्य को बड़े स्तर पर वैधता मिलती है। दूसरे, जो इस शाश्वत मूल्य से संबंधित नहीं हैं (या किसी भी शाश्वत मूल्य, जो पूर्वसिद्ध होते हैं, से संबंधित नहीं होते हैं), उनको 'बहिष्कृत' कर दिया जाता है। इस बहिष्करण को रोकने के लिए ही राज्य और धर्म का अलग-अलग होना जरूरी है।

इस बहस में कुछ और बातें महत्त्वपूर्ण हैं। पहली, क्या आधुनिकता सार्वभौमिक है? मेरा मानना है कि आधुनिकता एक दार्शनिक दृष्टिकोण है, जो भौतिक दुनिया को समझने का एक प्रयत्न है। स्थानीय या सार्वभौमिक होने का विवाद मात्र एक 'प्रचार' है। दूसरा, क्या आधुनिकता और पूँजीवाद-साम्राज्यवाद-उपनिवेशवाद एक समान है?, हरगिज नहीं। आधुनिकता और पूँजीवाद-साम्राज्यवाद-उपनिवेशवाद दो अलग छोर पर हैं। आधुनिकता के प्रसार को पूँजीवाद ने पश्चिमी देशों में और उपनिवेशवाद ने विकासशील देशों में फैलने से रोका। इसको और बेहतर तरीके से इस तरह समझा जा सकता है—पूँजीवादी देशों में, इंडिविजुअल को अधिकार से अलग करते हुए 'एलियनेशन' में तब्दील कर दिया गया था/है। यहाँ पूँजीवाद को समझने और इसको आधुनिकता से अलग दर्शाने में कार्ल मार्क्स का अहम् योगदान

है।[11] सोसाइटी को 'पूर्व' और 'पश्चिम' में बाँट दिया जाता है, और राज्य धर्म को साथ लेने में भी नहीं हिचकिचाता है। उपनिवेशवाद ने कभी भी इंडिविजुअल के अधिकार, समाज की समग्रता और राज्य का धर्म के विरुद्ध जाकर लोगों के हित में काम करने वाले सिद्धांत को कभी नहीं अपनाया।[12] दूसरी तरफ, जेम्स मिल का कथन भारत के सन्दर्भ में किसी भी तरह के संबंधों को नकारता है। मिल के अनुसार, भारत में जो भी देखने या सुनने लायक है, उसको लिखित रूप में व्यक्त किया जा सकता है। हर महत्व की बात को लिखित रूप में व्यक्त किया जाता है। कोई भी व्यक्ति जो इंग्लैंड में रहते हुए विधिवत योग्य है, एक साल में सारे ज्ञान प्राप्त कर सकता है, जो वह सबसे लंबे समय तक भारत में रहकर आँखों और कानों से प्राप्त नहीं कर सकता (मिल, 1820: iii)। यहाँ पर जेम्स मिल और उनके जैसे लोग आधुनिकता को उपनिवेशवाद के माध्यम से सीधे-सीधे ख़ारिज कर रहे थे। दूसरे शब्दों में, आधुनिकता, पूँजीवाद-साम्राज्यवाद-उपनिवेशवाद को नकारती है, और पूँजीवाद-साम्राज्यवाद-उपनिवेशवाद आधुनिकता को ख़ारिज करते हैं।

## सामुदायिक सिद्धांतकार, पुनरुत्थानवादी सिद्धांतकार और आधुनिकता

मेरा मानना है कि पुनर्जागरण-आधुनिकता की रूपरेखा के भारतीय आलोचक प्राय: इम्मानुएल कांट और मिशेल फूको को संबोधित करते हैं। कांटियन रूपरेखा में देखा जाए तो व्यक्ति और कार्य करने की स्वतंत्रता बहुत ही महत्त्वपूर्ण है। यह निश्चित करता है कि 'एनलाइटनमेंट' क्या है। कांट के लिए एनलाइटनमेंट का मतलब किसी भी मनुष्य के लिए उसकी स्वैच्छिक अवयस्कता (सेल्फ-इम्पोज्ड नॉनऐज) को लेकर है। अवयस्कता (नॉनऐज) का मतलब अपनी मेधा का प्रयोग बिना किसी की सहायता से न कर पाने की असमर्थता को लेकर है। कांट का मानना है कि नॉनऐज अगर समझदारी के अभाव की वजह से नहीं है, तो यह स्वैच्छिक है जो निर्णय लेने की अक्षमता और साहस की कमी, अपने दिमाग को बिना किसी और की सहायता से नहीं कर पाने से होता है। एनलाइटनमेंट का आदर्श वाक्य 'जानने को लेकर' है [डेयर टू नो (Sapere aude)]। आपके पास अपनी मेधा का प्रयोग करने का साहस होना चाहिए। कांट का आगे मानना है कि आलस्य और कायरता दो प्रमुख वजह हैं, जिनकी वजह से लोगों का बहुत बड़ा हिस्सा अवयस्क रहता है, जबकि प्रकृति उनको कब का बाहरी मार्गदर्शन से मुक्त कर चुकी होती है। एनलाइटनमेंट को स्वतंत्रता के अलावा कुछ और नहीं चाहिए। यह स्वतंत्रता सभी मामले में ख़ुद के द्वारा प्राप्त तर्क (रीज़न) को पब्लिक में प्रयोग करने से रहा है।[13]

कांट के एनलाइटनमेंट का प्रतिरोध करते हुए फूको दो बातों पर जोर डालते हैं। पहला, वह एनलाइटनमेंट को मात्र घटना (इवेंट) के तौर पर देखते हैं। दूसरा, वह

कांट की वयस्कता (एडल्टहुड) को नकार देते हैं। फूको का मानना है कि हमें मालूम नहीं है कि हम लोग कभी भी वयस्कता तक पहुँचेगे या नहीं। बहुत सारे अनुभव बताते हैं कि एनलाइटनमेंट की ऐतिहासिक घटना ने न तो हमें परिपक्व और वयस्क बनाया है और न ही उस स्टेज तक हम पहुँचे हैं।[14] लेकिन फूको भी एनलाइटनमेंट की आलोचनात्मक सत्ता मीमांसा (क्रिटिकल ओंटोलोजी) के योगदान को महत्त्वपूर्ण मानते हैं। क्रिटिक का रोल यहाँ प्रमुख हो जाता है (फूको, 1984: 50)। हालाँकि फूको में राज्य और अर्थव्यवस्था बहुत महत्त्वपूर्ण नहीं रह जाते और वह 'माइक्रो-पॉलिटिक्स' की तरफ मुड़ जाते हैं। माइक्रो-पॉलिटिक्स का दो अर्थों में प्रयोग किया गया है। पहला, सबका स्थानीकरण होना चाहिए और कोई भी किसी का प्रतिनिधित्व नहीं कर सकता है। इसी तरह का सिद्धांतीकरण ल्योटार्द (पुनर्जागरण-आधुनिकता के आधार द्वंदवाद, रीज़न और आर्थिक कारणों को नकारना) और देरिदा (विखंडनवाद/डीकंस्ट्रक्शन) (देरिदा, 1978) फूको से थोड़ा पहले कर चुके हैं। दूसरे शब्दों में, समुदायवादी बहुत हद तक 'उत्तर-आधुनिक' सिद्धांतकारों से प्रभावित हैं।

भारतीय समुदायवादियों का सबसे पहला आक्रमण 'आधुनिकता' पर होता है। सुदिप्त कविराज आधुनिकता की समरूपता और अनुक्रम (सिमिट्री और सीक्वेंस) के सिद्धांत को नकारते हुए एकाधिक आधुनिकताओं (मल्टिपल-मॉडर्निटीज) की बात करते हैं (कविराज, 2005: 497-526)। यह आधुनिकता किसी का परिणाम (सीक्वेंस) न होकर 'समकालिक' (साइमलटेनियस) है। कविराज यह कांसेप्ट एस. एन. एइजेंस्टाट से लेते हैं। एइजेंस्टाट का मानना है कि चूँकि सारी सभ्यताएँ एक तरह से प्रभावित नहीं हुई हैं, इसलिए हमें एकाधिक आधुनिकताओं की अवधारणाओं की जरूरत है (एइजेंस्टाट, 2000)। एकाधिक आधुनिकताएँ, तरल आधुनिकता (लिक्विड मॉडर्निटी) से अलग है। तरल आधुनिकता के प्रवर्तक ज्यमुंट बौमन का मानना है कि यह वह अवधारणा है जो विलंबित आधुनिकता (लेट मॉडर्निटी) से संबंधित है, और इसका मतलब बहुत ज्यादा विकसित हुए देशों से संबंधित है (बौमन, 2000)।

कविराज, आधुनिकता को बहुत सारे विचारों के साथ सहजता से घुल-मिल जाने को असहजता से देखते हैं। कविराज के अनुसार, पश्चिमी राजनैतिक सिद्धांत की सीमा सर्वविदित है। विभिन्न सांस्कृतिक समुदायों में बहुत सारे शब्द और अवधारणाओं, जैसे लिबरल, डेमोक्रेटिक, सोशलिस्ट, कम्युनिस्ट इत्यादि बिना किसी परेशानी के राजनैतिक संस्थाओं, आंदोलनों और लोगों की आकांक्षाओं को पूरी तरह से व्यक्त करने के प्रतीक बन गए हैं। पश्चिमी राजनैतिक सिद्धांत ने पूरी दुनिया में क्या किया है, इसको समझने के लिए जरूरी है कि पश्चिमी समाजों के

स्थानीय इतिहास से बाहर निकला जाए। इसके अलावा, भारत में पश्चिमी विचारों का आयात राजनैतिक जीवन को संगठित करने की सफल कहानी है। प्राचीन भारतीय सभ्यता की सुलभ उपलब्धता और अभिगम्यता तथा हिंदू और इस्लामिक सांस्कृतिक परंपराओं के जबरदस्त मिश्रण के बावजूद, भारत का आधुनिक राजनैतिक जीवन काफी हद तक गैर–पारंपरिक रहा है (कविराज, 2009: 173)।

पार्थ चटर्जी पुनर्जागरण–आधुनिकता की रूपरेखा को 'कन्निंग ऑफ रीज़न' के तौर पर देखते हैं। यहाँ पर रीज़न और पूँजी न केवल साथ रहते हैं, बल्कि एक–दूसरे की सहायता भी करते हैं। रीज़न ने अपनी चालाकी को ख़ारिज नहीं किया है (चटर्जी, 1986: 170)। पार्थ चटर्जी के अनुसार, हमें अपनी आधुनिकता चाहिए, जो दूसरों की आधुनिकता को नकार सके (चटर्जी, 1997)।

दीपेश चक्रवर्ती के अनुसार, 'नागरिकता, राज्य, नागरिक समाज, पब्लिक स्फीयर, मानव–अधिकार, कानून के समक्ष समानता, व्यक्ति, सार्वजनिक और निजी दोनों के बीच भेद, सब्जेक्ट का विचार, लोकतंत्र, लोकप्रिय संप्रभुता, सामाजिक न्याय, वैज्ञानिक तर्कशक्ति' सभी 'पराये' शब्द हैं, जो यूरोपीय चिंतन और इतिहास पर आधारित हैं। यूरोपीय प्रबोधन और 19वीं शताब्दी के दौर की इन सभी अवधारणाओं के बिना राजनैतिक प्रबोधन के बारे में सोचा भी नहीं जा सकता है (चक्रवर्ती, 2000: 4 और 2002)। इसलिए दीपेश चक्रवर्ती का उद्देश्य 'हमारा अपना' है, क्योंकि ये सारी अवधारणाएँ सार्वभौमिक और धर्मनिरपेक्षता के रूप में प्रस्तुत होती हैं। यूरोपीय उपनिवेशवादियों ने दो तरह के कार्य किए हैं। एक तरफ तो उन्होंने उपनिवेश को प्रबोधन मानवतावाद की सीख दी। दूसरी तरफ, इसको अमल में कभी नहीं लाया। लेकिन यह दृष्टिकोण प्रभाव में बहुत ही शक्तिशाली रहा है। इसने ऐतिहासिक तौर पर यूरोप के अन्दर और बाहर बहुत ही मजबूत नींव रखी, जहाँ से सामाजिक अन्यायों की आलोचना हुई। मार्क्सवादी और उदारवादी सोच इस बौद्धिक विरासत के उत्तराधिकारी हैं। यह धरोहर अब वैश्विक है (चक्रवर्ती, 2000: 4)।

अब हम पुनरुत्थानवादी सैद्धांतिकी की तरफ लौटते हैं। यह वास्तव में विचित्र समय है। एरिक होब्स्बाम के 'इंट्रेस्टिंग टाइम' (होब्स्वाम 20वीं शताब्दी को अपनी आत्मकथा में 'इंट्रेस्टिंग टाइम' कहते हैं) (होब्स्वाम, 2002) का प्रयोग न करते हुए मैं इसे 'विचित्र समय' कहूँगा जिसमें आधुनिकता के विरोधी, भारतीय आधुनिकता के पक्षधर और पुनरुत्थानवादी सिद्धांतकार एक साथ खड़े दिखाई देते हैं। भारतीय पुनरुत्थानवादी, समुदायवादियों से अलग पद्धति अपनाते हैं। उनके अनुसार भारतीय पारंपरिक अनुसंधान के द्वारा वह सभी कुछ पहले ही प्राप्त किया जा चुका है, जो आज तथाकथित वैज्ञानिक सोच की उपलब्धि माना जा रहा है। आधुनिकता और

वैज्ञानिकता का आपस में सम्बन्ध इस तरह है कि पहले के बिना दूसरा संभव नहीं होता। समुदायवादी दोनों को नकारते हैं। लेकिन पुनरुत्थानवादी आधुनिकता को नकारते हैं और वैज्ञानिकता का दावा करते हैं। सब कुछ जो प्राचीन है, वह 'वैज्ञानिक' है। सब कुछ 'वैज्ञानिक' है, लेकिन सोच आधुनिक नहीं है। सोच 'आधुनिकता' से प्रभावित नहीं है, क्योंकि आधुनिकता पश्चिमी है। इसमें सबसे खतरनाक यह है कि सारे कार्यों को वैज्ञानिक करार दिया जाता है, यहाँ तक कि अंधविश्वासों और बर्बर सामाजिक प्रचलनों को भी। 'समानता' (आधुनिकता का सबसे बड़ा योगदान) पश्चिमी हो जाती है और असमानता वैज्ञानिकता के नाम पर 'युजनिक्स' (सुजननिकी: मनुष्यों की संतति सुधार विषय का अध्ययन) हो जाती है। 'प्राचीन भारत' हर मामले में 'अर्वाचीन भारत' से बेहतर हो जाता है।

विवेकानंद सबसे पहले इस मामले में हस्तक्षेप करते हैं। विज्ञान को लेकर विवेकानंद का मानना था कि वेदांत में विज्ञान का सार दिया गया है (विवेकानंद, 1970)। इस तरह की बहुतायत प्रवृत्तियों को देखते हुए 1981 में देश के अग्रणी वैज्ञानिकों ने समाजशास्त्रियों के साथ मिल कर हस्ताक्षरित बयान जारी किया, जिसके अगुआ पी. एन. हक्सर, रजा रमन्ना और पी. एम. भार्गव थे (हक्सर, रमन्ना, भार्गव 1981)[15]। इन्होंने अन्धविश्वास के चारों तरफ फैलने पर गहरी चिंता जाहिर की थी। उपर्युक्त समाजशास्त्रियों का विरोध करते हुए प्रसिद्ध भारतीय राजनैतिक मनोवैज्ञानिक आशीष नंदी ने 1981 में ही गैलिलियो के बारे कहा था कि चर्च उनके मुकाबले ज्यादा खुला था, क्योंकि वह ब्रह्मांड की अनेकाधिक छवियों को प्रस्तुत करता था। गैलिलियो ने सोचा कि उन्होंने सच को जाना और बाकी अन्य सच को नकार दिया (नंदी, 1981)। क्लॉउडे अल्वारेस और वंदना शिवा ने करीब-करीब इसी तरह का विचार व्यक्त किया। अल्वारेस विज्ञान को संस्कृति बताते हैं। (अल्वारेस, 1988), और वही वंदना शिवा विज्ञान की सच की अवधारणा को पूरी तरह से गलत साबित करती हैं (शिवा, 1988)।[16]

यहाँ पर डेविड अर्नाल्ड की चर्चा जरूरी हो जाती है। वे नेहरू के विज्ञान वाले सम्बन्ध पर विस्तार से चर्चा करते हैं। अर्नाल्ड के अनुसार, नेहरूवादी विज्ञान में कई अलग-अलग चीजे सम्मिलित थीं। वह इसकी पाँच प्रमुख विशेषताओं पर प्रकाश डालते हैं। पहला, यह सामाजिक-सांस्कृतिक कार्यक्रम था, जिसका आशय समाज और प्रचलित सोच को बदलने से था। नेहरू के लिए विज्ञान बहुत महत्त्वपूर्ण था, क्योंकि वह भारत में क्रांतिकारी हिंसा या राज्य-अधिनायकवाद के बिना क्रांतिकारी परिवर्तन देखना चाहते थे। विज्ञान की नेहरूवादी दृष्टि पुरानी औपनिवेशिक सेवाओं की साम्राज्यवादी विचारधारा (जो साम्राज्य की सेवा के लिए थी) को विज्ञान की विचारधारा से बदलना चाहती थी। इसके माध्यम से आधुनिक राष्ट्र-राज्य रीति-

रिवाजों, अभाव और पिछड़ेपन से मुक्त हो सकता था। तेजी से जनसंख्या-वृद्धि सहित भारत की सबसे मुश्किल समस्याओं को हल करने की क्षमता कदाचित विज्ञान में थी। दूसरा, नेहरूवादी विज्ञान राज्य का विज्ञान था। लोगों के लिए विज्ञान तो था, लेकिन इसे राज्य की दिशा और विवेक के आधार पर तय किया गया था। इसके स्पष्ट कारण थे। ब्रिटिश भारत में वैज्ञानिक प्रतिष्ठान काफी हद तक राज्य के अंतर्गत आते थे, जो विश्वविद्यालयों की बजाय विशेषज्ञ अनुसंधान संस्थानों में स्थापित किये गए थे। स्वतंत्रता के बाद पूर्व औपनिवेशिक सेवाओं को भंग करने तथा राष्ट्रीय जरूरतों को पूरा करने के लिए पुनर्गठन की प्रक्रिया समानांतर रूप से जारी रही, परंतु राज्य की दिशा और जिम्मेदारी पहले जैसी बनी रही। 1935 के संविधान के प्रावधानों (जिसको 1950 में भारतीय संविधान में आगे बढ़ाया गया) के द्वारा राज्यों को बहुत सारे कार्य सौंपे गए। नेहरू की समझ थी कि खस्ताहाल विश्वविद्यालयों में विज्ञान और प्रौद्योगिकी का विकास नहीं हो सकता है। इसलिए इनके विकास के लिए उन्होंने अलग से ध्यान दिया। इससे स्पष्ट है कि नेहरू विज्ञान और प्रौद्योगिकी की आवश्यकताओं को कितना महत्त्व देते थे। राष्ट्रीय आत्मनिर्भरता और रक्षा के मुद्दों ने भी केंद्रीकृत नियंत्रण के पक्ष में माहौल बनाया। इन जरूरतों का सबसे स्पष्ट बयान 1958 में भारतीय संसद में नेहरू के द्वारा प्रस्तुत 'वैज्ञानिक नीति संकल्प' था; लेकिन साथ में नेहरू ने राज्य-नियंत्रित प्रमुख उद्योगों को भी समान महत्व दिया, जिसके बिना कोई भी आधुनिक राज्य अपनी स्वतन्त्रता को बचा कर नहीं रख सकता था। प्रधानमंत्री के रूप में, नेहरू ने केंद्रीय सरकार, वैज्ञानिक संस्थानों और विज्ञान-बजट को नियंत्रित किया, जिससे वैज्ञानिक प्रतिष्ठानों का निर्माण किया जा सका। नेहरू ने अगस्त 1947 में अपने निर्देशन में केंद्रीय सरकार के अंतर्गत वैज्ञानिक अनुसंधान का विभाग बनाया। वैज्ञानिक अनुसंधान विभाग में विस्तार करते हुए 1951 में इसको प्राकृतिक संसाधन और वैज्ञानिक अनुसंधान का मंत्रालय बना दिया गया। नेहरू वैज्ञानिक मामलों पर संसद में बहस का नेतृत्व करते रहे। उन्होंने भारतीय विज्ञान कांग्रेस की वार्षिक बैठकों को भी संबोधित किया और वैज्ञानिक और औद्योगिक अनुसंधान परिषद के शासी निकाय (गवर्निंग बॉडी) की अध्यक्षता भी की। भारत के उत्तर औपनिवेशिक विज्ञान के संरक्षक और सहायक के तौर पर उन्होंने समान विचारधारा वाले वैज्ञानिकों जैसे एस.एस. भटनागर, महानिदेशक—वैज्ञानिक और औद्योगिक अनुसंधान, पी.सी. महालनोबिस, भारत के योजना आयोग (प्लानिंग कमीशन) के बाद के सांख्यिकीविद् और होमी भाभा—भारत के परमाणु ऊर्जा आयोग के अध्यक्ष—के साथ मिलकर एक समूह बनाया। नेहरू का परमाणु ऊर्जा विभाग पर व्यक्तिगत नियंत्रण बना रहा। उनकी गहरी रुचि परमाणु ऊर्जा कार्यक्रम को आवश्यक ऊर्जा स्रोत के तौर पर

देखने की थी। भारत की वैज्ञानिक आधुनिकता का सिरमौर होने के कारण उन्होंने न केवल होमी भाभा से नजदीकी संबंध रखा, बल्कि परमाणु ऊर्जा कार्यक्रम को विशेष वित्तीय सहायता भी दी। तीसरा, नेहरूवादी विज्ञान, 'संस्था निर्माण परियोजना' थी। एक टिप्पणीकार ने 1977 में कहा था कि नेहरू ने अपने समय के किसी भी भारतीय से ज्यादा यह महसूस किया कि वैज्ञानिकों का अपने बौद्धिक संतुष्टि के लिए अपेक्षित अलगाव (रिलेटिव आइसोलेशन) में काम करने का दौर चला गया। उन्हें राज्य और राज्य-संचालित विज्ञान नीति के द्वारा नियंत्रित धन-संसाधन के तर्क को स्वीकार करना पड़ा। नेहरू के शासनकाल में भारत ने 1948-1949 और 1958-1959 के बीच राष्ट्रीय विज्ञान बजट में आठ गुना वृद्धि देखी। उनकी सरकार को वैज्ञानिक और औद्योगिक अनुसंधान-परिषद के रूप में औपनिवेशिक वैज्ञानिक संस्थाओं का एक सेट विरासत में मिला था। प्रधानमंत्री के रूप में उन्होंने इन संस्थानों में परमाणु ऊर्जा आयोग को जोड़ा, जो पश्चिमी देशों में इसी तरह के संस्थानों के मॉडल पर आधारित था। चौथा, नेहरूवादी विज्ञान मुख्य रूप से राष्ट्रीय गौरव को प्रेरित करने और भारत के डेवलपमेंट रिजीम को बढ़ाने के लिए था। तीव्र शीत युद्ध प्रतिद्वंद्विता के दौर में ब्रिटेन (जो औपनिवेशिक मास्टर था) के साथ वैज्ञानिक तकनीक का आदान-प्रदान अपने ढंग से आगे बढ़ाने का तरीका था। इसने दूसरी वैज्ञानिक शक्तियों—अमेरिका, रूस, फ्रांस और कनाडा के साथ भी संबंधों को स्थापित किया था। विज्ञान, प्रौद्योगिकी और एक हद तक, सार्वजनिक स्वास्थ्य ने पूर्व औपनिवेशिक भारत को विश्व में नयी अथॉरिटी और नैतिक कद प्रदान किया। नेहरूवादी विज्ञान गुटनिरपेक्ष आन्दोलन का अभिन्न अंग था, जिसमें नेहरू महत्त्वपूर्ण अंग थे। यह जानना महत्त्वपूर्ण है कि नेहरू भारत में प्रायः डब्ल्यूएचओ और यूनेस्को की बैठकों को संबोधित करते थे। इस अवसर को वह आधुनिक वैज्ञानिक प्रयास की अंतर्राष्ट्रीय प्रकृति और भारत की सक्रिय भागीदारी और इसके अन्दर नेतृत्व की भूमिका को रेखांकित करते थे। अंत में नेहरूवादी विज्ञान 'हिस्टोरिओग्रैफि' परियोजना थी, जहाँ से विज्ञान को सभ्यता में खोजा जा रहा था और बहुत सारी परियोजनाओं की (इस मद में) सहायता की जा रही थी। अर्नाल्ड, नेहरू के विज्ञान को आलोचनात्मक तौर पर देखते हैं। उनका मानना है कि नेहरूवादी विज्ञान का उत्तरोत्तर पतन होता गया। अर्नाल्ड के अनुसार, 1970 और 1980 के दशक से नेहरूवादी विज्ञान की छवि धूमिल होनी शुरू हो गयी, क्योंकि जो भी विज्ञान के नाम पर वादा किया गया था, जिसमें गरीबी उन्मूलन भी शामिल था, उसको पूरा नहीं किया जा सका (अर्नाल्ड, 2013)। नेहरू की विज्ञान की अवधारणा को भी 'आधुनिकता' के माध्यम से न समझकर 'आधुनिकीकरण' के रूप में समझा गया है। डेविड अर्नाल्ड 'नेहरूवादी विज्ञान' को समझने का प्रयत्न करते हैं, हालाँकि

नेहरू खुद ही 'नेहरूवादी विज्ञान' जैसी अवधारणा को ख़ारिज करते हैं क्योंकि विज्ञान का 'व्यक्तीकरण' नहीं किया जा सकता है। यही अर्नाल्ड की सीमा भी है।

## सिद्धान्तीकरण

लेकिन इस तरह के सिद्धान्तीकरण का असर अभी देखा जाना बाकी था। पूर्व-भूमंडलीकरण के दौर में आधुनिकता-विज्ञान विरोध अभी तक समुदायवादियों तक सीमित था। यह सच है कि समुदायवादी किसी समुदाय विशेष के खिलाफनहीं हैं, फिर भी वे एक खास तरह के समुदाय को महत्व देते प्रतीत होते हैं। भारतीय सन्दर्भ में यह 'हिन्दूकरण'[17] है। भूमंडलीकरण के दौर में पुनरुत्थानवादियों ने अपनी नस्ल (यद्यपि नस्ल की शुद्धता की बात भी निराधार और अवैज्ञानिक है) को सर्वश्रेष्ठ साबित करने के लिए यह भ्रम और अफवाह फैलाना शुरू किया। जहाँ समुदायवादी 'समुदाय' पर विज्ञान के हुए असर का विरोध करते आये हैं, वही पुनरुत्थानवादी 'समुदाय' एवं 'विज्ञान' (समुदाय के माध्यम से विज्ञान) पर प्राचीन भारत से ही दावा करते आये हैं। एन. एस. राजाराम सबसे मजबूती से इसको उठाते हैं। उनका मानना है कि विवेकानंद ने 'क्वांटम फिजिक्स' में जिन भी प्रश्नों को पूछा, उनको पहले ही भाँप लिया था (राजाराम, 1998)। राजा राम मोहन राय का मानना है कि ऋग्वेद 'पार्टिकल फिजिक्स' की किताब है (राय, 1998)। दीपक चोपड़ा क्वांटम फिजिक्स से लोगों को शांति देने की बात करते हैं। चोपड़ा के अनुसार, भौतिक दुनिया, जिसमें हमारा शरीर भी शामिल है, पर्यवेक्षक (आब्जर्वर) की प्रतिक्रिया है। हम अपने शरीर को पैदा करते हैं, उसी तरह जैसे हम दुनिया के अनुभव बनाते हैं (चोपड़ा, 1993: 5)। 'क्वांटम फिजिक्स' में 'न्यूटोनियन सिद्धांत' के आगे जाते हुए वेवलेंथ पर जोर दिया जाता है। न्यूटोनियन सिद्धांत में ऑब्जेक्ट ही सच है। सेंस सबसे बड़ा सच है। पार्टिकल फिजिक्स में रेडिएशन पर सबसे ज्यादा जोर दिया जाता है। लेकिन इन सारी बातों का इन लोगों के लिए कोई मायने नहीं हैं। इन्हीं सबसे ऊबकर मेघनाद साहा, जो कि अपने काम 'थर्मल आयनीकरण' (थर्मलआयनाईजेशन) और 'साहा समीकरण' के लिए जाने जाते हैं, ने गुस्से में कहा था कि *सबी बेदे आछे* (सब कुछ वेदों में है) (कुमार, 2010: 676), अर्थात अगर सब कुछ वेदों में ही दे दिया गया है तो हमें कुछ भी प्रयत्न करने की जरूरत नहीं है।

पुनरुत्थानवादी विज्ञान[18] के नाम पर ज्योतिष विज्ञान, कर्मकांड, वास्तु शास्त्र पर ज्यादा जोर देते हैं। सुभाष काक (लुसिआना राज्य विश्वविद्यालय में इलेक्ट्रिकल और कंप्यूटर इंजीनियरिंग के प्रोफेसर हैं) का मानना है कि ऋग्वेद में एस्ट्रोनॉमिकल कोडस हैं (काक, 1994)। वरदराज रमण का मानना है कि भौतिक ब्रह्मांड के छुपे

रहस्य को हिंदू आध्यात्मिक सिद्धांत उजागर करते हैं (रमण, 2002: 83-94)। स्वामी मुख्यानन्द का मानना है कि भारत में विज्ञान और धर्म के बीच द्वन्द्व हो ही नहीं सकता (मुख्यानंद, 1997)। इसलिए गायत्री देवी वासुदेव के अनुसार, पश्चिम के खिलाफ 'डी-कॉलोनाईजेसन ऑफ माइंड' बहुत ही जरूरी हैं (वासुदेव, 2001)।

'डी-कॉलोनाईजेशन ऑफ माइंड', एस. एन. बालगंगाधर (2012) और राजीव मल्होत्रा (2011) के तौर पर नया हथियार प्राप्त करती है। वे किसी भी तरह की आतंरिक आलोचना को 'पश्चिमी दखल' बताते हैं। इसलिए यह स्वाभाविक ही है कि बालगंगाधर[19] और मल्होत्रा[20] के लिए 'अकादमिक' कार्य और खास तौर से वेंडी डोनिगर, जेफरी जे. कृपाल और शेल्डन पोलाक[21] भारतीयता या हिन्दुओं के 'सामूहिक' दुश्मन हो जाते हैं। इन दोनों में 'आलोचना/आतंरिक विरोधाभास' और 'पश्चिमीकरण' में कोई अंतर नहीं है। यहाँ 'धार्मिक' और 'विमर्श' का विभेद भी गौण हो जाता है। बालगंगाधर का 'रीकांसेप्टचुयलायिजेशन' और मल्होत्रा का पश्चिमी 'युनिवर्सलिज्म' को चुनौती देना सिर्फ 'धार्मिक' डिस्कोर्स बन कर रह जाता है।

वास्तविक 'साम्राज्यवाद' अपना अस्तित्व खोता हुआ प्रतीत होता है। यहाँ पर पूरे विमर्श को एक धार्मिक-परियोजना बना कर लाद दिया जाता है, जिसका वास्तविक पश्चिमी हेजीमनी और साम्राज्यवाद से कोई लेना-देना नहीं है। मैं बालगंगाधर की तरफ मुड़ना चाहूँगा। मूलतः बालगंगाधर और जकोब डी रूवर तीन 'तर्क' प्रस्तुत करने का प्रयत्न करते हैं। पहला, सामी परंपरा (सेमिटिक ट्रेडिशन) से क्रिश्चियन और इस्लाम, और 'पेगन' परंपरा से हिन्दू परंपरा आती है। पहले वाली परंपरा में, एक धर्म का दूसरे धर्म को अपना 'विरोधी' मानने की परंपरा रही है, जबकि पेगन और हिन्दू परंपरा में ऐसा नहीं है। भारतीय राज्य की तटस्थता या सेकुलरवाद 'सामी' परंपरा से प्रभावित है, क्योंकि यह 'धर्म-परिवर्तन' को सहमति देती है। धर्म-परिवर्तन तभी संभव होता है, जब आप इतर धर्म के गुणों को अच्छा मानते है।

इन दोनों के अनुसार, किसी धर्म, यानी खुद को अच्छा मानने की परंपरा क्रिश्चियनिटी और इस्लाम में है, न कि पेगन और हिन्दू-परंपरा में। पेगन और हिन्दू-परंपराएँ सभी को अच्छा मानती हैं। चूँकि, यहाँ पर सबको अच्छा माना जाता है, इसलिए धर्म-परिवर्तन नहीं होना चाहिए। भारतीय राज्य धर्म-परिवर्तन की अनुमति देकर अपनी 'तटस्थता' वाली भूमिका के साथ न्याय नहीं कर रहा है। दूसरा, धार्मिक प्रतिद्वंद्विता हिन्दुओं के अन्दर कभी नहीं रही है। तीसरा, नेहरू इन सभी के लिए जिम्मेदार थे। दोनों लोगों के अनुसार, 'भारत का औपनिवेशिक चित्रण, जो कि 'प्रोटस्टेंट' धर्म के आधार पर आधारित विवरण/चित्रण था, भारत

के 'सेकुलरवादी' नेताओं का मूलमंत्र बन गया। नेहरू का हिन्दू-परंपरा को लेकर जो तिरस्कार था, वह 'डिस्कवरी ऑफ इंडिया' से नहीं आ रहा था, बल्कि औपनिवेशिक सत्ता की कहानियों पर आधारित था' (बालगंगाधर और रूवर, 2007: 83)। 'नेहरू और उनके सहोदरों के सेकुलरवाद ने हिन्दू-परंपरा को नकारात्मक तरीके से देखा। इन्हीं कारणों से जब सेकुलरिज्म कमजोर हुआ तो हिन्दू-परंपरा के प्रतिनिधियों ने अपनी सुरक्षा के लिए अपनी परंपरा को व्यक्त करना शुरू किया। हालाँकि यह 'रक्षा' हिन्दू-परंपरा को न तो प्रतिबिंबित करती है, और न ही आधुनिक समाज की समस्याओं का समाधान करती है। इसकी जगह, नेहरूवादी सेकुलरवाद के खिलाफ इसने हिन्दू परंपरा की आक्रामक सुरक्षा को आगे बढ़ाया। अगर हम 'पेगन' दृष्टिकोण से देखें तो हिन्दू परंपरा और सामी धर्मों में कोई अंतर नजर नहीं आता है। लेकिन इसको उल्टा करके देखें तो यह सही प्रतीत नहीं होता है। जब भारतीय राज्य सामी धर्म के सच को मानते हुए इसको अपना ज्ञान मानता है तब यह बहुसंख्यक (जो हिन्दू परंपरा से संबंधित है) और अल्पसंख्यक (जो मुस्लिम और क्रिश्चियन है) के बीच में धार्मिक प्रतिद्वन्द्व को जन्म देता है' (बालगंगाधर और रूवर, 2007: 83-84)। दूसरे शब्दों में, 'जब राज्य अच्छाई की सामी अवधारणा को बढ़ाता है और पेगन समुदाय अपने तरह की अच्छाई को आगे बढ़ाता है तो टकराव अपरिहार्य हो जाता है' (बालगंगाधर और रूवर, 2007: 86)[22]। यही वह बिंदु हैं जहाँ पर 'समुदायवादी' और 'पुनरुत्थानवादी' एक साथ मिलते हैं और नेहरू 'आक्रमण' के केंद्र में आ जाते हैं।[23]

## आलोचना/आलोचकों की मुफलिसी

समुदायवादी और पुनरुत्थानवादी सिद्धांतकारों की आलोचना अंतर्विरोधों से भरी हुई है। हम व्यक्ति, समुदाय और राज्य-धर्म के माध्यम से आलोचना और आलोचकों की मुफलिसी को अच्छी तरह से समझ सकते हैं। व्यक्ति हमारे समाज में सैद्धांतिक तौर पर 'कार्मिक' रहा है। कार्मिक का अभिप्राय यहाँ पर कर्म से नहीं है। कार्मिक का मतलब यहाँ पर पिछले जन्म से है, जहाँ के कर्म वर्तमान परिस्थिति को प्रभावित या निश्चित करते हैं। शुक्रनीति (यहाँ पर व्यक्ति 'सात्विक', 'राजसिक' और 'तामसिक' गुणों में से किसी एक से जन्म से पहले ही प्रभावित रहता है)[24], मनुस्मृति [व्यक्ति हमेशा से ही 'संबंधित' (रिलेशनल) रहा है और उसका अपना अलग से कोई अस्तित्व नहीं है,[25]] अर्थशास्त्र (व्यक्ति राज्य के अन्दर ही समाहित है) और गीता ने व्यक्ति, समुदाय और राज्य-धर्म को बहुत हद तक प्रभावित किया है। इन चारों में व्यक्ति निमित्त मात्र है। गीता में कृष्ण के उपदेश के अनुसार, 'तेरा कर्म करने का ही अधिकार है, उसके फलों पर कभी नहीं, इसलिए तू कर्मों के फल

का हेतु नहीं हो तथा तेरी कर्म न करने में भी आसक्ति न हो' [*कर्मण्येवाधिकारस्ते मा फलेषु कदाचन। मा कर्मफलहेतुर्भुर्मा ते संगोऽस्त्वकर्मणि*][27]। व्यक्ति, समुदाय के लिए प्रारब्धिक वफादार (डोंस्टींड लॉयल)है और समुदाय धर्म के आधार पर राज्य के लिए।

इस तरह के सिद्धांतों के सहारे जिस भी व्यक्ति का निर्माण होगा, उसके तीन लक्षण होते ही हैं। पहला, इसी सिद्धान्तीकरण से व्यक्ति भाग्यवादी होना शुरू हो जाता है। इसको फेटेलिस्ट भी कहा जाता है। यहाँ पर स्वयं कुछ करने की अभिलाषा पर प्रतिबन्ध लग जाता है या लगा दिया जाता है। दूसरा, इस व्यक्ति के लिए हर परिस्थिति स्वाभाविक होगी। इस तरह स्वाभाविकता जीवन का अभिन्न अंग बन जाती है। तीसरा, व्यक्तिगत तार्किकता का कोई मतलब नहीं रह जाता है। इसी तरह के व्यक्तियों या व्यक्ति के 'निर्माण' ने भारत में समाज की जगह समुदाय का निर्माण किया है। समाज और समुदाय में अंतर है। समाज का गठन संबंध-आधारित प्रक्रिया है, अर्थात् यहाँ पर हम संबंधों का समान रूप से निर्माण करते हैं। समुदाय में लोग इसका हिस्सा होते हैं। समाज का विस्तार व्यापक होता है। समुदाय के संबंध में यह लागू नहीं होता है। समाज आधुनिक जीवन के आगमन से संबंधित है। समुदाय 'प्राचीन' संबंधों को दर्शाता है। समाज का स्वरूप विविध होता है, जबकि समुदाय समरूप होता है।

एक खास तरह के व्यक्ति और समुदाय का निर्माण होने से राज्य में भी विलक्षण 'लक्षण' का होना स्वाभाविक हो जाता है। सवाल यह है कि किस प्रकार का राज्य हमारे पास है? भारतीय राज्य संवैधानिक तौर पर उदारवादी (लिबरल) राज्य है, लेकिन वास्तविक रूप में यह कार्मिक व्यक्ति और समुदाय की अवधारणा को चुनौती देता हुआ प्रतीत नहीं होता है। इसको हम प्रतीकात्मक रूप से लिबरल राज्य कह सकते हैं, जो जाति, लिंग, धर्म और वर्ग की अवधारणा को कहीं से चुनौती देता हुआ प्रतीत नहीं होता है। सेकुलरवाद पर भी यह सबसे कमजोर साबित हुआ है।

इन तीनों के कारण हमारे पास निम्नलिखित परिणाम हैं। दक्षिण एशिया में सबसे असमान समाज हमारा है।[28] जाति-आधारित समुदायवाद और खाप पंचायतें मध्ययुगीन प्रवृतियों के जिन्दा होने के सबसे बड़े प्रमाण हैं। जाति पर आधारित शादियाँ सबसे स्वीकार्य प्रतिमान है। जाति सिर्फ नृवंशविज्ञान निर्माण (एथनोग्रफिक कंस्ट्रक्शन) नहीं हैं, जो औपनिवेशिक समय की देन है। धर्म का सबसे वीभत्स राजनैतिक अर्थशास्त्र भारत में ही रहा है। क्षेत्र-आधारित और जाति-आधारित धार्मिक गुरुओं की उपस्थिति ने कार्मिक सिद्धांतों और समुदाय से लड़ने की क्षमता को बुरी तरह झकझोरा है। भारत में राजनैतिक अर्थशास्त्र अजीब दृश्य पैदा करता

है। जहाँ पर विश्व के सबसे धनी व्यक्तियों में भारतीय बुर्जुआ की उपस्थिति बढ़ी है[29], वहीं पर भारत में सत्य साईं बाबा, राम कृष्ण यादव (बाबा रामदेव), रवि शंकर रत्नम (श्री श्री रविशंकर), आसुमल सिरुमलानी (संत श्री आसाराम बापू), गुरमीत राम रहीम सिंह इंसान (राम रहीम), सुधामणि इदमंनेल (माता अमृतानंदमयी), महेश प्रसाद वर्मा (महेश योगी, 5 फरवरी 2008 को निधन हो गया), रजनीश चन्द्रमोहन जैन (ओशो, 19 जनवरी 1990 को निधन हो गया) जैसे बाबाओं की भी संख्या बढ़ी है और इनकी संपत्ति भी।[30] भारतीय लोकतांत्रिक बुर्जुआ क्रांति या तो हुई ही नहीं है, और अगर हुई भी है तो, यह पूर्व पूँजीवादी स्वरूप (प्री-कैपिटलिस्ट फार्मेशन) के साथ-साथ उपस्थित रही है। लेकिन क्या यह सब 'आधुनिकता' या जिसको पश्चिमी आधुनिकता कहा जाता है उसकी देन है?

मैं आलोचकों के दावों को तीन आधारों पर समझने की कोशिश करूँगा। ये 'इंडिविजुअल', 'समाज', और 'राज्य' हैं। इससे पहले कि मैं इन तीनों पर चर्चा करूँ, उससे पहले कुछ बातें स्पष्ट कर देना चाहता हूँ। मैं पूरे लेख में जिस 'प्रक्रिया' की बात कर रहा हूँ, वह तथाकथित प्रमुख प्रक्रिया है। इसी सन्दर्भ में तीन और बातों को जोड़ना चाहूँगा। पहला, भारतीय पुनर्जागरण 'अलगाव'[31] के सन्दर्भ में नहीं हुआ। यह अलगाव 'प्राचीन' से सम्बन्ध को लेकर है। भारत में प्राचीनता के साथ अलगाव करीब-करीब नहीं हुआ, इसका सबसे बड़ा कारण सत्ता का सूक्ष्म स्तर पर लगातार परिवर्तित होना रहा है। दूसरा, कुछ लोग इस 'निरंतरता' के खिलाफ लड़े हैं, लेकिन इसको सामूहिक अलगाव में तब्दील नहीं किया जा सका है। तीसरा, भारत में अलगाव की जगह 'विधिपरायणता'[32] ने ले ली, जहाँ पर अपने आप चीजों के होते जाने का महत्व रहता है। मैं विधिपरायणता के विरोध की बात नहीं कर रहा हूँ, लेकिन निसंदेह 'अलगाव' इससे बेहतर और ज्यादा प्रगतिशील है।

अब हम इंडिविजुअल, समाज और स्टेट की तरफ मुड़ते हैं। इन तीन विशिष्ट अवधारणाओं की हम तीन प्रभावी स्थानीय अवधारणाओं व्यक्ति, समुदाय और राज्य से तुलना करते हैं। व्यक्ति ऊपरी तौर पर इंडिविजुअल के करीब पाया जा सकता है, लेकिन ये दोनों काफी हद तक एक-दूसरे से भिन्न हैं। सिद्धांत के अनुसार, व्यक्ति आन्तरिक मूल्यों को दर्शाता है, जो बाहरी तौर पर दिखता है। इसलिए भारतीय सन्दर्भ में व्यक्ति, इंडिविजुअल नहीं बन सका। इंडिविजुअल को अधिकार प्राप्त होने के सन्दर्भ में देखा जा सकता है। इंडिविजुअल वास्तव में अधिकार प्राप्त मनुष्य है। मेरे अनुसार अगर भारतीय दर्शन का गूढ़ अवलोकन करें तो यह कहा जा सकता है कि व्यक्ति की तीन पहचान है– व्यक्ति कार्मिक, भाग्यवादी और स्थितप्रज्ञ है। कार्मिक का तात्पर्य पहले से निर्धारित लक्ष्य से है, जहाँ 'इच्छा' का कोई महत्व नहीं रह जाता। भाग्यवादी किसी भी घटना को पूर्व-

निर्धारित मानेंगे और उनके लिए स्वैच्छिक/एजेंसी के कोई मायने नहीं है। स्थितप्रज्ञ के लिए सारी घटनाएँ 'सामान्य' हैं।

समाज और समुदाय में भी गहरा अंतर है। समाज 'सामने' बनता हुआ संस्थान है और यह सामूहिक रूप से बनता है। इसे छोड़ने और जुड़ने का रास्ता बहुत ही सुगम है। दूसरी तरफ हम देखें तो समुदाय की संरचना काफी कठोर और स्थायी होती है। इससे निकलने का रास्ता बहुत ही मुश्किल या करीब नहीं के बराबर है। खास तौर पर भारतीय सन्दर्भ में समुदाय जन्म पर आधारित अस्मिता के साथ जोड़ दिया जाता है। इसके आन्तरिक सम्बन्ध बहुत ही जटिल होते हैं। अस्तित्व का प्रश्न जड़ हो जाता है।

राज्य धर्म के साथ जुड़ा होता है, जो पुनर्जागरण–आधुनिकता के स्टेट से अलग है। राज्य के साथ, धर्म अपने आप जुड़ जाता है। राज–धर्म काफी प्रचलित पद्धति रहा है। धर्म को कई तरह से व्याख्यायित किया गया है। इसको धारण के 'धार्यते इति धर्मः' या कर्तव्य के पालन के साथ भी जोड़ा गया है। धारण या कर्तव्य की प्रक्रिया पूर्व निर्धारित कार्य से पूरी तरह से जुड़ी हुई है। इसलिए राज्य और धर्म को एक–दूसरे से अलग करना काफी मुश्किल हो जाता है।

इस विमर्श से तीन सार निकाले जा सकते हैं। पहला, भारत में पुनर्जागरण और आधुनिकता की रूपरेखा 'अलगाव' के तौर पर नहीं उभरी। निरंतरता को तोड़ा नहीं जा सका है। इसलिए इसके आलोचक इस सन्दर्भ में महत्त्वपूर्ण नहीं रह जाते हैं। दूसरा, पुनर्जागरण और आधुनिकता की रूपरेखा सामान रूप से भारत में कभी भी न तो सिद्धांत के रूप में और न ही प्रयोग के रूप में अमल में लाई गयी है। इसलिए आलोचक यहाँ पर भी सही नहीं ठहरते हैं। तीसरा, पुनर्जागरण–आधुनिकता–रूपरेखा के आलोचक इंडिविजुअल, समाज और स्टेट से इतर कोई बेहतर विकल्प नहीं दे पाते हैं। अगर देते भी हैं तो वह कोई बहुत बेहतर विकल्प नहीं होता है। पूर्व और पश्चिम की बाइनरी से भारत के आंतरिक शोषण और अपमान की बहुलता का कोई समाधान नहीं मिलता है।

अपनी आधुनिकता, उसकी आधुनिकता, अपना विज्ञान, पराया विज्ञान, वैकल्पिक ज्ञान और स्थानीय ज्ञान सभी इसी परंपरा के द्योतक हैं। रिचर्ड्स डाकिंस इस तरह के सिद्धान्तीकरण को 'एनिमीज ऑफ रीज़न' कहते हैं (डाकिंस, 2008)। मीरा नंदा का मानना है कि ये लोग छद्म विज्ञान की बात करते हैं और सोशल कंस्ट्रक्टविस्ट हैं (नंदा, 2005)। एलन सोकॉल कहते हैं कि उत्तर–उपनिवेशवादियों ने भले ही हिंदुत्व को बढ़ावा न दिया हो, लेकिन वे उनके हाथ के औजार जरूर बन चुके हैं। एजाज़ अहमद कहते हैं कि पार्थ चटर्जी राष्ट्र–राज्य की वापसी की बात करते हैं और भारतीय राज्य को धार्मिक समुदायों के समूह के तौर पर मान्यता

देने की बात करते हैं। इससे धार्मिक सद्‌भाव को बढ़ावा मिलेगा, क्योंकि धार्मिक समुदाय प्राकृतिक तौर पर सहिष्णु होते हैं। लेकिन पार्थ चटर्जी यह नहीं बताते कि विश्व हिंदू परिषद्, बजरंग दल और इमाम बुखारी का क्या किया जाए (अहमद, 2011)। जुरगेन हैबरमास आधुनिकता के आलोचकों के बारे में कहते हैं कि ये लोग ज्ञान और जोड़-तोड़, सचेत और अचेत, उत्पादन और विनाश की शक्तियों की ताकत, अर्थपूर्ण आत्म बोध और दमनकारी डीसबलिमेशन[33], स्वतंत्रता और उसके हटाने के प्रयासों और सत्य और विचारधारा में कोई अंतर नहीं समझते हैं (हैबरमास, 1990)।

मेरा मानना है कि भारतीय आधुनिकता-विमर्श और इससे संबंधित ज्ञान उत्पादन-भारत को एक रूढ़िवादी देश में परिवर्तित कर देने में प्रयासरत है। रूढ़िवाद से मेरा मतलब कंजरवेटिज्म से है। रूढ़िवाद में परंपरागत संस्थानों और प्रैक्टिस पर जोर दिया जाता है। यहाँ पर 'ऐतिहासिक' मूल्यों का बोलबाला है, जो सार (एसेंस) और आदर्श को नकारता है। समुदाय इसका अभिन्न अंग है। समुदाय 'आंगिक' (आर्गेनिक) परिघटना है। इसमें सरकारों की 'न' के बराबर भूमिका रहती है। राजनीति जो समाज और राजनीति को भी परिवर्तित करना चाहती है, उसको नकार दिया जाता है।

अगर हम आधुनिक भारतीय विमर्श को समझें तो रूढ़िवाद को निम्नलिखित तरीकों से लाने की कोशिश की गई है। पहला, विज्ञान और तकनीकी में सभी अंतरों को मिटा दिया जाता है। दूसरा, आधुनिकता, आधुनिक और आधुनिकीकरण सबको एक ही मान लिया जाता है। आधुनिकता का संबंध हमेशा ज्ञान प्राप्त करने और ज्ञान पर लगातार सवाल खड़ा करने से रहा है। आधुनिक का संबंध समय से है। आधुनिकीकरण मानव के लिए उपयोग का तकनीकीकरण है। तीसरा, 'आइडेंटिटी' सबसे प्रमुख है, जिसमें सब्जेक्टिविटी सबसे बड़ा हथियार है। चौथा, धर्म, विज्ञान का विकल्प है। पाचवाँ, आइडेंटिटी पर आधारित जितने भी अत्याचार हो रहे हैं, वे कोई मायने नहीं रखते हैं, बल्कि आइडेंटिटी एक तरह से रेजिस्टेंस का काम करती है। छठा, ज्ञान सिर्फ और सिर्फ 'लोकल' ही हो सकता है। सातवाँ, लोग पॉलिटिकल सब्जेक्ट नहीं हैं, क्योंकि उनकी सब्जेक्टिविटी बहुत ही महत्त्वपूर्ण होती है, जो राजनैतिक भागीदारी के प्रश्न को ख़ारिज करती है। आठवाँ, भारतीय आधुनिकता-विमर्श में सबसे बड़ा प्रहार मार्क्सवाद पर किया जाता है, जो वैश्विक मुक्ति की बात करता है। संक्षेप में, यह विमर्श, भारतीय परिदृश्य को रूढ़िवादी रुख की तरफ मोड़ देता है, जिसमें प्राचीनता में जाने को लेकर उत्सुकता देखी जा सकती है। लेकिन, यह 'प्राचीनता' भी सिर्फ 'हिंदुत्व' का है।

## नेहरू, आधुनिकता और आन्दोलन

जवाहरलाल नेहरू का राजनैतिक सिद्धांत क्या आधुनिकता को लेकर कोई योगदान देता है? अगर योगदान है भी तो किस तरह का है? आधुनिकता नेहरू के माध्यम से किस तरफ मोड़ लेती है? आधुनिकता के विमर्श में नेहरू के योगदान को क्या प्रमुखता मिली है या बिना समझे केवल आलोचना मिली है? अगर आधुनिकता नेहरू में भी थी तो उसके संसाधन क्या हैं? इन सब प्रश्नों को लेकर इस भाग में हम विमर्श करेंगे, जहाँ पर नेहरू पर हुए अध्ययन और नेहरू की लेखनी का अध्ययन किया जायेगा। दूसरे शब्दों में, यह देखने की कोशिश की जाएगी कि नेहरू को किस तरह से समझा गया है। इस समझ में 'आधुनिकता' कहाँ है? यह सही है कि नेहरू पर विविध दृष्टिकोण से विमर्श किया गया है। सारे अध्ययनों का विश्लेषण तो संभव नहीं हो पायेगा। किन्तु, मेरा प्रयत्न कुछ चुनिंदा कार्यों को समझना है। मैं यह भी देखने की कोशिश करूँगा कि किस तरह से नेहरू ने पुनर्जागरण और आधुनिकता के तीन महत्त्वपूर्ण अंग इंडिविजुअल, समाज और स्टेट को समझने की कोशिश की।

नेहरू का समुदायवाद और पुनरुत्थानवाद से विरोध उन पर लिखी गई कई राजनैतिक जीवनियों (पॉलिटिकल बाओग्रफिज) में मिलता है। नेहरू की राजनैतिक जीवनी पर कई बेहतरीन पुस्तकें है। माइकल ब्रेचर (ब्रेचर 1998), सर्वपल्ली गोपाल (गोपाल, 1976अ), बी. आर. नंदा (नंदा, 1995) और जूडिथ ब्राउन (ब्राउन, 2014) ने नेहरू के राजनैतिक इतिहास/राजनैतिक जीवनी पर खासा प्रकाश डाला है। लेकिन यहाँ पर एक प्रश्न निरंतर उठता है—नेहरू का राजनैतिक जीवन वृतांत ही क्यों, राजनैतिक सिद्धांत क्यों नहीं, या आधुनिकता का प्रश्न क्यों नहीं? सर्वप्रथम 1958 में ब्रेचर ने नेहरू के माध्यम से भारतीय इतिहास और राजनीति को समझने का प्रयास किया (ब्रेचर, 1998: vii)। सर्वपल्ली गोपाल अपनी प्रस्तावना में कहते हैं कि नेहरू ने भारतीय जनता का प्रतिनिधि और नए एशिया की मनोदशा का प्रतिनिधि होने के नाते और अंतर्राष्ट्रीय विवेक के प्रवक्ता के रूप में 20वीं शताब्दी के इतिहास में बहुत ही महत्त्वपूर्ण भूमिका निभाई। इसलिए नेहरू पर किसी भी तरह के अध्ययन को उनकी व्यक्तिगत जीवनी से ज्यादा ध्यान देना होगा (गोपाल, 1976अ: 5)। गोपाल के नेहरू पर जीवनी-रूपी अध्ययन को मैं नेहरू के विचारों का गठन (गोपाल, 1976अ), समेकन (गोपाल, 1979) और कार्यान्वयन (गोपाल, 1984) कहना चाहूँगा।

प्रसिद्ध इतिहासकार जूडिथ ब्राउन कहती हैं कि नेहरू की जीवनी को समझना भारतीय राजनीति को समझने जैसा था। पेशेवर इतिहासकार किसी भी ऐसे काम को जो व्यक्ति विशेष पर आधारित हो और जो यह प्रमाणित करने की कोशिश करता

हो कि वह व्यक्ति इतिहास-निर्माता है, को सशंक दृष्टि से देखते हैं। बहुत सारे ऐतिहासिक परिवर्तन और विकास किसी व्यक्ति की महत्वाकांक्षा और हस्तक्षेपों से न होकर बहुत लंबी अवधि के रुझानो की वजहों से होते हैं। ब्राउन का मानना है कि किसी खास ऐतिहासिक मौके पर खास तौर से उसके कौशल, राजनैतिक प्रणाली में खास भूमिका को लेकर या कभी किसी आकस्मिक घटना विशेष के कारण व्यक्ति खासा महत्त्वपूर्ण हो सकता है (ब्राउन, 2003: 4)। ब्राउन के उलट, बेंजामिन जकरिया सामाजिक शक्तियों का प्रश्न उठाते हैं– 'वे कौन सी सामाजिक शक्तियाँ थी, जिन्होंने नेहरू के उदय और भारतीय राष्ट्रीय आंदोलन में उनके नेतृत्व को बनाए रखना संभव किया? दूसरे शब्दों में, वह क्या था, जिसने उन राजनैतिक सफलताओं और विफलताओं को संभव बनाया, जिसके लिए नेहरू के नेतृत्व को जिम्मेदार माना जाता है' (जकरिया, 2003: xxiii)? बेंजामिन जकरिया इसके लिए ऐतिहासिक जीवनी की पद्धति को अपनाते हैं (जकरिया, 2003)।

नेहरू की राजनैतिक या ऐतिहासिक जीवनी से यह तो पता चलता ही है कि वह निजी जीवन या राजनैतिक जीवन में भी समुदायवाद और पुनरुत्थानवाद के खिलाफ जाते है। लेकिन क्या यह विरोध विचारधारा में तब्दील हो गया? सर्वपल्ली गोपाल नेहरू की विचारधारा को समझने की कोशिश करते हैं (गोपाल, 1976ब: 787-792)। गोपाल के अनुसार लोकतंत्र और समाजवाद एक-दूसरे के बिना हो ही नहीं सकते हैं। नेहरू ने अपने पूरे जीवन में आधी उदारवादी, और आधी मार्क्सवादी स्थिति को बनाए रखा। वह मुक्तिवादी मार्क्सवादी थे, जिनके समाजवाद का विचार हर स्तर पर नागरिक स्वतंत्रता पर आधारित था (गोपाल, 1976ब: 789)।

भीखू पारेख, नेहरू की विचारधारा को राष्ट्रीय दर्शन के संदर्भ में आलोचनात्मक तौर पर देखते हैं। पारेख के अनुसार राष्ट्रीय दर्शन के सात राष्ट्रीय लक्ष्य हैं। ये हैं– 'राष्ट्रीय एकता', 'संसदीय लोकतंत्र', 'औद्योगिकीकरण', 'समाजवाद', 'वैज्ञानिक सोच', 'धर्मनिरपेक्षता' और 'गुटनिरपेक्षता'। वे कई मुद्दों पर नेहरू का समर्थन करने के वावजूद, बहुत मुद्दों पर नेहरू का आलोचनात्मक विश्लेषण भी करते हैं (पारेख, 1991: 35-48)। पारेख के अनुसार नेहरू ने 'ओरिएण्टलिस्ट' दृष्टि अपनाई थी, जिसके तहत आधुनिक भारत में पारंपरिक संस्कृति के लिए कोई जगह नहीं थी और इसको अनिवार्य तौर पर ऐतिहासिक मौत मरने के लिए अकेले छोड़ दिया गया (पारेख, 1991)। अपनी मृत्यु से पहले कुछ वर्षों तक नेहरू ने संसदीय लोकतंत्र के लिए वर्तमान में प्रचलित विकल्प के बारे में ज्यादा नहीं सोचा था। खास तौर पर समुदायवादी और आर्गेनिक लोकतंत्र, जिसकी विवेकानंद, अरविंद और मानवेंद्र राय जैसे विभिन्न विचारकों ने वकालत की थी। उन्होंने व्यक्तिवादी किस्म के उदारवादी लोकतंत्र को चुना। वह इस बात से आश्वस्त थे कि भारतीय

मन को जातियों, गाँवों और अन्य संकीर्ण इकाइयों की पारंपरिक बाधाओं से इसी तरह से मुक्त किया जा सकता है, जिससे भारतीय समाज सक्रिय हो सके (पारेख, 1991: 36)। पारेख दो बातों को रेखांकित करते हैं। पहला, नेहरू की राष्ट्रीय विचारधारा, मुख्य रूप से पाश्चात्य अभिजात्य वर्ग (western elite class) की राजनैतिक चेतना, विशेष रूप से पेशेवर वर्ग जिसको नए राज्य-निर्माण के गठन में महत्त्वपूर्ण भूमिका सौंपी गयी थी, को प्रतिबिम्बित करती थी (पारेख, 1991: 47)। दूसरी तरफ पारेख यह भी कहते हैं कि नेहरू की राष्ट्रीय विचारधारा ने सबसे अधिक आम कार्यक्रम का प्रतिनिधित्व किया, जो सबसे ज्यादा भारतीयों को स्वीकार्य था (पारेख, 1991: 47)। गोपाल के सकारात्मक और पारेख के कुछ मुद्दों पर आलोचनात्मक अध्ययन, नेहरू के 'लोकतंत्र' और 'समाजवाद' के सिद्धांत निस्संदेह समुदायवाद और पुनरुत्थानवाद के खिलाफ जाते हैं। पारेख शायद हर 'गैर-स्वदेशी' को आभिजात्य मानने की गलती कर बैठते हैं। नेहरू के खुद का अवमूल्यन, भारतीय समाज का आधुनिकता से संबंधों को भी इंगित करता है। रामचंद्र गुहा नेहरू को लोकप्रिय-अलोकप्रिय-लोकप्रिय के चक्र में देखने का प्रयत्न करते हैं (गुहा, 2005: 1958-1962)। गुहा, नेहरू को लोकप्रियता और अलोकप्रियता के चक्र में सिर्फ एक वक्ता मान कर छोड़ देते हैं। यहाँ पर हमें यह नहीं भूलना होगा कि नेहरू पर समुदायवादियों और पुनरुत्थानवादियों का जबरदस्त आक्रमण रहा है। इसलिए स्वाभाविक तौर पर, पार्थ चटर्जी नेहरू के युग को पूँजीपति वर्ग के 'आगमन के क्षण' के रूप में देखते हैं (चटर्जी, 1986)।

समुदायवाद और पुनरुत्थानवाद का सबसे बड़ा अंग 'देसीवाद' है। नेहरू इसको अंतर्राष्ट्रीयता से तोड़ते हैं। इस सन्दर्भ में नीरा चंढोक नेहरू में रेडिकल विश्वबंधुत्व को महत्त्वपूर्ण मानती हैं (चंढोक, 2014: 37-40)। चंढोक के अनुसार, अगर हम एकता और एकरूपता, राष्ट्र, मांसल राष्ट्रवाद और ओछी परंपराओं की कल्पनातीत पुनरावृत्ति की दमघोंटू विचारधाराओं से खुद को स्वतंत्र करना चाहते हैं तो इसके लिए जरूरी हो जाता है कि नेहरू के रेडिकल विश्वबंधुत्व को न केवल याद किया जाए, बल्कि इसकी पुनः व्याख्या की जाए (चंढोक, 2014: 40)। हालाँकि इससे रजनी कोठारी थोड़ा असहमत दिखते हैं। रजनी कोठारी का मानना है कि नेहरू की महान उपलब्धियों में गुट-निरपेक्ष आन्दोलन या पंचवर्षीय योजना नहीं आते हैं। कोठारी के अनुसार नेहरू की दो सबसे बड़ी उपलब्धियाँ 'भारत की लोकतंत्रिक संस्थाओं के लिए टिकाऊ आधार प्रदान करने की व्यावहारिक उपलब्धि, जिसमें वैधता की आभा मिली हुई हो', और 'आम सहमति' से संबंधित रही हैं। नेहरू का जीवन कार्य बहुत क्रांति देने से संबंधित नहीं था, बल्कि आम सहमति को जन्म देने से संबंधित था। यह 'आम सहमति' सभी के शामिल होने की प्रक्रिया से

आती है (कोठारी, 1964: 1203-1207)। कोठारी 'स्थिरता' और 'आम सहमति' को एक साथ देखने और समझने का प्रयत्न करते हैं।

आधुनिकीकरण वाले मुद्दे पर एम. एल. दंतेवाला प्रकाश डालते हैं। दंतेवाला नेहरू की आर्थिक विचारधारा में योजना-आयोग और औद्योगीकीकरण को सबसे महत्त्वपूर्ण मानते हैं (दंतेवाला, 1964: 1209-12)। एच. के. मनमोहन सिंह के अनुसार, नेहरू की मिश्रित अर्थव्यवस्था दूसरे उपलब्ध मॉडलों का विकल्प था (सिंह, 1975)। वी.के.आर.वी. राव और पी.सी. जोशी के अनुसार मिश्रित अर्थव्यवस्था सामाजिक-सांस्कृतिक और राजनैतिक परिस्थितियों के सृजन न होने के कारण पूँजीवादी दिशा में चली गयी (राव और जोशी, 1982)। बलदेव राज नय्यर के अनुसार नेहरू ने मिश्रित अर्थव्यवस्था पर ध्यान केंद्रित किया। नेहरू ने उन बिचौलियों, जो राज्य को नियन्त्रित करते थे, के निहित स्वार्थ को कम करके आँका (नय्यर, 1989)। यहाँ आधुनिकीकरण बहस का मुख्य मुद्दा रही है। लेकिन इस औद्योगिकीकरण वाले प्रश्न के साथ श्रमिक वर्ग का भी प्रश्न आता है, जो आधुनिकता का सबसे बड़ा मुद्दा है, जहाँ पर प्रत्येक व्यक्ति अधिकार के साथ और 'अलगाव' के विरुद्ध जाना जाता है।

सव्यसाची भट्टाचार्य, नेहरू के भारतीय श्रमिक वर्ग से संबंधों की विवेचना करते हैं। नेहरू प्रधानमंत्री बनने के पहले, श्रमिक वर्ग के मुद्दे के साथ ज्यादा सक्रिय थे। इसके संभावित कारणों में जाते हुए भट्टाचार्य बताते हैं कि प्रधानमंत्री जवाहरलाल नेहरू ने बीच-बीच में श्रम संबंधित मुद्दों की ओर ध्यान दिया था। बाद में उन्होंने और मुद्दों पर ज्यादा समय दिया। नेहरू का मानना था कि निस्पंदन प्रक्रिया (फिल्ट्रेशन प्रोसेस) श्रमिक-वर्ग को आर्थिक फायदा पहुँचाएगी, इसलिए श्रम कल्याण कम प्राथमिकता का था। उनको अनुशासित श्रमिक-वर्ग चाहिए था, जिससे कि वैध नागरिक अधिकार और आर्थिक प्रगति सुनिश्चित की जा सके (भट्टाचार्य, 2015: 47)। यहाँ पर 'नेहरू राजनैतिक सिद्धांतकार' और 'नेहरू राजनैतिक कर्ता' में अंतर हो जाता है। नेहरू राजनैतिक सिद्धांतकार के तौर पर श्रमिक-वर्ग के साथ खड़े होते दिखते हैं, लेकिन कर्ता के तौर पर, जैसा सब्यसाची भट्टाचार्य कहते हैं कि वे बहुत कुछ नहीं कर पाये। इसी बिंदु को बिपन चन्द्र सिद्ध करते हैं, जब वह नेहरू के 1936 के दौर का अध्ययन करते हैं। यह दौर नेहरू के 'राजनैतिक सिद्धांत' का दौर रहा है।

बिपन चन्द्र के अनुसार जवाहरलाल नेहरू सबसे ज्यादा क्रान्तिकारी 1933-36 के दौर में थे। उनका यह सबसे ज्यादा 'मार्क्सवादी' चरण था, जिसको उनके वामपंथ का भारतीय 'समर' (इंडियन समर) कहा जा सकता है (चन्द्र, 1975: 1307-1324)। खास तौर पर लखनऊ कांग्रेस के संबोधन के बाद उनके मार्क्सवाद

ने पूँजीपतियों को विचलित कर दिया था। 21 पूँजीपतियों ने नेहरू के खिलाफ खुलेआम लिखा। बिपन चन्द्र बताते हैं कि नेहरू का 'यह' मार्क्सवाद ज्यादा दिन नहीं चल पाया, इसके पीछे निम्नलिखित कारण हो सकते हैं। नेहरू का कांग्रेस को संभालने में बहुत समय चला गया। 1936 के बाद जनता की भूमिका बस उनको सुनने को लेकर रही, न कि परिवर्तन को लेकर। ये निम्नलिखित महत्त्वपूर्ण कारण रहे हैं—उनके खुद के राजनैतिक आधार तैयार करने में विफलता; मज़दूरों और किसानों के साथ 1936 के बाद सक्रिय संपर्क में कमी, खुद उनके अकेले या राजनैतिक रूप से अलग-थलग होने के डर के कारण गांधी से लगाव और उनकी मातहती, जो कालांतर में और मजबूत हुई, अलग से समाजवादी समूह स्थापित करने से इंकार, कांग्रेस से बाहर किसी भी तरह के क्रान्तिकारी कार्य से इंकार, कांग्रेस से बाहर वामपंथ की कमजोरी और कांग्रेस संगठन के भीतर भी उपेक्षा।

चन्द्र यह भी कहते हैं कि इसमें कोई शक नहीं है कि पूँजीवादी रणनीति की 'नर्सिंग', 'विरोध' और कांग्रेस के अन्दर दक्षिणपंथी राजनीति का समर्थन करने वाली शक्तियों ने पहले तो नेहरू को रोका और इस तरह से उन्हें ढालने की कोशिश की, जिससे 1947 के बाद उन्हें प्रधानमंत्री के तौर पर स्वीकार किया जा सके और पूँजीवादी पथ पर अर्थव्यवस्था का निर्माण किया जा सके (चन्द्र, 1975: 1321)।

इस बात को करीब-करीब स्वीकारते हुए आदित्य मुखर्जी कहते हैं कि नेहरू जो कुछ भी प्राप्त करना चाहते थे, उसमें शायद सफल नहीं हो पाए थे। लेकिन भारत को विपरीत परिस्थितियों में भी आधुनिक, धर्मनिरपेक्ष, लोकतंत्रिक, मानवीय और गरीब समर्थक पथ पर ले जाने में उनकी अमूल्य भूमिका थी (मुखर्जी, 2015: 38-45)। इन निष्कर्षों से तो यह बात साफ हो जाती है कि नेहरू राजनैतिक सिद्धांतकार के रूप में आधुनिकता की ओर अग्रसर थे, लेकिन कर्ता के तौर पर सफल साबित नहीं हुए थे। लेकिन इसका मतलब यह नहीं है कि उनका पहले वाला योगदान कम महत्त्वपूर्ण है।

इसको आधुनिकता और 'आस्था' के प्रश्न से सुनील खिलनानी समझाने की कोशिश करते हैं। आस्था को गैर-धार्मिक स्वरूप देने में नेहरू का सबसे बड़ा योगदान रहा है। खिलनानी कहते हैं कि नेहरू की आस्था के बारे में बात करते समय मेरे इरादे विशुद्ध रूप से ऐतिहासिक नहीं हैं। यहाँ पर वह आस्था के प्राथमिक अर्थ को 'पुनः प्राप्त करना' चाहते हैं। भरोसा या आत्मविश्वास, अडिग विश्वास या दृढ़ विश्वास इसके हिस्से हैं, जिसको धार्मिक भावना नहीं समझना चाहिये। जब आस्था के अनूठे स्रोत के तौर पर धर्म को प्रस्तुत किया जाता है, तब हमें अपने-आपको याद दिलाने की जरूरत है कि कुछ और नीवें बहुत मजबूत हैं, जहाँ से निजी और सार्वजनिक जीवन में नैतिक और नीतिपरक परियोजनाओं का निर्माण किया जा

सकता है। जैसा कि हाल ही में बताया गया है कि धर्मनिरपेक्षता के कई अर्थ है, उसी तरह से आस्था के भी कई अर्थ हैं। हमारे वर्तमान इतिहास में नेहरू से बेहतर नैतिकता के गैर-धार्मिक आधार का व्यावहारिक उदाहरण कोई और नहीं मिलता है (खिलनानी, 2002: 4793-4799)। यहाँ नेहरू आधुनिकता को नैतिक बनाते हुए और इसे गैर-धार्मिक आधार देते हुए समुदायवादियों और पुनरुत्थानवादियों को जबरदस्त आघात पहुँचाते हैं। इसलिए ब्रेचर के अनुसार, नेहरू का सबसे बड़ा योगदान 'सेकुलर राज्य' के निर्माण से लिया जा सकता है (ब्रेचर, 1998: 625)। हालाँकि, थॉमस पैन्थम नेहरू की सफलता को राज्य की तुलनात्मक स्वायत्तता (रिलेटिव ऑटोनोमी) को स्थापित करने के सन्दर्भ में देखते हैं (पैन्थम, 1991)।

ये सारे अध्ययन नेहरू और आधुनिकता वाले प्रश्न को शायद सीधे-सीधे संबोधित नहीं करते हैं। लेकिन, ये अध्ययन नेहरू की आधुनिकता की समझ को उजागर करते हैं। इन अध्ययनों में नेहरू के कई पहलुओं को विस्तार से बताया गया हैं। मेरे अनुसार, नेहरू का सबसे बहुमूल्य योगदान आधुनिकता का रहा है, उसको स्पष्ट तौर पर मुख्य जगह नहीं मिल पाई, जिसकी वह हकदार थी। इसकी कई वजहें हो सकती हैं। सबसे महत्त्वपूर्ण वजह नेहरू को राजनैतिक विचारक की जगह राजनैतिक कर्ता के तौर पर देखा जाता रहा है। राजनैतिक कर्ता के तौर पर देखा जाना बहुत ही महत्त्वपूर्ण है। इस पद्धति की सबसे बड़ी विशेषता यह है कि यह सार्वजनिक जीवन का बहुत ही महत्त्वपूर्ण तरीके से अध्ययन करती है। इसके साथ ही राजनैतिक सिद्धांत[34] को स्थान देना महत्त्वपूर्ण हो जाता है, क्योंकि इसके माध्यम से भी बहुत कहा जा सकता है, जो कर्ता के माध्यम से संभव नहीं है।[35] इसका मतलब यह नहीं है कि नेहरू को 'ऐतिहासिक' और 'सैद्धांतिक' तौर पर नहीं देखा जाना चाहिए। आगे के कुछ पन्नों में हम नेहरू के सिद्धान्तीकरणवाले पहलू पर ज्यादा जोर देंगे।

जवाहरलाल नेहरू अपने अध्यक्षीय भाषण (29 दिसम्बर 1929 लाहौर)[36] में आधुनिकता को जड़ता के खिलाफ संघर्ष का पर्याय बताते हैं। यह भाषण 'कम्युनिस्ट मैनिफेस्टो'[37] के आधुनिकता वाले प्रश्न के करीब आता है। नेहरू कहते हैं कि पूरी दुनिया आज एक विशाल प्रश्न चिह्न है। हर देश और हर लोग भिन्न-भिन्न विचारों पर चर्चा की स्थिति में हैं। आस्था का समय जो आराम और स्थिरता लाता है, अब अतीत की बात है। हर चीज, चाहे वह हमारे पूर्वजों को कितनी भी स्थायी या पवित्र लगती हो, प्रश्न किया जा रहा है। हर जगह संदेह और बेचैनी है। राज्य और समाज की नींव परिवर्तन की प्रक्रिया में है। स्वतंत्रता, न्याय, संपत्ति और यहाँ तक कि परिवार के पुराने स्थापित विचारों पर हमला किया जा रहा है और परिणाम अधर में लटका हुआ है। हम 'इतिहास के भंग होने की अवधि' (इतिहास के परिवर्तन वाली

स्थिति) में प्रतीत होते दिखाई दे रहे हैं, जबकि दुनिया श्रम के हाथ में है, जो इसके प्रयास से नयी दुनिया को जन्म देगा (नेहरू, 1973 : 185)।

नेहरू जड़ता से अधिकारों की तरफ मुड़ते हैं, जवाहरलाल नेहरू द्वारा लिखित, थोडा-बहुत गांधी के बदलाव के साथ, 'मौलिक अधिकारों और आर्थिक कार्यक्रम पर संकल्प'[38], जिसको कराची कांग्रेस ने 1931 में अपनाया था, का वर्णन करना महत्त्वपूर्ण हो जाता है। इसमें इंडिविजुअल, सोसाइटी और स्टेट की अवधारणा को बहुत ही मजबूती से उठाया गया है। इंडिविजुअल के अधिकारों को मान्यता दी जाती है। ये मौलिक अधिकार हैं—धर्म, जाति या संप्रदाय के आधार पर सार्वजनिक रोजगार या व्यापार में पक्षपात करने की मनाही, सारे नागरिकों को सार्वजनिक सड़कों, सार्वजनिक कुओं और सार्वजनिक समागम के अन्य सभी स्थानों का उपयोग करने का समान अधिकार। समाज से संबंधित अधिकार हैं—संघ और संयोजन की स्वतंत्रता, भाषण और प्रेस की स्वतंत्रता, सार्वजनिक व्यवस्था और नैतिकता के अधीन अंतरात्मा की स्वतंत्रता और धर्म को मानने और अभ्यास की स्वतंत्रता। राज्य को धर्म से अलग करते हुए निम्नलिखित दायित्व सौंपे गए—औद्योगिक श्रमिकों के लिए निर्धारित मजदूरी, श्रम के सीमित घंटे, काम के लिए स्वस्थ शर्त, बुढ़ापा-बीमारी-बेरोजगारी में आर्थिक संरक्षणं, श्रम-दासत्व या दासत्व का मुक्त किया जाना, महिला श्रमिकों की सुरक्षा और मातृत्व-अवधि के दौरान छुट्टी के लिए विशेष रूप से पर्याप्त प्रावधान, कारखानों में बाल-मजदूरी-निषेध, श्रम की सही मध्यस्थता से विवादों के निपटारे के लिए उपयुक्त मशीनरी के साथ उनके हितों की रक्षा करने के लिए यूनियन बनाना, भू-राजस्व और किराये में कमी और अलाभकर जोत के मामले में किराये में छूट, निश्चित आय से ऊपर कृषि आय पर एक प्रगतिशील आयकर का अधिरोपण, वयस्क मताधिकार, मुफ्त प्राथमिक शिक्षा, सैन्य खर्च उपस्थित पैमाने से कम-से-कम आधा किया जाना, सिविल विभागों में व्यय और वेतन काफी हद तक कम किया जाना, देश से विदेशी यार्न के बहिष्कार से स्वदेशी कपड़े का संरक्षण, नमक पर कोई शुल्क नहीं, प्रमुख उद्योगों और खनिज स्रोतों का राज्य के द्वारा नियंत्रण, प्रत्यक्ष या अप्रत्यक्ष रूप से सूदखोरी पर नियंत्रण (गोपाल, 1973: 510-513)। इस संकल्प का भारत के सिविल राइट्स विमर्श पर गहरा असर पड़ने वाला था।

अधिकार के साथ-साथ वह समाजवाद की तरफ 1936 के लखनऊ कांग्रेस में जाते हैं। नेहरू का लखनऊ कांग्रेस का अध्यक्षीय भाषण (18 मई 1936) पूरी तरह समाजवाद का अनुमोदन करता है। नेहरू पूरे भाषण में आक्रामक प्रतीत होते हुए समाजवाद का पूरे तरीके से समर्थन करते है। नेहरू कहते हैं कि वे आश्वस्त हैं कि दुनिया और भारत की समस्या के समाधान की कुंजी केवल समाजवाद में निहित है।

समाजवाद का मतलब अस्पष्ट मानवीयता नहीं है। समाजवाद वैज्ञानिक और आर्थिक दर्शन है। वे यह भी कहते हैं कि समाजवाद हालाँकि आर्थिक सिद्धांत से भी ज्यादा कुछ है। यह जीवन का दर्शन है और इसके इसी रूप ने मुझे लुभाया है (नेहरू, 1975: 180)। नेहरू के लिए यह एक नयी सभ्यता है (नेहरू, 1975: 181)। यह नयी सभ्यता 'इंडिविजुअल, सोसाइटी और स्टेट' को 'व्यक्ति, समुदाय और राज्य-धर्म' के स्थान पर लेने का आग्रह करती है।

इसी को नेहरू ने अगस्त 14-15, 1947 के भाषण का मुख्य मुद्दा बनाया, जहाँ एक नया आगाज होने वाला था। उनका दिया गया भाषण *ट्रिस्ट विद डेस्टिनी* कई मायनों में महत्त्वपूर्ण है। नेहरू कहते हैं कि कई वर्षों पहले हमने नियति को मिलने का वचन दिया था और अब समय आ गया है कि हम अपने वचन को पूरी तरह न सही, लेकिन काफी हद तक निभायें। आज रात बारह बजे, जब सारी दुनिया सो रही होगी, भारत जीवन और स्वतंत्रता के लिए जागेगा। ऐसा क्षण, जो इतिहास में बहुत ही कम आता है, जब हम पुराने को छोड़, नए की तरफ जाते हैं, जब एक युग का अंत होता है और जब वर्षों से शोषित देश की आत्मा अपनी बात कह सकती है (नेहरू, 1985: 135)।

नेहरू अपनी तीन किताबों[39] में आधुनिकता के प्रश्न को और सारगर्भित तरीके से उठाते है। नेहरू *ग्लिम्प्सेस ऑफ वर्ल्ड हिस्ट्री* (1934) में पुनर्जागरण को बहुत ही सकारात्मक तरीके से देखते हैं। पुनर्जागरण, सीखने का पुनर्जन्म था। यह कला विज्ञान और साहित्य, एवं यूरोपीय देशों की भाषाओं और विकास का समय था (नेहरू, 1982अ : 277)। नेहरू कांस्टेंटिनोपल के पतन की तारीख को इतिहास में महान तारीख मानते हैं। यह एक युग का अंत और अन्य की शुरूआत माना जाता है। यहाँ मध्य युग खत्म हो गया है, यहाँ 1000 वर्ष का अंधकार-युग समाप्त होता है। यूरोप में स्पन्दन है और नए सिरे से जीवन और ऊर्जा दिखाई दे रही है। इसको पुनर्जागरण यानी सीखने और कला के पुनर्जन्म की शुरुआत कहा जाता है। लोग लंबी नींद के बाद जागृत लग रहे हैं। ग्रीस के महान दिनों से प्रेरणा लेते दिख रहे हैं। मानव-मन ने चर्च द्वारा जीवन के निराशाजनक प्रोत्साहन और जंजीर को जिसने मनुष्य के सार को बंधक बना रखा है, के खिलाफ विद्रोह कर दिया है। सुंदरता का पुराना युनानी प्रेम प्रकट होता है और यूरोप चित्रकला, मूर्तिकला और वास्तुकला के साथ जन्म लेता है (नेहरू, 1982अ: 239)। नेहरू लियोनार्डो दा विंसी, माइकल एंजेलो, राफेल, कोपरनिकस और जॉरडानो ब्रूनो के योगदान को गर्व से वर्णित करते हैं (नेहरू, 1982अ: 279-80)। नेहरू, चार्ल्स डार्विन की किताब 'ओरिजिन ऑफ स्पिसिज' को सामाजिक तौर पर महत्त्वपूर्ण मानते हैं। नेहरू के अनुसार चार्ल्स डार्विन की पुस्तक युगांतकारी थी, इसने बहुत ही बड़ा असर डाला और

वैज्ञानिक कार्य से ज्यादा इसने सामाजिक दृष्टिकोण को बदलने में मदद की। इसने जनमानस में एक युगांतकारी चिंतनपरक उद्वेलन को जन्म दिया और डार्विन को प्रसिद्ध बना दिया (नेहरू, 1982अ: 524)।

आधुनिकता ही लोकतंत्र को जन्म देती है, इस बिंदु को नेहरू बिल्कुल भूलते नहीं है। वे लोकतंत्र की पृष्ठभूमि में धर्म की भूमिका को इंगित करते हैं। यूरोप के बाहर और अन्दर, ईसाई धर्म और अन्य धर्मों के अन्दर, पाप और दुःख पुराने विचार के अनुसार आम थे और इन्सान के लिए अपरिहार्य थे। धर्म इस दुनिया में गरीबी और दुःख के लिए स्थायी और यहाँ तक कि सम्मानित जगह देने के लिए लगा हुआ था। धर्म का वादा और पुरस्कार दूसरी दुनिया के लिए था। हमें सब कुछ भाग्य पर छोड़ देना था और किसी भी तरह के मूलभूत परिवर्तन की तलाश करने की जरूरत नहीं थी। चैरिटी को प्रोत्साहित किया गया था। गरीबों को टुकड़े दिए जा रहे थे, लेकिन गरीबी या गरीबी उत्पन्न करने वाली प्रणाली को दूर करने का कोई विचार नहीं था। स्वतंत्रता और समानता के विचारों ने चर्च के सत्तावादी दृष्टिकोण का विरोध किया। नेहरू के अनुसार इस विरोध ने लोकतंत्र को आगे बढ़ाया। अगर हम सभी के लिए बराबर लोकतंत्रिक सिद्धांत के दो पहलू यानी समान राजनैतिक और सामाजिक मूल्य सबको दें तो हम क्रांतिकारी निष्कर्ष पर पहुँच सकते हैं (नेहरू, 1982अ: 529)।

राजनैतिक और सामाजिक मूल्य नेहरू की *एन ऑटोबायोग्राफी* (1936) का केंद्र बिंदु है। यह 'आत्मकथा' मुख्यतः गांधी के साथ संबंधों और नीतियों के 'मतभेद हाँ' और 'मनभेद नहीं' के फार्मूले पर भी चलती है। राजनैतिक और सामाजिक मूल्य धार्मिक कट्टरवादियों पर हमले किए बिना नहीं आ सकते, जो इस किताब में किया गया है। नेहरू का मानना था कि वास्तविक संघर्ष हिंदू और मुस्लिम–संस्कृति में नहीं है, बल्कि इन दोनों संस्कृतियों से आधुनिक सभ्यता की वैज्ञानिक संस्कृति में हैं। नेहरू कहते हैं कि उन्हें कोई संदेह नहीं हैं कि हिंदू और मुस्लिम का आधुनिक सभ्यता की मुखालफत करने के बावजूद, उनका प्रयत्न असफल ही रहेगा और यह मैं बिना खेद के देखूँगा (नेहरू, 1982ब: 470)। नेहरू के अनुसार हमारा मुख्य लक्ष्य वर्ग–रहित समाज है, जहाँ पर आर्थिक न्याय और सभी के लिये सामान अवसर उपलब्ध हो (नेहरू, 1982ब: 551)। जो कोई भी इसमें बाधा बने उसको हटाना ही होगा चाहे जबरदस्ती ही क्यों न करनी पड़े (नेहरू, 1982ब: 552)।[40]

नेहरू अपनी तीसरी और आखिर किताब में 'भूतकाल' को लेकर बहुत ही सजग हैं। *डिस्कवरी ऑफ इंडिया* (1946) में नेहरू कहते हैं कि भारत को अतीत के ज्यादातर हिस्सों से सम्बन्ध तोड़ लेना चाहिए और इसको वर्तमान पर हावी होने

की अनुमति नहीं मिलनी चाहिए (नेहरू, 2004: 567)। नेहरू जाति पर जमकर वार करते हैं। जाति हिंदुओं के बीच ख़ासियत का प्रतीक और अभिव्यक्ति है। यह कभी-कभी कहा जाता है कि जाति के मूल विचार को रखा जा सकता है, लेकिन इसके बाद के हानिकारक विकास और नतीजों को हटाया जाना चाहिये। यह भी कि इसको जन्म के आधार पर न होकर योग्यता के आधार पर होना चाहिए। यह दृष्टिकोण न केवल अप्रासंगिक है बल्कि मुद्दे से भटकाता भी है। ऐतिहासिक संदर्भ में जाति के विकास के अध्ययन के कुछ मूल्य है, लेकिन हम स्पष्ट रूप से उस अवधि में वापस नहीं जा सकते हैं। आज के सामाजिक संगठन में इसके लिए कोई जगह नहीं है। अगर केवल योग्यता कसौटी हैं, और सबको सामान अवसर उपलब्ध है, तो जाति सभी वर्तमान विशिष्टताओं को खो देती है और वास्तव में समाप्त हो जाती है। जाति ने कुछ समूहों का दमन न सिर्फ अतीत में किया है, बल्कि क्राफ्टमैन्शिप से सैद्धांतिक और शैक्षिक सीख और वास्तविक जीवन और उसकी समस्याओं से दर्शन को अलग-थलग कर दिया। यह परंपरावाद के आधार पर एक ऐरिस्टोक्रैटिक दृष्टिकोण था (नेहरू, 2004: 579-580)।

इन विमर्शों[41] से एक बात तो स्पष्ट हो जाती है कि नेहरू ने आधुनिकता को राजनैतिक सिद्धांतकार के रूप में समुदायवाद और पुनरुत्थानवाद को अस्वीकार करके अपनाया था, जो वास्तव में इसी तरह से अपनाया जा सकता है। इसका असर यह हुआ कि नेहरू ने इंडिविजुअल, सोसाइटी और स्टेट को व्यक्ति, समुदाय और राज्य-धर्म जैसे सिद्धांतों से अलग रखा। इससे इंडिविजुअल, सोसाइटी और स्टेट जैसे विमर्श का गठन और व्यक्ति, समुदाय और धार्मिक राज्य जैसे प्रस्तावनाओं को ख़ारिज किया जा सकता है। नेहरू में इसके आठ प्रमाण मिलते हैं। पहला, नेहरू की आधुनिकता में इंडिविजुअल बहुत ही महत्त्वपूर्ण है। इसका अस्तित्व सबसे पहले आता है। यहाँ पर अधिकार दिए जाने की वकालत की जाती है, जो किसी भी कीमत पर वापस नहीं लिया जा सकता है। दूसरा, नेहरू, इंडिविजुअल को राजनैतिक मानते थे। कांग्रेस को उच्च वर्ग से हटा कर आम जनता में ले जाने के प्रयत्न को उनकी 'एन ऑटोबायोग्राफी' में देख सकते हैं। तीसरा, नेहरू, इंडिविजुअल को किसी भी खास दृष्टि से देखने से मना करते थे, यह बहुत ही स्पष्ट तौर पर निकल कर आता है। यह उनके धर्म, जाति के विरोध से देखा जा सकता है। चौथा, अब हम परंपरा पर आते हैं। नेहरू परंपरा को अस्वीकार करते थे। इसके लिए वह 'परंपरा' और 'भूतकाल' में अंतर करते थे। परंपरा किसी भी वस्तु को बिना निरीक्षण के लगातार अपनाने को लेकर रहा है। यहाँ पर आलोचनात्मक परीक्षण (क्रिटिकल एग्जामिनेशन) का अभाव रहा है। भूतकाल में बहुत कुछ अच्छा हुआ हो, यह हो सकता है, लेकिन परंपरा सोचने की प्रक्रिया को कुंद कर देती है। पाँचवा, नेहरू

निरंतरता को इसलिए भी नकारते हैं,क्योंकि निरंतरता परंपरा को जन्म देती है। छठा, नेहरू राज्य और धर्म में अंतर करते हैं। यह बहुत जरूरी हो जाता है, क्योंकि धर्म अधिकार-आधारित संस्था नहीं है। धर्म को राज्य के साथ लाने या जोड़ने का मतलब ही हुआ कि लोग अधिकार विहीन हो जाते हैं, क्योंकि धर्म के अन्दर अधिकार-आधारित विमर्श का होना नामुमकिन है। धर्मं और राजनीति के संबंधों के बारे में नेहरू ने मई 17, 1928 के द *बम्बई क्रॉनिकल* में लिखा था कि 'भारत में तथाकथित धर्म आज जीवन के हर क्षेत्र—आर्थिक, राजनीतिक, सामाजिक—का अतिक्रमण कर रहा है और मैं इस पर कड़ी आपत्ति व्यक्त करता हूँ और इच्छा व्यक्त करता हूँ कि इस अतिक्रमण को अनुमति नहीं दी जानी चाहिए। अगर धर्म या जिसको धर्म कहा जाता है, भारत में सबके साथ हस्तक्षेप करना जारी रखता है, तब इसको सिर्फ राजनीति से अलग करने का प्रश्न नहीं होगा, बल्कि जीवन से ही अलग करना होगा' (गोपाल, 1972: 232-233)। सातवाँ, नेहरू अधिकार आधारित संस्था की संकल्पना करते हैं। आठवाँ, नेहरू सार्वजनिक तर्क (पब्लिक रीजनिंग) को वैज्ञानिक मनोभाव (साइंटिफिक टेम्पर) में बदल देने के लिए आग्रह करते हैं। पब्लिक रीजनिंग से धर्म-आधारित राज्य खत्म हो जाता है। यह आधुनिकता इंडिविजुअल को अधिकार देती है, समाज को परंपरा से मुक्त कराती है और अधिकार-आधारित राज्य की कल्पना करती है। लेकिन, क्या नेहरू आधुनिकता को आगे ले जा पाए थे? इसके जवाब में यह कहना पड़ेगा कि नेहरू आधुनिकता को लेकर कोई आन्दोलन खड़ा नहीं कर पाये। अगर हम कांग्रेस का ही मूल्यांकन करें और नेहरू के विश्लेषण का सहारा लें, जो वह अपनी आत्मकथा में करते हैं, तो पाते हैं कि कांग्रेस में ही रूढ़िवादी लोग भरे हुए थे।

कांग्रेस में रूढ़िवाद 1930 दशक के दौर से ही मजबूत हो चुका था। 'जिन लोगों ने भी 1930 के दशक की कांग्रेस को देखा था और उस कांग्रेस में शामिल थे और वामपंथ की तरफ झुकाव रखते थे, उन्होंने खुद को संगठन से बाहर रखने की जरूरी कवायद शुरू की। यहाँ संगठन ने दक्षिणपंथ की तरफ झुकाव दिखाना शुरू कर दिया था। कांग्रेस के आन्तरिक समूहों में अब कांग्रेस नेशनलिस्ट पार्टी भी शामिल थी। यह पार्टी एक दक्षिणपंथी पार्टी थी, जिसका झुकाव हिंदू हितवाद के तरफ ही था। मदन मोहन मालवीय और बनारस हिंदू यूनिवर्सिटी समूह इसके कर्ता-धर्ता थे। बहुत सारे कांग्रेस के सदस्य हिंदू महासभा के सदस्य थे, जो निस्संदेह सांप्रदायिक (सेक्टेरियन) संगठन था। कांग्रेस में बहुत सारे लोग दोहरी सदस्यता वाले भी थे, जो ऐसे संगठनों के भी सदस्य थे' (जकरिया, 2003: 90)। 'सत्ता का विधिवत हस्तांतरण होने के कुछ दिनों तक, हिंदू दक्षिणपंथ और पूँजीवादी दक्षिणपंथ कांग्रेस के अन्दर और बाहर भी था। यह भी सच है कि कुछ समय तक कांग्रेस के

अन्दर और बाहर के दक्षिणपंथियों ने एक-दूसरे को पहचाना नहीं था' (जकरिया, 2003: 166)।

यहाँ पर मौलाना अबुल कलाम आजाद (जो भारत के प्रथम शिक्षामंत्री रहने के पूर्व कांग्रेस के अध्यक्ष भी थे) की महत्त्वपूर्ण किताब 'इंडिया विन्स फ्रीडम' में वर्णित कई घटनाओं में से एक घटना पर प्रकाश डालना उचित रहेगा। इस किताब का महत्व इसलिए भी बढ़ जाता है, क्योंकि इसको आजाद ने 'जवाहरलाल नेहरू, दोस्त, कामरेड' को समर्पित की थी। आजाद कहते हैं कि 'गवर्नमेंट ऑफ इंडिया एक्ट 1935 के बाद हुए चुनावों में कांग्रेस को भारी सफलता मिली थी। कांग्रेस पहली बार शासन की बगडोर संभालने जा रही थी। मुस्लिम लीग मुसलमानों के खिलाफ अत्याचारों की झूठी खबर फैला रही थी, लेकिन दो ऐसी घटनाएँ हुईं, जिसने प्रांतीय कांग्रेस-समितियों की प्रकृति के बारे में बुरा प्रभाव छोड़ा। मुझे मानना ही पड़ेगा कि दोनों अवसर पर कांग्रेस सफलतापूर्वक राष्ट्रवाद [इसका आशय यहाँ पर सबको समान अवसर देने से है] की परीक्षा पास नहीं कर सकी। कांग्रेस राष्ट्रीय संगठन के तौर पर विकसित हुई थी और इसका नेतृत्व करने का अवसर सभी समुदायों के लोगों को दिया गया था। इसी वजह से श्री नरीमन बम्बई में स्थानीय कांग्रेस के स्थापित नेता थे। जब प्रांतीय सरकार के गठन का मामला आया तो सभी ने समझा कि नरीमन को उनकी हैसियत और पिछले अनुभव के आधार पर इसका नेतृत्व करने के लिए कहा जायेगा। इसका मतलब यह हुआ कि नेतृत्व एक पारसी के हाथ में होगा, जबकि असेंबली के अधिकतर कांग्रेसी सदस्य हिंदू थे। सरदार पटेल और उनके सहयोगी इस परिस्थिति के लिए तैयार नही थे। उनका मानना था कि यहाँ कांग्रेस के हिंदू समर्थकों को इस सम्मान से अलग रखना अन्याय होगा। इसीलिए बी.जी. खेर को बम्बई विधान सभा में कांग्रेस विधायक दल का नेता चुना गया।

स्वाभाविक तौर पर नरीमन इस निर्णय से नाराज थे। उन्होंने कांग्रेस कार्यकारिणी के सामने यह प्रश्न उठाया। जवाहरलाल नेहरू उस समय कांग्रेस के अध्यक्ष थे। इसलिए कई लोगों ने सोचा कि नेहरू चूँकि सांप्रदायिक सोच से पूरी तरह से मुक्त थे, अत: वे नरीमन के साथ हुए अन्याय को दूर करेंगे। दुर्भाग्य से यह नहीं हुआ। जवाहरलाल जानते थे कि लोग उनको सरदार पटेल का आलोचक और विरोधी मानते थे। वह ऐसा कुछ भी नहीं करना चाहते थे, जिससे सरदार पटेल के दोस्तों को उनकी आलोचना करने का मौका मिले। इसलिए उन्होंने पटेल को खुश रखने के लिए नरीमन की अपील को ख़ारिज कर दिया। ऐसा महसूस हुआ कि वे यह सिद्ध करना चाहते थे कि उनके कार्यकाल के दौरान पटेल पर कोई आरोप नहीं लगे।

नेहरू के व्यवहार से नरीमन चकित थे, खास तौर पर कांग्रेस कार्यकारिणी की

बैठक के दौरान उनके साथ हुए सख्त व्यवहार से। तब नरीमन गांधीजी के पास पहुँचे। गांधीजी ने उनकी बात ध्यान से सुनी और आदेश दिया कि सरदार पटेल के खिलाफ शिकायत की जाँच किसी निष्पक्ष व्यक्ति से कराई जाए।

चूँकि नरीमन खुद पारसी थे, इसलिए सरदार पटेल और उनके दोस्तों ने सुझाया कि किसी पारसी को ही यह जाँच सौंपी जानी चाहिए। उन्होंने यह योजना काफी सोच कर बनाई थी, जिससे मुद्दे को दबाया जा सके। इसके अलावा, उन्होंने कई तरह के अपने प्रभाव का प्रयोग किया, जिससे जाँच शुरू होने से पहले ही नरीमन अपना यह केस हार चुके थे। अंत में निष्कर्ष यही रहा कि सरदार पटेल के खिलाफ कुछ भी पाया नहीं जा सका।

जो लोग भी अन्दर की बाते जानते थे, वे इस जाँच के निष्कर्ष से सहमत नहीं थे। हम सारे लोग जानते हैं कि सच्चाई का त्याग सरदार पटेल की सांप्रदायिक जरूरतों को पूरा करने के लिए कर दिया गया था। असहाय नरीमन इसके बाद टूट चुके थे और इसके बाद उनका सार्वजनिक जीवन ख़त्म हो गया।

इसी तरह का कुछ घटनाक्रम बिहार में भी हुआ। जब चुनाव हुआ तो उस समय डॉ. सैयद महमूद इस प्रान्त के सबसे बड़े नेता थे। वह अखिल भारतीय कांग्रेस-समिति के महासचिव भी थे। उनका प्रभाव प्रान्त के अन्दर और बाहर दोनों जगह था। जब कांग्रेस ने पूर्ण बहुमत प्राप्त किया, तब यह तय माना गया कि डॉ. सैयद महमूद ही नेता चुने जायेंगे और प्रांतीय स्वायत्ता के अंतर्गत बिहार के पहले मुख्यमंत्री बनेंगे। इसकी बजाय, श्री कृष्ण सिंह और अनुग्रह नारायण सिन्हा, जो सेंट्रल असेंबली के सदस्य थे, को बिहार बुलाया गया और मुख्यमंत्री-पद के लिए तैयार किया गया। डॉ. राजेंद्र प्रसाद ने वही भूमिका बिहार में अदा की, जो भूमिका सरदार पटेल ने बम्बई में की थी। बिहार और बम्बई में एक मात्र अंतर यही था कि जब श्री कृष्ण सिन्हा ने सरकार बनायी तो उस कैबिनेट में डॉ. सैयद महमूद को जगह दी गयी' (आजाद, 1988: 16-18)।[42]

ऊपर दिए गए विवरण यह बताते हैं कि नेहरू के समय दो तरह का विकास देखने को मिलता है। कांग्रेस करीब-करीब रुढ़िवादी पार्टी में तब्दील हो चुकी थी, जहाँ पर दक्षिणपंथी हिंदुवादियों की पकड़ और मजबूत ही हुई थी। दूसरा, नेहरू लगातार 17 साल तक प्रधानमंत्री थे; यह समय आधुनिकता को और आगे ले जाने का था, जहाँ से परंपरावादी-जकड़नशील शक्तियों को कमजोर करना प्रथम उद्देश्य होना चाहिए था। लेकिन इसके विपरीत नेहरू के प्रधानमंत्रित्व काल में आन्दोलन नहीं हुआ। यह कहा जा सकता है कि प्रधानमंत्री रहते कोई भी लिबरल लोकतंत्र में आन्दोलन नहीं कर सकता है। लेकिन यह भी सही है कि आधुनिकता बिना आन्दोलन के आगे नहीं बढ़ सकती है। इस सन्दर्भ में ई. एम. एस. नम्बूदिरिपाद का आकलन

महत्त्वपूर्ण हो जाता है। नम्बूदिरिपाद कहते हैं कि प्रधानमंत्री नेहरू और स्वतंत्रता आन्दोलन के वामपंथी नेता नेहरू में अंतर है। उन्होंने राज्य पर परिवर्तन लाने को लेकर ज्यादा भरोसा किया (नम्बूदिरिपाद, 1988)।

राज्य–आधारित परिवर्तन आधुनिकीकरण तो हो सकता है, लेकिन आधुनिकता नहीं हो सकती है। नेहरू के आलोचक आधुनिकता और आधुनिकीकरण में अंतर नहीं कर पाते हैं और नेहरू की आलोचना को आधुनिकीकरण की परिधि में सिमटा देते है। मैं यह नहीं कह रहा हूँ कि आधुनिकीकरण की परिकल्पना को आलोचनात्मक दृष्टि से नहीं देखा जाना चाहिए। लेकिन कोई भी आलोचना, जो कि खास तौर से वामपंथ से आ रही है, उसको और समग्र होना ही होगा, नहीं तो वह नेहरू की समुदायवादी और पुनरुत्थानवादी आलोचना के पास चला जायेगा।[43] उदाहरण के लिए दो लेखकों का सहारा लिया जा सकता हैं– सुदीप्त कविराज (1988) और पैरी एंडरसन (2012)। दोनों बेहतरीन विश्लेषक नेहरू के आधुनिकीकरण वाले पहलू को ही समझने/समझाने में उलझे रहते हैं, और नेहरू की आधुनिकता के योगदान को ख़ारिज करते हैं। यहाँ पर नेहरू कर्ता के तौर पर प्रतीत होते हैं, सिद्धांतकार के रूप में नहीं। सुदीप्त कविराज कहते हैं कि उन्होंने राजनैतिक रूप से स्वतंत्र बुर्जुआ राज्य की स्थापना की। वह राजनैतिक रूप से सफल, लेकिन ऐतिहासिक रूप से विफल थे (कविराज, 1980)। एंडरसन तो यहाँ तक कहते हैं कि नेहरू, गांधी के पास जब आए थे तब उनके पास राजनैतिक विचार के तौर पर बहुत कुछ नहीं था। लेकिन एंडरसन नेहरू की 'आत्मकथा' में नेहरू और गांधी के जबरदस्त अंतर्द्वंद्वों को पकड़ नहीं पाते हैं। इसी सन्दर्भ में प्रभात पटनायक का मानना हैं कि पैरी एंडरसन के स्वतंत्रता-आन्दोलन के विवरण में कराची संकल्प (कराची रेजोलुशन) का कोई उल्लेख नहीं है (पटनायक, 2013: 31)।

एजाज़ अहमद कहते हैं कि सांस्कृतिक राष्ट्रवाद अक्सर परंपरा का प्रतिनिधि होता है। यहाँ पर वे [सांस्कृतिक राष्ट्रवादी] आधुनिकीकरण सिद्धांतकार के परम्परा/आधुनिकीकरण की द्विचर (बाइनरी) [अर्थात आधुनिकीकरण और परम्परा में द्वन्द्व] को उल्टा करते हुए तीसरी दुनिया के देशों के लिए 'देशज' की दिशा में मुड़ जाते हैं, जहाँ पर परंपरा को आधुनिकता से बेहतर बताया जाता है। इससे सांस्कृतिक राष्ट्रवाद के नाम पर सबसे अंधकारवादी पहलुओं की भी रक्षा करने का स्थान भी खुलता है (अहमद, 1994: 9)। इसी वजह से पार्थ चटर्जी नेहरू को आधुनिकीकरण के ही नजर से देखते हैं (चटर्जी, 1986)। अहमद कहते हैं कि पार्थ चटर्जी का नेहरू की 'आधुनिक रूप' में उनकी एकमुश्त घृणा और बंकिम चट्टोपाध्याय को उनसे ऊपर रखना इसी तरह के उलटे तर्क से भरा पड़ा है (अहमद, 1994: 321)।

मैं अब आधुनिकता और आन्दोलन वाले प्रश्न पर लौटता हूँ। क्या आधुनिकता

आन्दोलन के बिना बढ़ सकती है? मेरा उत्तर नहीं में है। प्रश्न यह भी है कि हम आन्दोलन को कैसे समझें? आंदोलन उदारवादी संविधान से परे लामबंदी है। आन्दोलन की प्रकृति स्थायी है। आन्दोलन और यूटोपिया एक दूसरे से जुड़े हुए हैं। यूटोपिया अतीत का वर्तमान से संबंध-विच्छेद का पहला संकेत है। यही वजह है कि आंदोलन और यूटोपिया एक साथ जुड़े रहते हैं। यह यूटोपिया वास्तविक और इसी दुनिया का है। यहाँ पर दूसरी दुनिया के सामने समर्पण का स्थान नहीं है। आन्दोलन का महत्व संस्थानों को लगातार प्रोग्रेसिव तरीके से बदलने में है। आंदोलन राजनैतिक तौर पर सोचने वाले व्यक्ति का निर्माण करता है। राजनैतिक तौर पर सोचने वाला व्यक्ति खुद व दूसरों को दो बातें याद दिलाता है– संस्थाओं का परिवर्तन राजनैतिक तौर पर सोचने वाले व्यक्ति का निर्माण किए बिना नहीं किया जा सकता है, और राजनैतिक तौर पर सोचने वाले व्यक्ति के बिना आंदोलनों को खड़ा नहीं किया जा सकता है (राय, 2013: 143–171)।

नेहरू की आधुनिकता सैद्धांतिक तौर पर इंडिविजुअल को अधिकार देती है। वह समाज को समावेशी बनती है। राज्य को धर्म से अलग करती है। लेकिन स्वतंत्रता के बाद आधुनिकता का आन्दोलन में न बदलने की वजह से आज भी 'व्यक्ति', न कि इंडिविजुअल वाली व्यवस्था है, जहाँ पर उनके मानव-अधिकार तो छोड़िये, मूल अधिकारों पर ही कुठाराघात होता है। व्यक्ति अभी भी इंडिविजुअल नहीं है, वह जाति है, धर्म है, जेंडर है, क्षेत्र है, वर्ग है। समाज पूरी तरह से समुदाय बनने पर तुला हुआ है। खाप पंचायत, जाति पर आधारित संगठन और सेनाएँ, जाति-नरसंहार और धर्म पर आधारित सामूहिकीकरण 'समुदाय' की संकल्पना को चरितार्थ करता है। धर्म और राज्य के बीच विच्छेद नहीं होने की जगह हम धर्म-राज्य की परिकल्पना के लौटने की तरफ अग्रसर होते हुए प्रतीत होते हैं। यह मानवता का रिट्रीट है। इसकी दो वजहें रही हैं, जिसमें नेहरू की भी जिम्मेदारी बनती है। पहला झटका आन्दोलन और यूटोपिया का नहीं होना था। दूसरा, आधुनिकता का राजनैतिक तौर पर सोचने वाले व्यक्ति के गठन में कमी और संख्या में कमी होना। 'नेहरू-राजनैतिक सिद्धांतकार' को समुदायवादियों और पुनरुत्थानवादियों का आसान निशाना बना देता है।

अंत में, समुदायवादियों और पुनरुत्थानवादियों के दौर में, नेहरू का राजनैतिक सिद्धांतकार के भी रूप में अध्ययन किए जाने की जरूरत है। इस तरह के अध्ययन में नेहरू और आधुनिकता का सम्मिश्रण मिलता है, जो 'व्यक्ति' को अधिकारयुक्त बनाता है। समुदाय से समाज बनने की प्रक्रिया शुरू होती है। राज्य से धर्म का अलगाव होता है, जिससे राज्य में 'धर्मनिरपेक्ष वातावरण' (सेकुलर स्पेस) का सृजन होता है, जो समाज के सभी समूहों को साथ लेने के लिए बहुत ही जरूरी है।

नेहरू आधुनिकता को आगे बढ़ा नहीं पाये, क्योंकि जो समय भारत में आधुनिकता को आन्दोलन में बदलने का था, उस समय नेहरू स्वयं प्रधानमंत्री थे। आज आवश्यक है कि आधुनिकता का आन्दोलन और आन्दोलनों के माध्यम से राजनैतिक व्यक्ति का सृजन किया जाए।

## टिप्पणियाँ

1. यह बात अंबेडकर ने मुल्क राज आनंद से बात करते हुए कही थी। यह बातचीत इस वेबसाइट पर उपलब्ध है http://navayana.org/blog/2014/04/13/disown-casteist-heroes-like-king-ramambedkar/
2. सामाजिक विज्ञान के अंतरराष्ट्रीय विश्वकोश के अनुसार समुदायवादियों (जिनको अंग्रेजी में कम्यूनिटेरियंस कहा जाता है) के लिए समुदाय, समाज या संस्कृति का सबसे महत्त्वपूर्ण हिस्सा है। इसलिए, समुदाय की स्थिरता को बढ़ाया और संरक्षित किया जाना चाहिए (एन्लेहद्र्त, 2008: 38)। समकालीन समुदायवादी ऐलस्दैर मेकिंटायर के अनुसार एनलाइटनमेंट की व्यक्तिपरक विरासत ने सामुदायिक जीवन को ख़त्म किया (मेकिंटायर, 1984)।
3. ऑक्सफोर्ड अंग्रेजी शब्दकोष के अनुसार, पुनरुत्थानवाद (जिसको अंग्रेजी में रिवाइवलिज्म कहा जाता है) वह प्रवृत्ति या इच्छा है जो पहले के रिवाज या अभ्यास को पुनर्जीवित करने पर जोर देता है। देखे http://www.oxforddictionaries.com/definition/english/revivalism?q=revivalist#revivalism__5
4. यह अध्याय जहाँ समुदायिक और पुनरुत्थानवादी सिद्धांतकारों को समस्याग्रत बताता है, वहीं इतिहास की राष्ट्रवादी व्याख्या को भी ख़ारिज करता है। मेरा मानना है कि हजिओग्राफिक अध्यनन (संचरित्र लेखन) से बचना चाहिए। लेकिन इसका यह कतई आशय नहीं है कि किसी भी व्यक्ति के राजनैतिक सिद्धांत का अध्ययन नहीं किया जा सकता है। यह अध्ययन नेहरू के राजनैतिक सिद्धांत का अध्ययन है। हजिओग्राफिक अध्यनन की गैर–आलोचनात्मक लेखनी ने भी नेहरू के किसी सिद्धांत को महत्त्वपूर्ण नहीं बनाया, बल्कि 'नेहरू' को महत्त्वपूर्ण बनाया। 'मेकिंग–इन्वेंशन–आईडिया ऑफ इंडिया' मॉडल में एम. जे. अकबर (1988) और शशि थरूर (2003) महत्त्वपूर्ण हैं। सुनील खिलनानी की किताब 'आईडिया ऑफ इंडिया' गैर–आलोचनात्मक रुख ही लेती है (1997)।
5. इंडिविजुअल और व्यक्ति मेरे अनुसार दो अलग सैद्धांतिक अवधारणाएं हैं। इन पर सविस्तार चर्चा आगे के पृष्ठों में है।
6. जुरगेन हैबेरमास इस तरह के सिद्धांतकारों से सहमत नहीं हैं। उनके अनुसार, कुछ लेखक आधुनिकता को पुनर्जागरण तक सीमित रखना चाहते हैं, लेकिन यह उनकी बहुत ही संकीर्ण सोच का परिचायक है। चार्ल्स महान (12वीं शताब्दी) और प्रसिद्ध 'Querelle des Ancients et des Modernes' के समय के फ्रांस (17वीं शताब्दी) में भी लोग खुद को आधुनिक मानते थे (हैबरमास, 1981: 3)।
7. नेहरू की बहुत सारी आलोचनाएं आधुनिकता के नाम पर हुई हैं, लेकिन मेरा मानना है कि वह आधुनिकीकरण को लेकर है। सारी आलोचनाओं में बहुत बड़े स्तर पर औद्योगीकरण और बड़े बांध हैं। मेरा मानना हैं कि आधुनिकीकरण की आलोचना और आधुनिकता की आलोचना में काफी अंतर हैं।

8. आधुनिकीकरण का सिद्धांतीकरण बहुत विवादित रहा है। इसका सिद्धांतीकरण भी इसको आधुनिकता से अलग करता है। आदिम समाज (प्रिमिटिव सोसाइटी) से विकसित समाज (एडवांस्ड सोसाइटी) में परिवर्तन होना यहाँ शोध का मुख्य मुद्दा रहा है। जहाँ आदिम समाज मानव की जरूरत और सीमित भूमिका में बंधा होता है, वही विकसित समाज मनुष्य के उच्चतर स्तर को दिखाता है। इसके विवादित होने की वजह यूरोपीय समाज को आदर्श मानना रहा हैं और इस प्रश्न को बिलकुल भूल जाना कि विकसित देशों और विकासशील देशों में अंतर साम्राज्यवादी शोषण होने की वजह से रहा है। आधुनिकीकरण स्कूल के प्रमुख प्रवर्तकों में डेनियल लर्नर (1958) और डब्ल्य. डब्ल्यू. रोस्टोव रहे हैं (1960)।
9. मैं यहाँ पर इंडिविजुअल से संबंधित कुछ बातों का स्पष्टीकरण करना चाहूँगा। इंडिविजुअल का आगमन वास्तव में सामन्तवाद के अस्तित्व को नकारने से ही हो सकता है। उदारवादी सिद्धांत में इंडिविजुअल प्रमुख तौर पर जॉन लॉक की लेखनी में मिलता है। हालाँकि इसमें वह 'भगवान्' का हाथ बताते हैं। लॉक इंडिविजुअल को 'गॉड' के द्वारा दिए गए तीन प्राकृतिक अधिकार के तौर पर बताते हैं। ये तीन प्राकृतिक अधिकार 'जीवन, स्वतंत्रता और सम्पदा' है (लॉक, 1963)। जर्मन दार्शनिक इम्मानुएल कांट इंडिविजुअल को किसी का निमित्त मात्र नहीं बताते हैं। बल्कि उनका मानना हैं कि हर इंडिविजुअल अपने आप में ही संपूर्ण है। वह, इसको 'इक्वल ह्यूमन वर्थ' के सिद्धांत से समझाते है (कांट, 1991)। यहाँ पर एक समस्या उठ खड़ी होती है कि अगर इंडिविजुअल को सबकुछ मान लिया जाए तो यह व्यक्तिवाद यानि इंडिविजुअलिस्म को जन्म देता है। मैं इस तरह के सिद्धान्तीकरण के साथ नहीं हूँ। इसी कारण प्रसिद्ध राजनैतिक सिद्धांतकार सी. बी. मैकफर्सन उदारवाद (होब्स से लेकर अभी तक) को 'पोजस्सिव इंडिविजुअलिज्म' का नाम देते हैं (मैकफर्सन, 1962)। मेरा मानना है कि इंडिविजुअल को 'पोजस्सिव इंडिविजुअलिज्म' से बचाया जा सकता है, अगर हम उसको अधिकारयुक्त बनाएँ। यह अधिकारयुक्त इंडिविजुअल किसी भी हालत में अटोमिस्ट नहीं हो सकता है क्योंकि यहाँ पर परस्पर मान्यता से ही अधिकार आता है न कि दैवीय मान्यता से जैसा कि लॉक का मानना है। अधिकारों के परस्पर मान्यता से हम अयन रैंड जैसे सिद्धान्तकारों से भी बचते हैं जिनका मानना हैं कि स्वार्थी और बिना बलिदान का जीवन संभव है और मनुष्य के लिए दोनों आवश्यक है (रैंड, 1964)।
10. 14वीं शताब्दी वास्तव में पूर्व से अलग शताब्दी थी, जहाँ पर पूर्व से नाता करीब करीब टूटा इसलिए इसको आधुनिक युग के दौर से भी जाना जाता है। पूरा यूरोप सामाजिक, आर्थिक, राजनैतिक और प्राकृतिक आपदाओं (काली मौतें) के क्षेत्र में उथलपुथल के दौर से गुजर रहा था। लोग नयी-नयी आशंकाओ से ग्रसित थे कि कब जाने क्या हो जाये। लोग यह भी सोच रहे रहे थे कहीं कोई स्वतंत्र बची हुई है या सब कुछ मनोगत/रहस्यमय, तारकीय और तर्कहीन बलों के अधीन हो गया है। इन परिस्थितियों में दांते, पेट्रार्क और सैल्युटाटी बहुत ही असरदायक तरीके से मानव के सम्मान को लेकर उभरे (पोप्पी, 2004: 644)।
11. मार्क्स इसको *'इकोनॉमिक एंड फिलोसोफिक मैनोस्क्रिप्ट्स ऑफ 1844'* में उठाते हैं। यहाँ पर चार तरह का एलियनेशन होता है—श्रमिक अपने उत्पाद, श्रम प्रक्रिया, खुद, और अन्य लोगों से एलियनेट हो जाता है (मार्क्स, 1959)।
12. इस सन्दर्भ में इंग्लैंड से संबंधित एक उदाहरण काफी रहेगा। चर्च ऑफ इंग्लैंड (स्थापना 1534) ने कभी भी उपनिवेशवाद का विरोध नहीं किया।

13. कृपया देखे कांट, 1784। http://www.columbia.edu/acis/ets/CCREAD/etscc/kant.html
14. ब्रूनो लाटुर करीब-करीब फूको के नजदीक आते हैं। लाटुर का मानना हैं कि हम कभी आधुनिक हो ही नहीं पाए हैं। हम जितना भी आधुनिक होने की कोशिश करें मध्यवर्ती मार्ग निकल ही आते हैं (लाटुर, 1993)।
15. इस महत्त्वपूर्ण दस्तावेज से सहमति और हस्ताक्षर करने वालो में निम्नलिखित लोग शामिल थे– अमित भादुड़ी, पी. एम. भार्गव, बिपन चंद्र, वी. के. दामोदरन, पी. एन. हक्सर, वी. जी. कुलकर्णी, दिनेश मोहन, एम. एन. वी. नायर, आर. नरसिंह, एच. नरसिम्हिया, बकुल पटेल, रजनी पटेल, पी. के. रविंद्रनाथ, मोहित सेन, बी. वी. सुब्बरयाप्पा, तारा अली बेग, श्याम बेनेगल, सतीश धवन, वाई नयुदम्मा, अशोक पार्थसारथि, के. एन. राज, आर. रमन्ना, एस. रामाशेषन, सी. एन. आर. राव, ए. के. एन. रेड्डी, आनंद साराभाई, बी. एम. उद्‌गओंकर, एम. जी. के मेनन, यश पाल, रोमिला थापर और रईस अहमद। बाद में पी. एम. भार्गव और चन्दन चक्रवर्ती (भार्गव और चक्रवर्ती, 2007) ने इसी मुद्दे को आगे बढ़ाया।
16. इस सन्दर्भ में जे. डी. बर्नाल (1909–1971) दो कारणों से बहुत ही महत्त्वपूर्ण हो जाते हैं। पहला, विज्ञान की उपलब्धि बताए बिना इसे ख़ारिज कर दिया जाता है। दूसरी तरफ जिन्होंने विज्ञान को जन-जन तक पहुँचाने में सबसे महत्त्वपूर्ण भूमिका निभाई उनको वैज्ञानिक तक नहीं माना जाता है। बर्नाल ने विज्ञान के सामाजिक कार्यों की विवेचना की थी। वह गणित, रसायन विज्ञान, जीव विज्ञान, भौतिक विज्ञान, खनिज विज्ञान आदि के छात्र थे। रदरफोर्ड उनके परमाणु भौतिकी नहीं लेने से अति-नाखुश थे। उन्होंने क्रिस्टल-विज्ञान (crystallography) को चुना था। उन्होंने जीव विज्ञान को भी चुना, क्योंकि विज्ञान की बड़ी समस्याएँ जीव विज्ञान में ही निहित हैं। इसमें जीवन का रहस्य भी है, जो मनुष्य के दिमाग को खोल सकता है। बर्नाल की उपलब्धियों में 'संरचना और विज्ञान को सार्वजनिक धन से बढ़ाना, सर्न (CERN): यूरोपीय परमाणु अनुसंधान संगठन, प्रशस्ति पत्र सूचकांक (Citation index)' आदि रहा है। 1962 से 1964 के बीच उनके चार छात्रों, जिनमें क्रिक, वाटसन और विल्किंस शामिल थे, को नोबल पुरस्कार मिला। इसके बावजूद बर्नाल को वैज्ञानिक तौर पर मान्यता नहीं मिली। इसी सन्दर्भ में एरिक होब्स्वाम को मानना है कि यह विडंबना ही है कि वैज्ञानिक ज्ञान जो कि संचय और सामूहिकता से बढ़ती है उसे व्यक्तिगत प्रमुखता के लिए याद किया जाता है। विज्ञान रचनात्मक कला के विपरीत है। बर्नाल का काम भले ही ठोस न रहा हो, लेकिन उन्होंने आवेग और माहौल का सृजन किया (होब्स्वाम, 2006: 21–23)।

    विज्ञान दो वजहों से है। पहला रहस्यवाद का यहाँ पर खात्मा होता है। दूसरा, यह सामूहिक प्रगति का वातावरण तैयार करता है। रहस्यवाद और अंधविश्वास सामूहिक भाग्यवाद को जन्म देते हैं। विज्ञान आधुनिकता का सबसे महत्त्वपूर्ण अंग है। यही आधुनिकता लोकतंत्र को जन्म देती है। लोकतंत्र एसोसिएटेड लिविंग को जन्म देता है। हमें यह नहीं भूलना चाहिए कि विज्ञान और आधुनिकता के विरोधियों ने ही नरेन्द्र धाबोलकर की हत्या की। नरेन्द्र धाबोलकर 'आस्था' (फेथ) को सत्यापित करने के लिए चार कसौटी बताते थे। पहला, आस्था तथ्यों को सत्यापित करती है। तथ्यों का सत्यापन नहीं करना अंधविश्वास है। दूसरा, आस्था अहिंसा है। तीसरा, आस्था गतिशील है। चौथा, आस्था हमारे निर्णय लेने की क्षमता में गुणात्मक परिवर्तन लाती है, वहीं अंधविश्वास इसका अवमूल्यन करता है। एसोसिएटेड

लिविंग को ख़त्म करने में तथ्यों, अहिंसा, गतिशीलता और निर्णयों की उच्चतर मानकता का अनुपस्थित होना है।

17. इस सन्दर्भ में निम्नलिखित बातें महत्त्वपूर्ण हो जाती है। कोई भी मनुष्य जन्म लेने तक किसी भी वर्गीकरण से परे होता है। समाज में प्रचलित शक्तियाँ मनुष्य को जन्म के बाद वर्गीकरण में ढाल देती है। कोई भी इन्सान जाने अनजाने में धर्म का हिस्सा बना दिया जाता है। हम हिंदुत्व या पॉलिटिकल इस्लाम जैसे विषयों से अवगत हैं, जहा धर्म को राजनैतिक सत्ता से जोड़ दिया जाता है। लेकिन 'समुदायवाद' 'पूर्व' और 'पश्चिम' का विभाजन करने के दौरान समुदायों के लक्षण को 'सर्वमान्य और सर्वव्यापक' गुण बता देता है। यह भी एक खतरनाक प्रक्रिया है। हर इंसान को धर्म में शामिल कर लिया जाता है। यहाँ पर शामिल होना एक 'पैसिव' प्रक्रिया है। लेकिन जैसे ही हम समुदाय के नाम पर 'गुणों' पर जोर देते हैं, मनुष्य हमेशा उन्हीं 'गुणों' के साथ जीना शुरू कर देता है। यह एक खतरनाक प्रक्रिया है।
18. इसको और समझने के लिए एलन सोकल की किताब *बियॉन्ड द होक्स : साइंस, फिलोसोफी एंड कल्चर* (2008) बहुत ही महत्त्वपूर्ण है। मुझे पहली बार पुनरुत्थानवादियों के बारे में सारगर्भित तरीके से पता इसी किताब से चला था।
19. इस सन्दर्भ में, बालगंगाधर का जेफरी के नाम खुला पत्र, जो उनकी किताब *रीकांसेप्चुयलायिजेशन इंडिया स्टडीज* का हिस्सा है, को पढ़ा जा सकता है।
20. कृपया देखे http://www. rediff. com/news/report/slide-show-1-when-westerners-make-fun-of-our-gods-theyre-instigating-trouble/20140217. htm
21. कृपया देखे http://organiser. org//Encyc/2015/8/10/Opinion—Fighting-the-Sepoys-of-the-Leftist-evangelist-Mafia. aspx
22. बालगंगाधर ने इतिहास के ऊपर टिपण्णी करते हुए इसको पश्चिमी करार दिया और भारतीयों को इससे बचने की सलाह दी। 'लोगों के भूतकाल (पास्ट) को नष्ट करने के लिए इसको इतिहास के हवाले कर दीजिए। जिसको आज इतिहास कहा जाता है, वह क्रिश्चियन धर्म का धर्मनिरपेक्षीकरण (secularization) है' (बालगंगाधर, 2014: 17)। इतिहास को भुलाकर 'भूतकाल' को मानने की पद्धति इसको 'अमर' बनाने की कवायत है, जो हमारी जिंदगी से कभी ख़त्म नहीं होगी। यह पुनरुत्थानवाद का सबसे बड़ा हथियार है।
23. ज्ञानेंद्र पाण्डेय, पार्थ चटर्जी, आशीष नंदी (नंदी, 1995: 35-36), टी. एन. मदान करीब-करीब नेहरू और आधुनिकता को लेकर एक ही तरह के विचार रखते है। ज्ञानेंद्र पाण्डेय साम्प्रदायिकता को आधुनिकता की उत्पत्ति मानते है (पाण्डेय, 2012)। पार्थ चटर्जी के लिए धार्मिक असहिष्णुता 'आधुनिकता' की उत्पत्ति हो जाती है।
24. शुक्राचार्य कौन थे? यह विवाद का मुद्दा हो सकता है, लेकिन सिद्धांतों को लेकर विवाद नहीं है। यहाँ पर व्यक्ति 'निर्धारित' है और सम्राट (monarch) विभिन्न देवताओं का प्रतिनिधि है। 'व्यक्ति को उसकी प्रकृति और विशिष्ट गुण के कारण सात्विक (sattvika), राजसिक (rajasika), और तमस (tamas) वर्ग में विभाजित किया जाता है। सिर्फ जन्म ही नहीं, ये तीन विशेषताएँ इंसान का वर्ण निर्धारित करती है। शुक्रनीति और भी आगे जाती है। ये विशिष्ट गुण नियति (प्राक-तन) को प्रभावित और जन्म के लिए खास वर्ण का निर्धारित करते हुए इंसान के जन्म से पहले ही उसका वर्ण का निर्धारण कर देते हैं। वास्तव में शुक्रनीति यह कहना चाहती है कि वर्ण में व्यक्ति के जन्म होने से उसकी वर्ण का मूल निर्धारक (original determinant) तय नहीं हो जाती है। बल्कि यह जन्म तो सात्विक (sattvika),

राजसिक (rajasika), और तमस (tamas) जैसे गुण और पिछले जन्म के अनुशासन (तपस) के द्वारा पहले से ही निर्धारित हो जाता है। इसके अलावा इस जन्म का बौद्धिक स्वभाव पिछले जन्मों में अपने कर्मों के प्रभाव के अनुसार होता है।' (प्रभु, 2010: 320)

25. मनुस्मृति पर बहुत कुछ कहा जा चुका है। लेकिन इसकी एक बात ने जो मुझे चौंकायी वह इसका व्यक्ति को हमेशा संबंधित (रिलेशनल) दिखाना रहा है। संबंधों को तोड़ना सजा को आमंत्रित करना है। हर कोई या तो किसी वर्ण में जन्म लिया है और किसी न किसी से संबंधित है। हर कोई किसी न किसी वर्ण से है या संबंधी है। महिला या तो पत्नी है या माता है। पुरुष से किसी भी तरह के विवाद में उसका ही दोष है। इसके तीसरे और चौथे अध्याय में खास तौर से देखा जा सकता है। अध्याय सात के खंड संख्या 24 को पढ़ने की जरूरत है। 'क्या सही माध्यम है और गलत है, क्या शुद्ध न्याय है या अन्याय है, वह [मनु] प्रार्थी के कारणों को उसकी वर्ण के अनुसार तय करते हैं' (बूहलेर, 1886: 256)। हालाँकि राजीव मल्होत्रा मनुस्मृति को सकारात्मक तौर पर देखते हैं। मल्होत्रा के अनुसार, मनु के नियम स्पष्ट तौर पर कहते हैं कि वे यूनिवर्सल नहीं है। उनको परिस्थितियों के अनुसार परिवर्तित किया जा सकता हैं (मल्होत्रा, 2011: 78)। मल्होत्रा यह नहीं बता पाते हैं कि इन 'परिवर्तनशील' नियमों से किसका सबसे ज्यादा फायदा हुआ है? अगर ये नियम परिवर्तनशील थे तो बनाए ही क्यों गए थे?
26. पूरा का पूरा अर्थशास्त्र 'राजा' प्रधान है, जहाँ पर व्यक्ति का कोई अपना अस्तित्व नहीं है और धर्म राज्य का अंग है। 'राजा और उसके नियम में राज्य के सभी घटक समाहित होते है' (रंगराजन, 1987: 141)। 'सामाजिक व्यवस्था को बनाये रखने की जिम्मेदारी कुछ हद तक व्यक्ति की थी, जिसको अपने वर्ण और आश्रम के धर्म को मानना था और कुछ हद तक राज्य की भी है' (रंगराजन, 1987: 94)।
27. मैं इस संस्कृत श्लोक की तरफ ध्यान आकर्षित करने के लिए प्रमोद तिवारी का आभारी हूँ।
28. ऑक्सफेम की रिपोर्ट के अनुसार, विश्व के 85 लोग विश्व के आधे गरीब लोगों के बराबर संपत्ति रखते है। बिल गेट्स के अनुसार, अगर कोई अरबपति रोज दस लाख डॉलर खर्च करे तो भी उसकी संपत्ति ख़त्म होने में 218 साल लगेंगे। वर्ल्ड इकोनोमिक फोरम (2015) *गिनी इंडीसेस* को दो भागों में बाँटता है—प्री-ट्रान्सफर और पोस्ट ट्रान्सफर। प्री ट्रान्सफर इंडेक्स वह है जिसमें असामनता को बिना सब्सिडी और टैक्स के मापा जाता है जबकि पोस्ट ट्रान्सफर इंडेक्स में दोनों को लिया जाता है। इसके अनुसार, निम्न मध्यम आय वाले देशों में भारत का गिनी कोएफिसियंट, प्री-ट्रान्सफर अकाउंट पर 51.9% और पोस्ट ट्रान्सफर इंडेक्स पर 51.4% है। भारत से बेहतर स्थिति में मिस्र, इंडोनेशिया, ईरान, नाइजीरिया, पाकिस्तान और फिलिपीन हैं। 34 देशों के इस आय समूह में भारत का स्थान 32वां है। देखें http://scroll.in/article/753999/four-charts-show-how-india-lags-behind-in-tackling-inequality
29. फोर्ब्स अरबपतियों की सूची 2015 में रिकॉर्ड 90 भारतीयों के नाम हैं। कृपया देखे http://www. forbes. com/sites/naazneenkarmali/2015/03/03/a-record-90-indians-on-forbes billionaires-list-2015/
30. दैनिक भास्कर ने (जो कि न्यूनतम अनुमान है) 2013 में निम्नलिखित ब्योरा निजी संपत्ति का दिया था। आसाराम बापू (413 करोड़ रुपये), माता अमृतानंदमयी (17 अरब रुपए) रामदेव (13 अरब रुपये), गुरमीत राम रहीम (300 करोड़ रुपये)। कृपया देखे http://daily.bhaskar.com/news/GUJ-AHD-shocking-facts-indian-

godmen-like-asaram-bapu-baba-ramdev-morari-bapu-nirmal-bab-4358728-PHO.html?seq=1

31. इसको रप्चर (rupture) कहा जाता है।
32. इसको हम लीगलिस्म कहते है।
33. हर्बर्ट मरकुस ने रेप्रेस्सिव डीसबलिमेशन (repressive desublimation) का प्रयोग अपनी 1964 में प्रकाशित किताब *वन डायमेंशनल मैन में किया है।* रेप्रेस्सिव डीसबलिमेशन एक अंतर्विरोधी अवधारणा है, जहाँ पर 'यौन उदारीकरण' (सेक्सुअल लिबरेशन) दमन को बढ़ावा देता है (मरकुस, 2007: 59-86)।
34. राजनैतिक सिद्धांतकार को राजनैतिक सिद्धांत से ही रूबरू होना पड़ता है। कोई भी सिद्धांत जो राजनैतिक दायरे से संबंधित हो उसको राजनैतिक सिद्धांत कहा जा सकता है। इसमें दो चीजें जुड़ी हुई हैं– राजनीति और सिद्धांत। सीधे-साधे शब्दों में, सिद्धांत 'ज्ञान' के दायरे का व्यवस्थित अध्ययन है। लेकिन बात यहीं नहीं ख़त्म हो जाती है। मैक्स होर्खेमेर का मानना है कि वर्तमान जैसे ऐतिहासिक काल में, सच्चा सिद्धांत 'समर्थनात्मक' (affirmative) सिद्धांत से ज्यादा महत्त्वपूर्ण है (होर्खेमेर, 1975: 242)। राजीव भार्गव का मानना है कि सिद्धांत व्यवस्थित प्रतिबिंब (systematic reflection) का रूप है, जिसके छह लक्षण हैं– वैचारिक संवेदनशीलता (conceptual sensitivity), तर्कसंगत संरचना (rational structure), मानवता के लिए आकांक्षा (जहाँ पर सत्य और निष्पक्षता प्राप्त किया जा सके), व्यापकता (generality), स्पष्ट मान्यताओं और पूर्वधारणाओं को पर्दाफाश करने के लिए आदेश और मजबूत गैर-काल्पनिक इरादे (non-speculative intent) (भार्गव, 2010: 17)। भार्गव आगे कहते है कि सिद्धांत को आवश्यक तौर पर तदर्थ प्रतिबिंब (adhoc reflections), कल्पना (speculative), विशेष का अनुभवजन्य जाँच, और बड़ी अंतर्दृष्टि, कल्पनाशील लेकिन कल्पित गद्य और अन्य संबंधित आख्यान से अलग होना चाहिए (भार्गव, 2010: 18)। भार्गव के अनुसार राजनैतिक सिद्धांत किसी एक या निम्न में से सभी पर शब्द-निर्भर (word-dependent) व्यवस्थित प्रतिबिंब (systematic reflection) का विशेष रूप है– समुदाय का अच्छा जीवन के बारे में निर्णय लेने के लिए सामूहिक शक्ति; मौलिक संघर्ष की कि कौन निर्णय लेगा और किसकी अच्छाई की अवधारणा को प्रबल माना जायेगा; दूसरों को चुप करने के लिए सार्वभौम की शक्ति; राज्य सत्ता का उपयोग समुदाय की भलाई के लक्ष्य को हासिल करने के लिए; एक समूह द्वारा राज्य के उपयोग दूसरे समूह पर शक्ति का प्रयोग करने के लिए; विशेष समुदाय और इसका राज्य जो अपने मूल्यों और सिद्धांतों पर जीवन को नियंत्रित करता है; सामाजिक मानदंडों और संस्थानों में सन्निहित शक्ति व्यवस्था अनुरूप उत्पन्न करने के लिए; और भव्य सिद्धांत की अवधारणा (भार्गव, 2010: 25.26)। मेरा मानना हैं कि राजनैतिक सिद्धांत 'राजनैतिक समुदाय' का व्यवस्थित अध्ययन (कॉन्सेप्ट्स का कोरिलेशन, कोआर्डिनेशन और कोइन्फ़ोर्सिन्ग) है, जहाँ पर 'इतिहास' और 'वैल्यू' दोनों महत्त्वपूर्ण हैं।
35. राजनैतिक सिद्धांत और राजनैतिक कर्ता वाला प्रश्न महत्त्वपूर्ण हो जाता है। दोनों में अंतर करना मुश्किल तो है लेकिन जरूरी भी हो जाता है। राजनैतिक सिद्धांत भी 'सामाजिक' परिस्थितियों में ही लिखी जाती है। यहाँ पर सिद्धान्तीकरण समाज का ही हो रहा होता है। यहाँ पर दृष्टिकोण (पर्सपेक्टिव) को विकसित करने की सम्भावना ज्यादा होती है। यहाँ पर सिद्धान्तीकरण करते समय परिकल्पना (कान्सेप्ट्स) का कोरिलेशन, कोआर्डिनेशन और कोइन्फ़ोर्सिन्ग होता है, जहाँ पर 'इतिहास' और 'वैल्यू' दोनों महत्त्वपूर्ण है। जब मैं नेहरू को

राजनैतिक सिद्धांतकार के तौर पर देखने या विश्लेषण करने की बात कर रहा हूँ तो इसका आशय यही है कि नेहरू के राजनैतिक सिद्धांत के कोरिलेशन, कोआर्डिनेशन और कोइन्फ़ोर्सिन्ग तथा इतिहास और मूल्यों को भी देखा जाए। यह सम्भावना 'कर्ता' के तौर पर ख़त्म हो जाती है। 'कर्ता' अपने 'सिद्धांत' से जुड़ा तो होता है, लेकिन वह अकेला नहीं होता है। 'कर्ता' के क्रिया से जो 'परिणाम' आते है, उसमें सिर्फ उसके 'सिद्धांत' की भूमिका नहीं होती है। इससे 'कर्ता' परिणाम की जिम्मेदारी से बच नहीं जाता है। इसका एक दूसरा भी परिणाम होता है। यहाँ पर कर्ता के माध्यम से 'परिणाम' पर जोर दिया जाता है, जिससे उसके सिद्धांत को गौण कर दिया जाता है। यह किसी के भी सिद्धांत के साथ न्याय नहीं है।

इसी सन्दर्भ में बेंजामिन जकरिया का मानना है कि नेहरू के सबसे स्पष्ट वक्तव्यों (स्टेटमेंटस) के साथ सबसे ज्यादा समझौदावादी और गैर-प्रभावी राजनैतिक कार्यों ने साथ दिया था (जकरिया, 2003: 64)। मेरा मानना है कि 'दूसरे' वाला भाग से पहले वाले भाग के बारे में निर्णय नहीं लिया जा सकता है।

36. कांग्रेस के 1929 के लाहौर अधिवेशन में ही पूर्ण स्वराज को स्वीकार किया गया था। इसके निम्नलिखित संकल्प (रेजोलुशन) थे– हमारा मानना है कि किसी भी अन्य लोगों की तरह भारतीय जनता को स्वतंत्रता, अपनी कड़ी मेहनत का फल और जीवन की आवश्यकताएं हासिल होने का अहस्तांतरणीय अधिकार है, ताकि उनके पास विकास करने का पूरा अवसर हो; हमारा मानना हैं कि कोई भी सरकार लोगों को इन अधिकारों से वंचित रखती है और दबाती है, तो लोगों को इसे परिवर्तन या समाप्त करने का अधिकार है; भारत में ब्रिटिश सरकार ने न केवल भारतीय लोगों को स्वतंत्रता से वंचित किया है, बल्कि यह खुद ही आम जनता के शोषण पर आधारित है, और भारत को आर्थिक, राजनीतिक, सांस्कृतिक और आध्यात्मिक तौर पर बर्बाद कर दिया गया है; हम मानते हैं कि भारत को ब्रिटिश संबंध तोड़ने हुए पूर्ण स्वराज, या पूर्ण स्वतंत्रता प्राप्त करना ही होगा।
37. नेहरू ने बर्टरैंड रसेल की किताब *रोड्स टू फ्रीडम* की समीक्षा करते हुए 1919 में लिखा था कि मार्क्स ने सत्तर साल पहले अपने प्रसिद्ध *कम्युनिस्ट मैनिफेस्टो* में कहा था कि यूरोप को एक भूत (स्पेक्टर) आतंकित कर रहा हैं, साम्यवाद का भूत। आज यह स्पेक्टर साकार हो चूका है और पूरे पश्चिम को अपनी पकड़ में ले लिया है (गोपाल, 1972: 140-141)।
38. दि रिज़ोल्यूशन ऑन फन्डामेंटल राइट्स एन्ड इकोनोमिक प्रोग्राम, 1931।
39. विनय लाल नेहरू को एक लेखक के रूप में भी खोजते है। विनय लाल के अनुसार, 'यह नेहरू का अजीब भाग्य ही रहा है, जिसने उन्हें 'मैन ऑफ़ एक्शन', प्रख्यात राजनेता, विश्व नेता की छवि तो दी लेकिन इन्ही छवियों ने उनके लेखक और साहित्य-प्रेमी के रूप में मान्यता को पीछे धकेल दिया' (लाल, 1990: 21)।
40. भीखू पारेख गांधी और नेहरू की आत्मकथाओं का दिलचस्प विश्लेषण करते हैं। उनके अनुसार, गांधी और नेहरू की आत्मकथाओं ने स्वयं को समझने के गंभीर प्रयास का प्रतिनिधित्व किया है। गांधी ने तीव्र आत्म-विश्लेषण के माध्यम से यह करने की कोशिश की। यही कार्य नेहरू ने सामाजिक और राजनैतिक ताकतों में खोजने की कोशिश की, जिसने उनके व्यक्तित्व को संरचित किया और ढाला भी। किसी योगी की तरह, गांधी एक जगह बैठे और अचल हो गए, जहाँ से वह अपने अन्दर देखते रहे। नेहरू ने खुद को बाहर से देखा था और उचित सहूलियत बिंदु (vantage point) को खोजने के लिए आगे और पीछे कदम रखते रहे। हम कह सकते है कि गांधी खुद का विश्लेषण करते रहे और नेहरू खुद को

समझाते रहे। गांधी की आत्मकथा आत्मविश्लेषी और नेहरू की चिंतनशील थी। किसी भी मामले में, वे आत्म विश्लेषण के विभिन्न प्रकारों और स्वयं को समझने की अलग-अलग रूपों से प्रभावित थे। दोनों में से, गांधी के पास विशिष्ट भारतीय अभिविन्यास (ओरिएंटेशन) और स्वाद था (पारेख, 1999: 293)।

41. नेहरू के भाषणों जैसे 'पॉलिटिक्स एंड रिलिजन' (यहाँ पर नेहरू राजनीति और एथिक्स के संबंधों पर जोर देते हैं) (यह अप्रैल 3, 1948 को संविधान सभा में दिया गया भाषण था) (नेहरू, 1949), 'अंडरस्टैंडिंग हिस्ट्री' (यहाँ इतिहास को परिवर्तन के तौर पर देखा जाता है; यह भाषण इंडियन हिस्टोरिकल रिकाड्र्स कमीशन के रजत जयंती सत्र का उद्घाटन भाषण था) (नेहरू, 1949), 'व्हाट इज कल्चर' (यहाँ पर नेहरू संस्कृति को गतिशीलता से जोड़ते हैं; यह भाषण अप्रैल 9, 1950 को भारतीय सांस्कृतिक संबंध परिषद के उद्घाटन के दौरान दिया गया था) (नेहरू, 1954: 356-362), 'स्पिरिट ऑफ साइंस' (नेहरू कहते हैं कि विज्ञान न सिर्फ पुराने को बेहतर करता है बल्कि पुराने को अपसेट भी करता है) (नेहरू, 1954: 364), 'एजुकेशन एंड साइंस' (नेहरू यहाँ विज्ञान को अंतराष्ट्रीय करने की बात कर रहे हैं चूँकि विज्ञान किसी एक देश से संबंधित नहीं है) (नेहरू, 1968: 146) जो इन मुद्दों पर महत्त्वपूर्ण प्रकाश डालते है, को भी पढ़ा जाना चाहिए।
42. नेहरू और सैयद महमूद के घनिष्ठ संबंधों की जानकारी सैयद महमूद के दस्तावेज़ जो एनएमएमएल, नयी दिल्ली में उपलब्ध हैं, उसमें देखा जा सकता है।
43. इस सम्बन्ध में एजाज अहमद का कथन महत्त्वपूर्ण हो जाता है। नेहरूवियन राज्य की मार्क्सवादी आलोचना हुई है, जो जरूरी है और उसको सुधारने की जरूरत है। इसके साथ यह भी जरूरी हो जाता है कि मार्क्सवादी आलोचना अपने को 'सबाल्टर्न', 'सांप्रदायिक' और 'दक्षिणपंथी' आलोचना से एकदम अलग करे (अहमद, 2011: 26)।

## सन्दर्भ

अकबर, एम. जे. (1988). *नेहरू : द मेकिंग ऑफ इंडिया.* लन्दन : वाइकिंग।

अनंतमूर्ति, यू. आर. (2009). *संस्कार.* नयी दिल्ली : राधाकृष्ण।

अप्पादुरई, ए. (1996). *मॉडर्निटी एट लार्ज : कल्चरल डाइमेंशन्स ऑफ ग्लोबलाइजेशन.* मिनेसोटा : यूनिवर्सिटी ऑफ मिनेसोटाप्रेस।

अर्नाल्ड, डी. (2013). नेहरूवियन साइंस एंड पोस्टकोलोनियल इंडिया. *आईएसआईएस, 104* (2), 360-370।

अल्वारेस, सी. (1992). *साइंस, डेवलपमेंट एंड वायलेंस : द रिवाल्ट अगेंस्ट मॉडर्निटी.* दिल्ली ऑक्सफोर्ड यूनिवर्सिटी प्रेस।

अहमद, ए. (1994). *थ्योरी : क्लासेस, नेशंस, लिटरेचर.* नयी दिल्ली : ऑक्सफोर्ड यूनिवर्सिटी प्रेस।

अहमद, ए. (2011). ऑन पोस्ट मॉडर्निज़्म द मार्क्सिस्ट, *XXV*(1), 4-38।

आजाद, एम. ए. के. (1988). *इंडिया विन्स फ्रीडम.* नयी दिल्ली : ओरिएंट लोंगमन।

आलमंड, जी. (1960). इंट्रोडक्शन - जी. आलमंड और जे. एस. कोलमन (सम्पादित), द *पॉलिटिक्स ऑफ द डेवलपिंग एरियाज.* प्रिन्सटन : प्रिन्सटन यूनिवर्सिटी प्रेस।

आलमंड, जी. और वर्बा, एस. (1963). *सिविक कल्चर.* प्रिन्सटन : प्रिन्सटन यूनिवर्सिटी प्रेस।

एंडरसन, पी. (2012). व्हाई पार्टीशन *लन्दन रिव्यु ऑफ बुक्स, 34* (14). कृपया देखे http:/

/www.lrb.co.uk/v34/n14/perry-anderson/why-partition

एइजेंस्टाट, एस. एन. (2000). मल्टीपल मॉडर्निटीज. *डेडोलस, 129*, 1–29.

एन्लेहद्र्त, इ. इ. (2008). कम्युनिटेरिअनिस्म. विलियम ए. दरिटी जूनियर (सम्पादित), *इंटरनेशनल एनसायक्लोपीडिया ऑफ सोशल साइंसेज,* वॉल्यूम 2. फार्मिंगटन हिल्स, एमआई : मैकमिलन रेफरेंस, युएसए।

कविराज, एस. (1980). अपारेंट पैराड़ोक्सेस ऑफ जवाहरलाल नेहरू. *मेनस्ट्रीम, xix*(15)।

कविराज, एस. (1988). ए क्रिटिक ऑफ द पैसिव रेवोलुशन. *इकोनॉमिक एंड पॉलिटिकल वीकली, 23* (45/47), 2429–44।

कविराज, एस. (2005). एन आउटलाइन ऑफ ए रिविजनिस्ट थ्योरी ऑफ मांडर्निटी. *यूरोपियन जर्नल ऑफ सोशियोलॉजी, 46* (3), 497–526।

कविराज, एस. (2009). मार्क्सिज्म इन ट्रांसलेशन : क्रिटिकल रिफ्लेक्शनस ऑन इंडियन रेडिकल थॉट. आर बौर्के और आर. गयूस (सम्पादित). *पॉलिटिकल जजमेंट.* कैंब्रिज : कैंब्रिज यूनिवर्सिटी प्रेस।

काक, एस. (1994). *द एस्ट्रोनॉमिकल कोड ऑफ द ऋग्वेद.* नयी दिल्लीः आदित्य प्रकाशन।

कांट, आई. (1991). *कांट : पॉलिटिकल राइटिंगस*, हंस रिस (सम्पादित), एच. बी. निस्बेट द्वारा अनुवादित. कैंब्रिज : कैंब्रिज यूनिवर्सिटी प्रेस।

कुमार, डी. (2010). रीज़न, साइंस, एंड रिलिजन : ग्लेअनिंग्स फ्रॉम द कोलोनियल पास्ट. *करंट साइंस, 99* (5), 671–678।

कोठारी, आर. (1964). द मीनिंग ऑफ जवाहरलाल नेहरू. *इकोनॉमिक वीकली, XV* (29–30–31), 1203–1207।

कोलमन, जे. (1960). कांक्लुजन. जी. आलमंड और जे. एस. कोलमन (सम्पादित), *द पॉलिटिक्स ऑफ द डेवलपिंग एरियाज.* प्रिन्सटन : प्रिन्सटन यूनिवर्सिटी प्रेस।

खिलनानी, एस. (1997). *द आईडिया ऑफ इंडिया.* नयी दिल्ली : पेंगुइन वाइकिंग।

खिलनानी, एस. (2002). नेहरूज फेथ. *इकोनॉमिक एंड पॉलिटिकल वीकली, xxxv* (48), 4793–4799।

गलब्रथ, जे. के. (1999). *नेम-ड्रापिंग : फ्रॉम एफडीआर.* न्यू यार्क : मरिनेर बुक्स।

गुप्ता, डी. (2000). *मिस्टेकन मॉडर्निटी : इंडिया बिटवीन वर्ल्डस.* नयी दिल्ली : हार्परकॉलिंस और इंडिया टुडे ग्रुप।

गुहा, आर. (2005). वर्डिक्टस ओन नेहरू : राइज एंड फल ऑफ ए रेपुटेशन. *इकोनॉमिक एंड पॉलिटिकल वीकली, 40*(19), 1958–1962।

गोपाल, एस. (1972). रोड्स टू फ्रीडम. *सिलेक्टेड वर्क्स ऑफ जवाहरलाल नेहरू,* वॉल्यूम 1. दिल्ली : बी. आर. पब्लिशिंग कारपोरेशन।

गोपाल, एस. (1972). ऑन रिलिजन एंड पॉलिटिक्स, *सिलेक्टेड वर्क्स ऑफ जवाहरलाल नेहरू,* वॉल्यूम 3. दिल्ली : बी. आर. पब्लिशिंग कारपोरेशन।

गोपाल, एस. (1973). रेजोलुशन ऑन फंडामेंटल राइट्स. *सिलेक्टेड वर्क्स ऑफ जवाहरलाल नेहरू,* वॉल्यूम 4. नयी दिल्ली : ओरिएंट लोंगमन।

गोपाल, एस. (1976अ). *जवाहरलाल नेहरू : ए बायोग्राफी*, वॉल्यूम वन (1889–1947). नयी दिल्ली : ऑक्सफोर्ड यूनिवर्सिटी प्रेस।

गोपाल, एस. (1976ब). द फोर्मेटिव आइडियोलॉजी ऑफ जवाहरलाल नेहरू. *इकोनॉमिक एंड*

*पॉलिटिकल वीकली, 11* (21), 787–792।

गोपाल, एस. (1979). *जवाहरलाल नेहरू : ए बायोग्राफी*, वॉल्यूम टू (1947–1956). नयी दिल्ली : ऑक्सफोर्ड यूनिवर्सिटी प्रेस।

गोपाल, एस. (1984). *जवाहरलाल नेहरू : ए बायोग्राफी*, वॉल्यूम थ्री (1956–1964). नयी दिल्ली : ऑक्सफोर्ड यूनिवर्सिटी प्रेस।

चंढोक, एन. (2014). जवाहरलाल नेहरूज रेडिकल कोस्मोपोलिटेनिज्म. *इकोनॉमिक एंड पॉलिटिकल वीकली*, *XLX*(47), 37–40।

चक्रवर्ती, डी. (2000). *प्रोविन्सिअलायिज़िंग यूरोप : पोस्टकोलोनियल थॉट एंड हिस्टोरिकल डिफरेंस*. प्रिन्सटन : प्रिन्सटन यूनिवर्सिटी प्रेस।

चक्रवर्ती, डी. (2002). *हैबिटेशंस ऑफ मांडर्निटी : एसेज़ इन द वेक ऑफ सबाल्टर्न स्टडीज.* दिल्ली : परमानेंट ब्लैक।

चटर्जी, पी. (1986). *नेशनलिस्ट थॉट एंड द कोलोनियल वर्ल्ड : ए डेलिबेरेटिव डिस्कोर्स?* मिनियापोलिस : यूनिवर्सिटी ऑफ़ मिनियापोलिस प्रेस।

चटर्जी, पी. (1994). सेकुलरिज्म एंड टोलरेशन. *इकोनॉमिक एंड पॉलिटिकल वीकली, 29* (28), 1768–1777।

चटर्जी, पी. (1997). आवर मॉडर्निटी. कृपया देखे http ://146.230.128.54/ccs/files/partha1.pdf

चन्द्र, बी. (1975). जवाहरलाल नेहरू एंड द कैपिटलिस्ट क्लास, 1936. *इकोनॉमिक एंड पॉलिटिकल वीकली*, *XLX*(35), 1307–1304।

चोपड़ा, डी. (1993). *ऐजलेस बॉडी, टाइमलेस माइंड : द क्वांटम आल्टरनेटिव टू ग्रोविंग ओल्ड.* लन्दन : राइडर।

जकरिया, बी. (2003). *नेहरू.* लन्दन : रॉउटलेज।

डाकिंस, आर. (2008). *द गॉड डेलुजन.* बोस्टन : हौघटन मिफ्फ्लिन कंपनी।

थरूर, एस. (2003). *नेहरू : द इन्वेंशन ऑफ़ इंडिया.* नयी दिल्ली : पेंगुइन बुक्स।

दंतेवाला, एम. एल. (1964). इकोनोमिक आइडियोलॉजी ऑफ जवाहरलाल नेहरू. द *इकोनॉमिक वीकली*, जुलाई (विशेष अंक), 1209–12।

देरिदा, जे. (1978). ऑफ ग्रामाटोलोजी, गायत्री चक्रवर्ती स्पिवाक द्वारा अनुवादित. लन्दन : जोहन्स होपकिंस यूनिवर्सिटी प्रेस।

नंदा, एम. (2005). *द रोंग्स ऑफ द रिलीजियस राईट : रिफ्लेक्शन ऑन साइंस, सेकुलरिज्म एंड हिंदुत्व.* नयी दिल्ली : थ्री एसेज कलेक्टिवस।

नंदा, बी. आर. (1995). *जवाहरलाल नेहरू : रेबेल एंड स्टेट्समैन.* नयी दिल्ली : ऑक्सफोर्ड यूनिवर्सिटी प्रेस।

नंदी, ए. (1981, अक्टूबर 10). काउंटर–स्टेटमेंट ऑन ह्युमनिस्टिक टेम्पर, *मेनस्ट्रीम*, 16–18।

नंदी, ए. (1995). एन एंटी–सेक्युलरिस्ट मैनिफेस्टो. *इंडिया इंटरनेशनल सेंटर क्वार्टरली*, *22*(1), 35–64।

नंदी, ए. (1999). द लास्ट इंग्लिशमैन टू रूल इंडिया. *लन्दन रिव्यु ऑफ बुक्स, 20* (10), 14–15।

नम्बूदिरिपाद, इ. एम. एस. (1988). *नेहरू : आइडियोलॉजी एंड प्रैक्टिस.* नयी दिल्ली : नेशनल बुक सेंटर।

नय्यर, बी. आर. (1989). *इंडिया मिक्स्ड इकोनोमी : द रोल ऑफ आइडियोलॉजी एंड इंटरेस्ट इन इट्स डेवलपमेंट.* बम्बई : पॉपुलर प्रकाशन।

नीत्शे, एफ (1967). द *विल टू पॉवर*, वाल्टर कॉफमन द्वारा सम्पादित. न्यू यॉर्क : विंटेज बुक्स।

नेहरू, जे. (1949). अंडरस्टैंडिंग हिस्ट्री, *जवाहरलाल नेहरूज स्पीचेस*, वॉल्यूम वन (1946–1949). नयी दिल्ली : पब्लिकेशन डिवीज़न, भारत सरकार।

नेहरू, जे. (1949). पॉलिटिक्स एंड रिलिजन. *जवाहरलाल नेहरूज स्पीचेस*, वॉल्यूम वन (1946–1949). नयी दिल्ली : पब्लिकेशन डिवीज़न, भारत सरकार।

नेहरू, जे. (1954). द स्पिरिट ऑफ साइंस. *जवाहरलाल नेहरूज स्पीचेस*, वॉल्यूम टू (1949–1953). नयी दिल्ली : पब्लिकेशन डिवीज़न, भारत सरकार।

नेहरू, जे. (1954). व्हाट इज कल्चर, *जवाहरलाल नेहरूज स्पीचेस*, वॉल्यूम टू (1949–1953). नयी दिल्ली : पब्लिकेशन डिवीज़न, भारत सरकार।

नेहरू, जे. (1968). द स्पिरिट ऑफ साइंस. *जवाहरलाल नेहरूज स्पीचेस*, वॉल्यूम फाइव (1963–1964). नयी दिल्ली : पब्लिकेशन डिवीज़न, भारत सरकार।

नेहरू, जे. (1973). प्रेसिडेन्शिअल एड्रेस (लाहौर, 29 दिसम्बर 1929). *सिलेक्टेड वर्क्स ऑफ जवाहरलाल नेहरू*, वॉल्यूम 4, एस. गोपाल द्वारा सम्पादित. नयी दिल्ली : ओरिएंट लोंग्मन लिमिटेड।

नेहरू, जे. (1975). प्रेसिडेन्शिअल एड्रेस (लखनऊ, 12 अप्रैल 1936). *सिलेक्टेड वर्क्स ऑफ जवाहरलाल नेहरू*, वॉल्यूम 7, एस. गोपाल द्वारा सम्पादित. नयी दिल्ली : ओरिएंट लोंग्मन लिमिटेड।

नेहरू, जे. (1982अ). *ग्लिम्प्सेस ऑफ वर्ल्ड हिस्ट्री.* नयी दिल्ली : जवाहरलाल नेहरू मेमोरियल फण्ड और ऑक्सफोर्ड यूनिवर्सिटी प्रेस।

नेहरू, जे. (1982ब). *एन ऑटोबायोग्राफी.* नयी दिल्ली : जवाहरलाल नेहरू मेमोरियल फण्ड और ऑक्सफोर्ड यूनिवर्सिटी प्रेस।

नेहरू, जे. (1985). ए ट्रिस्ट विथ डेस्टिनी (14–15 अगस्त, 1947). *सिलेक्टेड वर्क्स ऑफ जवाहरलाल नेहरू*, सेकंड सीरीज–3, एस. गोपाल द्वारा सम्पादित. नयी दिल्ली : जवाहरलाल नेहरू मेमोरियल फण्ड और ऑक्सफोर्ड यूनिवर्सिटी प्रेस।

नेहरू, जे. (2004). *डिस्कवरी ऑफ इंडिया.* नयी दिल्ली : जवाहरलाल नेहरू मेमोरियल फण्ड और पेंगुइन।

पटनायक, पी. (2013). माडर्न इंडिया सैंस द इम्पैक्ट ऑफ कैपिटलिज्म. *इकोनॉमिक एंड पॉलिटिकल वीकली*, *xlviii* (36), 30–35।

पाई. एल. (1966). *एस्पेक्ट्स ऑफ पॉलिटिकल डेवलपमेंट.* बोस्टन : लिटिल ब्राउन।

पाण्डेय, जी. (2012). द *कंस्ट्रक्शन ऑफ कम्युनलिस्म इन कोलोनियल नार्थ इंडिया.* नयी दिल्ली: ऑक्सफोर्ड यूनिवर्सिटी प्रेस।

पारसन, टी. (1970). द *सोशल सिस्टम.* लन्दन : रॉउटलेज एंड केगन पॉल लिमिटेड।

पारेख, बी. (1991). नेहरू एंड द नेशनल फिलोसोफी ऑफ इंडिया, *इकोनॉमिक एंड पॉलिटिकल वीकली*, *26* (1/2), 35–48।

पारेख, बी. (1999). *कोलोनिअलिस्म, ट्रेडिशन एंड रिफार्म : एन एनालिसिस ऑफ गांधीज पॉलिटिकल डिस्कोर्स.* नयी दिल्ली : सेज।

पैन्थम, टी. (1991). अंडरस्टैंडिंग नेहरूज पॉलिटिकल आइडियोलॉजी. अमल रे और दूसरों द्वारा

सम्पादित, द *नेहरू लिगेसी : एन अप्रैज़ल.* नयी दिल्ली : ऑक्सफोर्ड और आईबीएच पब्लिशिंग कंपनी।

पोप्पी, ए. (2004). फेट, फार्च्यून, प्रोविडेंस एंड ह्यूमन फ्रीडम, जे. क्रय (सम्पादित), द *कैंब्रिज कम्पेनियन टु रेनेसांस हुमनिस्म.* न्यू यॉर्क : ऑक्सफोर्ड यूनिवर्सिटी प्रेस।

प्रभु, पी. एच. (2010). *हिंदू सोशल आर्गेनाइजेशन : ए स्टडी इन सोसिओ–साइकोलॉजिकल एंड आईडिओलोजिकल फाउंडेशनस.* मुंबई : पॉपुलर प्रकाशन प्राइवेट लिमिटेड।

फूको, एम. (1984). व्हाट इज एनलाइटनमेंट? पी. रबिनो (सम्पादित), द *फूको रीडर.* न्यू यॉर्क: पनथेओ बुक्स।

बालगंगाधर, एस. एन. (2012). *रीकांसेप्चुयलायिजेशन इंडिया स्टडीज.* नयी दिल्ली : ऑक्सफोर्ड यूनिवर्सिटी प्रेस।

बालगंगाधर, एस. एन. (2014). व्हाट डू इंडियनस नीड, अ हिस्ट्री ओर द पास्ट? ए चैलेंज ओर टू टु इंडियन हिस्टोरियंस. कृपया देखे http ://.chr.ac..n/snb_lec.pdf

बालगंगाधर, एस. एन. और रूवर, जे. डी. (2007). द सेक्युलर स्टेट एंड रिलीजियस कनफ्लिक्ट: लिबरल न्यूट्रलिटी एंड द इंडियन केस ऑफ प्लुरलिज्म. द *जर्नल ऑफ पॉलिटिकल फिलोसोफी, 15*(1), 67–92।

बूहलेर, जी. (1886). द *लॉज़ ऑफ मनु : विथ एक्सट्रेकट्स फ्रॉम सेवेन कम्मेंटरिज.* ऑक्सफोर्ड: द क्लेरेंडॉन प्रेस।

बेकन, एफ. (1994). *नोवम ओर्गानम विद अदर पार्ट्स ऑफ द ग्रेट इन्सेचुरेशन.* शिकागो : ओपन कोर्ट।

बौमन, जेड. (2000). *लिक्विड मॉडर्निटी.* कैंब्रिज : पोलिटी प्रेस।

ब्राउन, जे. (2003). *नेहरू : ए पॉलिटिकल लाइफ.* लन्दन : येल यूनिवर्सिटी प्रेस।

ब्रेचर, एम. (1998). *नेहरू : ए पॉलिटिकल बायोग्राफी.* नयी दिल्ली : ऑक्सफोर्ड यूनिवर्सिटी प्रेस, ऑक्सफोर्ड यूनिवर्सिटी प्रेस।

भट्टाचार्य, एस. (2015). जवाहरलाल नेहरू एंड द इंडियन वर्किंग क्लास : ए हिस्टोरिकल रिव्यु. *इकोनॉमिक एंड पॉलिटिकल वीकली,* L (16), 46–52।

भार्गव, आर (2010). *व्हाट इज पॉलिटिकल थ्योरी एंड व्हाई डू वी नीड इट?* नयी दिल्ली: ऑक्सफोर्ड यूनिवर्सिटी प्रेस।

भार्गव, पी. एम. और चक्रवर्ती, सी. (2007). *एंजेल्स, डेविल एंड साइंस.* नयी दिल्ली : नेशनल बुक ट्रस्ट।

मरकुस, एच. (2007). *वन डायमेंशनल मैन.* न्यू यॉर्क : रॉउटलेज।

मल्होत्रा, आर. (2011). *बीइंग डिफरेंट : एन इंडियन चैलेंज तो वेस्टर्न युनिवर्सलिस्म.* नयी दिल्ली : हार्परकॉलिंस।

मार्क्स, के. (1959). *इकोनॉमिक एंड फिलोसोफिक मैनोस्क्रिप्ट्स ऑफ 1844*, मार्टिन मिलिगन द्वारा अनुवादित. लन्दन : लावरेंसस एंड विशार्ट लिमिटेड।

मार्क्स, के. और एंजेल्स, एफ. (1948). *मैनिफेस्टो ऑफ दी कम्युनिस्ट पार्टी.* न्यू यॉर्क : इंटरनेशनल पब्लिशर्स।

मिल, जे. (1820). द *हिस्ट्री ऑफ ब्रिटिश इंडिया*, वॉल्यूम 2. लन्दन : बाल्डविन।

मुखर्जी, ए. (2015). नेहरूज लिगेसी : इंक्लूसिव डेमोक्रेसी एंड पीपल्स एम्पावरमेंट. *इकोनॉमिक एंड पॉलिटिकल वीकली,* L (16), 38–45।

मुख्यानंद, एस. (1997). *वेदांत इन द कॉन्टेक्स्ट ऑफ मांडर्न साइंस : ए कम्पेरेटिव स्टडी.* मुंबईः भारतीय विद्या भवन।

मेकिंटायर, ए. (1984). *आफ्टर वर्चु*. नोत्र डम. आईएन : यूनिवर्सिटी ऑफ नोत्र डम प्रेस।

मैकफर्सन, सी. बी. (1962). *द पॉलिटिकल थ्योरी ऑफ पोस्सेस्सिव इंडिविजुअलिस्म.* ऑक्सफोर्डः ऑक्सफोर्ड यूनिवर्सिटी प्रेस।

रंगराजन, एल. एन. (1987). *कौटिल्य : द अर्थशास्त्र.* नयी दिल्ली : पेंगुइन बुक्स।

रमण, वी. वी. (2002). साइंस एंड द स्प्रिट विज़न : ए हिंदू पर्सपेक्टिव. *ज्यों, 37* (1), 83–94।

राजाराम, एन. एस. (1998). *ए हिंदू व्यू ऑफ़ द वर्ल्ड : एसेज इन द इंटेलेक्चुअल क्षत्रिय ट्रेडिशन.* नयी दिल्ली : ल्याइस ऑफ इंडिया।

राय, आर. आर. एम. (1998). *वैदिक फिजिक्स : साइंटिफिक ओरिजिंस ऑफ हिंदूइस्म.* टोरंटोः एग पब्लिशिंग।

राय, डी. (2013). मोमेंट एंड मूवमेंट : डी. हाईफनेटिंग द डिबेट. मणीन्द्र नाथ ठाकुर और धनंजय राय (सम्पादित), *डेमोक्रेसी ऑन द मूव? रिफ्लेकशन ऑन मोमेंट्स, प्रोमिसेस एंड कंट्राडिक्शनस.* दिल्ली : आकार बुक्स।

राय, डी. (2013). *कंटेम्पररी इंडियन पॉलिटिकल थ्योरी.* दिल्ली : आकार बुक्स।

राल्स, जे. (1971). *ए थ्योरी ऑफ जस्टिस.* कैम्ब्रिज, मेसाचुसेट्स : द बेल्क्नेप प्रेस ऑफ हार्वर्ड यूनिवर्सिटी।

राव, वी. के. आर. वी. और जोशी, पी. सी. (1982). सम फंडामेंटल आस्पेक्ट्स ऑफ सोशलिस्ट ट्रांसफॉर्मेशन इन इंडिया, *मैन एंड डेवलपमेंट, 4* (2)।

रैंड, ए. (1964). *द वर्चु ऑफ सेल्फिश्नेस.* न्यू यॉर्क : सिग्नेट बुक्स।

रॉब, पी. (1998). लेटर्स. *लन्दन रिव्यु ऑफ बुक्स, 20* (12)।

रोस्टोव, डब्ल्यू. डब्ल्यू. (1960). *द स्टेजस ऑफ इकोनॉमिक ग्रोथ : ए नॉन–कम्युनिस्ट मैनिफेस्टो.* कैंब्रिज : कैंब्रिज यूनिवर्सिटी प्रेस।

लर्नर, डी. (1958). *द पासिंग ऑफ ट्रेडिशनल सोसाइटी : मॉडरनायिज़िंग द मिडिल ईस्ट.* न्यू यॉर्क : फ्री प्रेस।

लाटुर, बी. (1993). *वी हैव नेवर बीन मॉडर्न.* कैंब्रिज, एमए : हार्वर्ड यूनिवर्सिटी प्रेस।

लाल, वी. (1990). नेहरू एज ए राइटर. *इंडियन लिटरेचर, 33* (1(135)), 20–46।

लिपसेट, एस. एम. (1960). *पॉलिटिकल मैन.* न्यू यॉर्क : डबलडे।

लॉक, जे. (1963). *ए लैटर कंसर्निंग टोलरेशन.* द हेग : मर्तिनुस निझोफ़्फ़।

ल्योटार्ड, जे. (1984). *द पोस्टमांडर्न कंडीशन : ए रिपोर्ट ओन नॉलेज.* मिनेसोटा : यूनिवर्सिटी ऑफ मिनेसोटा प्रेस।

वालर जूनियर, डब्ल्यू. टी. (1987). सेरेमोनियल इनकैप्सुलेशन एंड कॉर्पोरेट हेजेमनी. *जर्नल ऑफ़ इकोनॉमिक इश्यूज, 21*(1), 321–328।

वासुदेव, जी. डी. (2001). वैदिक एस्ट्रोलॉजी एंड सूडो, साइंटिफिक क्रिटिसिज्म. *द ओर्गनायिजर*।

विजय, टी. (2014). फेल्ड आइडियाज, *फ्रंटलाइन, 31* (24)।

विवेकानंद, एस. (1970). *द कम्पलीट वर्क्स ऑफ स्वामी विवेकानंद, वॉल्यूम एट.* कलकत्ता : अद्वैत आश्रम।

शिल्स, इ. (1963). ऑन द कम्पेरेटिव स्टडी ऑफ द न्यू स्टेट्स. सी गीर्त्ज़ (सम्पादित), *ओल्ड*

*सोसाइटीज एंड न्यू स्टेट्स.* प्रिन्सटन : प्रिन्सटन यूनिवर्सिटी प्रेस।

शिवा, वी. (1988). रिडक्शनिस्ट साइंस एज एपिस्टेमोलोजिकल वायलेंस. ए. नंदी (सम्पादित), *साइंस, हेजेमनी एंड वायलेंस : ए रिक्विम फॉर मांडर्निटी.* दिल्ली : ऑक्सफोर्ड यूनिवर्सिटी प्रेस।

शुक्ल, एस. (2010). *राग दरबारी.* नयी दिल्ली : राजकमल प्रकाशन।

सिंह, एच. के. एम. (1975). जवाहरलाल नेहरू एंड इकोनॉमिक चेंज. *इकोनॉमिक एंड पॉलिटिकल वीकली*, *X* (33–35), 1325–1338।

सोकल, ए. (2008). *बियाँन्ड द होक्स रूसाइंस, फिलोसोफी एंड कल्चर.* न्यू यॉर्क : ऑक्सफोर्ड यूनिवर्सिटी प्रेस।

स्किनर, क्यू. (2007). पॉलिटिकल फिलोसोफी. सी. बी. शिमटए, क्यू. स्किनर और इ-केस्सलेर (सम्पादित), द *कैंब्रिज हिस्ट्री ऑफ रेनेसांस फिलोसोफी.* न्यू यॉर्क : कैंब्रिज यूनिवर्सिटी प्रेस।

हक्सर, पी. एन., रमन्ना, आर. और भार्गव, पी. एम. (1981, जुलाई 19). ए स्टेटमेंट ऑन साइंटिफिक टेम्पर. *मेनस्ट्रीम*, 6–10।

हॉकिंस, जे. (2004). हुमनिस्म एंड द ओरिजिंस ऑफ मॉडर्न पॉलिटिकल थॉट, जे. क्रय (सम्पादित), द *कैंब्रिज कम्पेनियन टू रेनेसांस हुमनिस्म.* न्यू यॉर्क : ऑक्सफोर्ड यूनिवर्सिटी प्रेस।

हैबरमास, जे. (1981, शीत). मॉडर्निटी एंड पोस्टमॉडर्निटी. *न्यूजर्मन क्रिटिक*, *22* : 3–14।

हैबरमास, जे. (1984). *थ्योरी ऑफ कम्यूनिकेटिव एक्शन वॉल्यूम वन : रीज़न एंड रेशनलायिजेशन ऑफ सोसाइटी,* थॉमस मैकार्थी द्वार अनुवादित. कैंब्रिज, मास : द एमआईटी प्रेस।

हैबरमास, जे. (1987). *थ्योरी ऑफ कम्यूनिकेटिव एक्शन वॉल्यूम टू : लाइफवर्ल्ड एंड सिस्टम : अ क्रिटिक ऑफ फंकशनलिस्ट रीज़न,* थॉमस मैकार्थी द्वार अनुवादित. बोस्टन, मास : बीकन प्रेस।

हैबरमास, जे. (1990). द *फिलोसोफिकल डिस्कोर्स ऑफ मांडर्निटी : ट्वेल्व लेक्चरस.* कैंब्रिज : पोलिटी प्रेस.

होब्स्वाम, इ. (2002). *इंट्रेस्टिंग टाइमस : ए ट्वेंटिएथ सेंचुरी लाइफ.* लन्दन : एलन।

होब्स्वाम, इ. (2006). रेड साइंस. *लन्दन रिव्यु ऑफ बुक्स*, *28* (5), 21–23– कृपया देखे http ://www.lrb.co.uk/v28/n05/eric-hobsbawm/red-science

होर्खेमेर, एम. (1975). ट्रेडिशनल एंड क्रिटिकल थ्योरी. *क्रिटिकल थ्योरी : सिलेक्टेड एसेज*, न्यू यॉर्क : कोंटीनूम इंटरनेशनल पब्लिशिंग ग्रुप।

*अध्याय 2*

# नेहरू और आधुनिकता

*धर्मेन्द्र कुमार*

धनंजय राय का लेख 'नेहरू और आधुनिकता' हिंदी-भाषा में समाज-विज्ञान के क्षेत्र में लेखन का एक गंभीर प्रयास है। इस लेख में नेहरू के विचारों में आधुनिकता को वैचारिक और वास्तविक धरातल पर, अर्थात् नेहरू की विचारधारा तथा नीतियों का गहराई से विश्लेषण किया गया है। इस क्रम में नेहरू के आलोचकों की दो धाराओं का विश्लेषण किया गया है। ये धाराएँ समुदायवादी और पुनरुत्थानवादी हैं; इन दोनों धाराओं के दृष्टिकोण, विचार और निष्कर्ष हालाँकि अलग-अलग हैं, परन्तु नेहरू के सम्बन्ध ये दोनों मुद्दों पर सहमत हो जाते हैं। पहली बात है परम्पराओं का महिमा मंडन और दूसरी देशी-विदेशी का विभेद करते हुए 'देशीवाद' के पक्ष-पोषण के सन्दर्भ में। धनंजय राय ने आधुनिकता के प्रश्न का सैद्धांतिक विश्लेषण तीन बिन्दुओं के इर्द-गिर्द किया है, वे हैं व्यक्ति[1], समाज और राज्य। धनंजय, नेहरू को आधुनिकता के संवाहक के रूप में तो स्वीकार करते हैं, परन्तु उन्हें आधुनिकता के मूल्यों की स्थापना में पूर्णतया सफल नहीं मानते। उनके अनुसार इसका मुख्य कारण है, नेहरू द्वारा अपनी विचारधारा को आन्दोलनों का रूप नहीं दे पाना।

इससे पहले कि धनंजय के इस लेख के सम्बन्ध में मैं अपनी प्रतिक्रिया पेश करूँ, इस सम्बन्ध में मैं अपने नजरिये को स्पष्ट करना चाहूँगा कि मैं उनके इस लेख के प्रति क्यों उत्साहित हूँ। मेरे उत्साह का कारण है हिंदी-जगत में समाज-विज्ञान में गंभीर लेखन का अभाव या सामाजिक विश्लेषण की वर्तमान स्थिति। वस्तुत: वर्तमान समय में यदि कुछ अखबारी लेखन को छोड़ दिया जाए तो हिंदी माध्यम में गंभीर समाज विश्लेषणात्मक लेखन का सख्त अभाव दिखाई देता है। इस कारण हिंदी माध्यम से पढ़ता हुआ आम छात्र समाज-विज्ञान के क्षेत्र में चल रहे विमर्शों और विवादों से कटा रह जाता है। परिणामत: गंभीर अध्ययन एवं लेखन दोनों के उपादानों और तकनीकों से एक आम छात्र अनभिज्ञ ही रह जाता है और उसका

समाज विज्ञान का अध्ययन एक औपचारिकता मात्र ही रह जाता है। इसका यह अर्थ कतई नहीं है कि वह चिंतन नहीं करता है या सोचता ही नहीं है। वह सोचता भी है और अनुभव भी करता है, परन्तु उसके सोचने एवं अनुभव के क्षेत्र एवं उसके अध्ययन के क्षेत्र में तादात्म्य स्थापित ही नहीं हो पाता है। दूसरी तरफ समाज-विज्ञान का गंभीर अध्ययन, विमर्श एवं विवाद कुछ चुने हुए अंग्रेज़ी-माध्यम के विश्वविद्यालयों के छात्रों एवं प्राध्यापकों के बौद्धिक विलास तक सीमित रह जाता है। इन्हीं छात्रों का एक वर्ग परिवर्तनकामी या मुक्तिकामी भी होता है। परन्तु हिंदी-माध्यम के समाज वैज्ञानिक अध्ययन एवं अंग्रेज़ी-माध्यम के अध्ययन में एक सहज संवाद के अभाव में इस परिवर्तनवादी या मुक्तिवादी धारा का समुचित प्रसार नहीं हो पाता है। इसलिए यह आवश्यक हो जाता है कि न केवल हिंदी-भाषा में शोध एवं लेखन उनके द्वारा किया जाए, जिनकी पहुँच दोनों भाषाओं के लेखन में हो। दूसरे शब्दों में, ऐसी रचनाओं और लेखन को प्रोत्साहित किया जाए, जो कि हिन्दी-माध्यम के आम छात्रों को एक विशेष मुद्दे से जुड़े विमर्शों एवं विवादों की जानकारी दे सके। अब प्रश्न यह उठता है कि धनंजय का यह लेख इस प्रयास में कहाँ तक सफल रहा है?

इस प्रश्न के उत्तर में इस लेख का अध्ययन दो स्तरों पर करना उचित होगा। पहला विचार-योजना अथवा तर्क-योजना के आधार पर और दूसरा, प्रस्तुतीकरण अथवा भाषा-शैली के आधार पर।

## धनंजय की विचार-योजना

जहाँ तक विचार एवं तर्क-योजना के अध्ययन का प्रश्न है, धनंजय इस लेख में नेहरू की आधुनिकता का मूल्यांकन दो स्तरों पर करते हैं—पहला सैद्धांतिक स्तर पर और दूसरा वास्तविक घटनाक्रम के स्तर पर। सैद्धांतिक स्तर पर धनंजय ने आधुनिकता का विश्लेषण समुदायवादियों तथा पुनरुत्थानवादियों के विचारों के आलोक में किया है। वास्तविक घटनाक्रम के स्तर पर नेहरू का विश्लेषण उनके जीवनीकारों के लेखन और नेहरू की अपनी रचनाओं के आधार पर किया है।

जैसा कि ऊपर कहा गया है, धनंजय आधुनिकता की अवधारणा पर दो प्रकार के हमलों की चर्चा करते हैं, समुदायवादियों तथा पुनरुत्थानवादियों के हमलों की। लेख के इस भाग में धनंजय यूरोपीय पुनर्जागरण के द्वारा सर्जित मूल्यों, विशेष तौर पर मानवतावाद और स्वतंत्रता की चर्चा करते हैं। यह मानवतावाद या मानववाद वस्तुतः मध्यकाल के धार्मिक और दैवी व्याख्याओं के नकारने के बाद विकसित हुआ था। इसमें मनुष्य या व्यक्ति केंद्र में था। धनंजय इस व्यक्ति को उचित शब्दावली के अभाव में इंडिविजुअल कहते हैं, यह इंडिविजुअल[2] अधिकार-संपन्न व्यक्ति था।

साथ ही, धनंजय का मानना है कि पुनर्जागरण के साथ ही लोकतंत्र की अवधारणा का भी विकास हुआ है। इसके अतिरिक्त धनंजय ने अन्वेषण (इन्क्वायरी)[3] को भी पुनर्जागरण का महत्वपूर्ण अंग माना है। संभवत: वे विश्वास पर आधारित नियतिवाद और स्थिरता के बरक्स तर्कवाद और गतिशीलता की बात कर रहे हैं। यहाँ वे स्थानीयता एवं सार्वभौमिकता के विवाद को भी अनावश्यक मानते हैं। कुल मिलाकर धनंजय बीते हुए मध्य काल को नकार कर उभरते हुए आधुनिक काल के मूल्यों के सृजन के समर्थक हैं। वे यह भी बताते हैं कि पूँजीवाद और उपनिवेशवाद आधुनिकता के अनिवार्य परिणाम नहीं हैं, परन्तु बात स्पष्ट रूप से बाहर नहीं आ पा रही है और क्वीनटिन स्किनर आदि विद्वानों के अनावश्यक उद्धरणों के अनावश्यक जाल में आम हिंदी-पाठकों के फँसकर भ्रमित होने की पूरी संभावना है। मध्यकाल के मूल्यों के नकारे जाने और आधुनिक काल के मूल्यों के उभरने की बात सीधे भी कही जा सकती है। साथ ही, व्यक्ति समाज और राज्य की नई संकल्पना को भी बिना उद्धरण के रखा जा सकता है।

इसके अतिरिक्त धनंजय आधुनिकता और इसके मूल्यों तथा संस्थाओं की चर्चा के क्रम में इस बात की चर्चा नहीं करते हैं कि आधुनिकता भी इतिहास के अन्य दौरों की तरह अंतर्विरोधों का एक दौर है। वस्तुत: आधुनिकता के मूल्यों का उद्‌भव उस भौतिक धरातल पर होता है, जिसे पूँजीवाद तैयार कर रहा था। ये मूल्य मध्यकालिक मूल्यों के नकार (निगेशन) से उत्पन्न हुए थे, परन्तु इन मूल्यों के उभरने का भौतिक धरातल पूँजीवाद था—अतएव इन मूल्यों में अंतर्विरोध निहित था। इसका यह अर्थ नहीं कि ये मूल्य असम्पृक्त रूप से पूँजीवाद से जुड़े हैं, इनका ऐतिहासिक विकास इस प्रकार से हुआ है। हेगेल की एक उक्ति है 'एसेंस मस्ट एपियर' (सार को प्रकट होना ही होगा) यानी सार तत्त्व को भौतिक धरातल चाहिए, जिनके माध्यम से यह सामने आएगा। हेगेल ने इस प्रक्रिया को मेडीएशन (मध्यस्थीकरण) कहा है, यानी सार को प्रकट होने के लिए मध्यस्थीकृत होना ही पड़ता है। इस प्रक्रिया में उस माध्यम के अंतर्विरोध इसके साथ दिखेंगे, जिनके द्वारा यह मध्यस्थीकृत होता है। (मैं इस बिंदु पर पुन: नेहरू के विश्लेषण के दौरान लौटूँगा।)

इसके पश्चात् धनंजय सामुदायिक और पुनरुत्थानवादी सिद्धान्तकारों की आलोचना की तरफ रुख करते हैं, भारतीय आधुनिकता के आलोचकों पर कांट और फूको के विचारों का असर देखते हैं, परन्तु इन विचारों का प्रभाव कैसे पड़ा है, इस संबंध में वे न कोई उद्धरण प्रस्तुत करते हैं, न ही इसका स्पष्ट वर्णन करते हैं। धनंजय समुदायवादियों के विचारों के वर्णन के क्रम में सुदीप्त कविराज, पार्थ चटर्जी एवं दीपेश चक्रवर्ती के विचारों का वर्णन करते हैं, यहाँ भी स्पष्टता नहीं है,

विशेष तौर पर सुदीप्त कविराज और पार्थ चटर्जी के वर्णन में। यह स्पष्ट नहीं है कि इन विचारकों ने आधुनिकता की आलोचना किस प्रकार से की है।

पुनरुत्थानवादियों की आलोचना अपेक्षाकृत स्पष्ट और सुसंगत दिखती है। इस सन्दर्भ में उन्होंने विभिन्न पुनरुत्थानवादियों के द्वारा आधुनिकता का उपयोग करने, लेकिन इसका श्रेय परंपरा और भूतकाल को देने की प्रक्रिया की आलोचना की है। इस प्रकार पुनरुत्थानवादियों के द्वारा आधुनिकता का उपयोग किया जाता है। धनंजय पुनरुत्थानवादियों के भारतीय ग्रंथों के विवरण के आकर्षण को भाग्यवाद बतलाते हैं, जो निश्चित तौर पर आधुनिकता-विरोधी है। यहाँ धनंजय पुनरुत्थानवादियों और समुदायवादियों के बीच परंपरा के प्रति आलोचना-विहीन नजरिये को उजागर करते हैं, यह वर्णन धनंजय का तर्कपूर्ण एवं प्रमाणसहित है।

इसके पश्चात् धनंजय तीन निष्कर्ष निकालते हैं—पहला, भारत में पुनर्जागरण और आधुनिकता के बीच में अलगाव नहीं है। यह बिंदु स्पष्ट नहीं है। दूसरा, पुनर्जागरण एवं आधुनिकता सामान रूप से भारत में नहीं आए हैं। ये दो बिन्दु पहले के विवरण में स्पष्ट नहीं हो पाते हैं, इसका विस्तार करना चाहिए। परन्तु, तीसरा बिंदु कि भारत में आधुनिकता की अवधारणा के तीन तत्व—इंडिविजुअल, स्टेट और समाज का विकल्प नहीं दिया जा सका है, स्पष्ट है। परन्तु, विकल्प का अभाव होने का अर्थ यह नहीं है कि वर्तमान संतोषजनक है। परन्तु, पुनरुत्थानवादियों के द्वारा रुढ़िवाद लाने की प्रक्रिया का वर्णन धनंजय के द्वारा तर्कपूर्ण है।

## नेहरू का विश्लेषण

लेख के अगले भाग में धनंजय नेहरू के विश्लेषण की ओर बढ़ते हैं। इस क्रम में वे नेहरू के जीवनीकारों के वर्णनों का विवेचन करते हैं। इस सम्बन्ध में वे माइकेल ब्रेचर, सर्वपल्ली गोपाल और जूडिथ ब्राउन की चर्चा करते हैं। इसके पश्चात् धनंजय भीखू पारेख की आलोचना की चर्चा करते हैं। पारेख की नेहरू की आलोचना में यह बिंदु महत्त्वपूर्ण है कि नेहरू ने संसदीय लोकतंत्र के अलावा अन्य किसी विकल्प पर विचार नहीं किया। पारेख की आलोचना में यह आग्रह निहित है कि भारतीय समाधानों, जिसमें विवेकानंद, अरबिंद घोष आदि के विचार थे, को आजमाया जाना चाहिए था। पारेख नेहरू पर आभिजात्य का आरोप लगाते हैं। पारेख का समाधान और आभिजात्य का आरोप भले ही गलत हो, लेकिन यह बात सत्य है कि संसदीय लोकतंत्र के अलावा और किसी विकल्प को नहीं आजमाया गया। धनंजय द्वारा देशीवाद की आलोचना तथा आलोचानाविहीन परम्पराओं के अनुकरण की समस्या तथा इस सम्बन्ध में नेहरू के अंतर्राष्ट्रीयतावाद के अनुकरण की अनुशंसा उचित जान पड़ती है। धनंजय सव्यसाची भट्टाचार्य के विश्लेषण को, जिसमें नेहरू

के विचार एवं नेहरू के कर्ता की भूमिका में अंतर्विरोध की चर्चा को एक तरह से उचित मानते हैं। धनंजय इसके बाद नेहरू की धर्म निरपेक्षता, अधिकार-केंद्रित, परंपरा एवं भूतकाल में अंतर आदि में आधुनिकता को प्रतिबिंबित होते देखते हैं। साथ ही वे नेहरू के भीतर भी अंतर्विरोधों को रेखांकित करते हैं। धनंजय का मानना है कि ऐसा इसलिए हुआ क्योंकि नेहरू अपने विचारों को आन्दोलन का रूप नहीं दे सके, परन्तु प्रश्न यह उठता है कि ऐसा क्यों हुआ? नेहरू की आधुनिकता पर आधारित भारतीय राज्य एक पूँजीवादी राज्य में परिणत कैसे हो गया? इस सम्बन्ध में यहाँ यह बतलाना आवश्यक है कि व्यक्ति की एक सीमा होती है। यह सीमा इतिहास के द्वारा दिए गए अवसर एवं परिस्थितियों के द्वारा निर्धारित होती है। वस्तुतः यही परिस्थितियाँ मध्यस्थीकरण करती हैं (देखें ऊपर)। नेहरू के सम्बन्ध में यह मध्यस्थीकरण एक ऐसे देश के द्वारा होना था, जिसे दो सदियों के औपनिवेशिक शोषण के पश्चात् एक राष्ट्र-निर्माण की प्रक्रिया से गुजरना था। इस प्रक्रिया को हकीकत में लाने के लिए नेहरू ने पूँजीवादी रास्ता चुना। इस चुनाव की स्थिति में तत्कालीन कांग्रेस पार्टी में भारतीय पूँजीपतियों के प्रभाव (उदाहरण के लिए बॉम्बे प्लान) को स्पष्ट देखा जा सकता है। अन्य नेता भी इसे नकारने की स्थिति में नहीं थे। नेहरू के अंतर्विरोधों को समझने के लिए हमें इस ऐतिहासिक वातावरण को समझना होगा।

## धनंजय का प्रस्तुतीकरण

धनंजय के प्रस्तुतीकरण में उनके अंग्रेज़ी माध्यम से अध्ययन की स्पष्ट छाप दिखती है। यह प्रतीत हो रहा है कि उनके विचार अंग्रेज़ी माध्यम से आ रहे हैं और वे उनका अनुवाद कर रहे हैं, उनकी भाषा में अनुवाद की स्पष्ट छाप दिखाई पड़ती है। कई जगहों पर सही शब्द नहीं मिलने की असहायता स्पष्ट दिख रही है जैसे इंडिविजुअल और स्टेट शब्द का उपयोग। वैसे यह उनके अंतर को स्पष्ट करने का माध्यम भी माना जा सकता है, परन्तु हिंदी के विमर्श के क्षेत्र को यदि हिंदी के किसी शब्द से पुनर्स्थापित किया जाय तो हिन्दी माध्यम के छात्रों के लिए आसान होगा।

धनंजय के प्रस्तुतीकरण की दूसरी समस्या यह है कि उनका लेख हिन्दी के आम पाठक को ध्यान में न रखकर ऐसे पाठकों को ध्यान में रखकर लिखा गया है, जिन्हें विमर्शों एवं विवादों की पर्याप्त जानकारी है। इसलिए कई मुद्दों की ओर वे सिर्फ इशारा करके आगे बढ़ जाते हैं। वास्तविकता यह है कि आम पाठक को इनकी जानकारी नहीं होती है। इस प्रकार कई सारे नामों और उद्धरणों के बीच चर्चा बौद्धिकता से बोझिल हो जाती है।

इस तरह के प्रयास निश्चित तौर पर स्वागत योग्य हैं, ये प्रयास हिन्दी जगत के

जड़ पड़े समाज–विज्ञान को हिलाने का काम जरूर करेंगे। पाठकों में नए साहित्य के प्रति उत्सुकता बढ़ सकती है और गंभीर अध्ययन की प्रक्रिया आरम्भ हो सकती है।

## टिप्पणियां

1. हालाँकि उन्होंने व्यक्ति की आधुनिकता के सन्दर्भ में अवधारणा के लिए इंडिविजुअल शब्द का प्रयोग किया है। उन्होंने इंडिविजुअल एक ऐसे व्यक्ति को माना है जिसके पास अधिकार समाज से मिलें हों और उसे अधिकारों का अवबोध हो।
2. मैं इस शब्दावली के मुद्दे पर भाषा या प्रस्तुतीकरण की शैली की चर्चा के समय पुनः वापस लौटूँगा।
3. अन्वेषण से बेहतर शब्द जिज्ञासा होता।

*अध्याय 3*

# नेहरू और भारत में आधुनिकता

*अब्दुल रहमान*

प्रस्तुत लेख में नेहरू को एक आधुनिक विचारक के रूप मे समझने की एक कोशिश है और आज भारतीय समाज की वैचारिक स्थिति देख कर इस प्रयत्न की प्रासंगिकता को आँका जा सकता है। आजादी के बाद नए राज्य की स्थापना के समय जिस एक डर से नेहरू सबसे ज्यादा परेशान थे, भारत में आज वही विचारधारा राज्य पर नियंत्रण कर चुकी है। आश्चर्य ये है कि नेहरू के आलोचक, जिनका धनंजय अपने लेख में पुनरुत्थानवादी एवं समुदायवादी के नामों से जिक्र करते हैं, सिरे से नदारद हैं। क्या यह दर्शाता है कि, जैसा कि धनंजय का तर्क है, नेहरू के आलोचक दरअसल आधुनिकता के खिलाफ थे और उनको नेहरू से कोई और बैर नहीं था?

इंडिविजुअल और व्यक्ति के बीच के फर्क के बारे में धनंजय के तर्क को आधुनिकता एवं गैर-आधुनिकता के बीच एक मुलभूत फर्क के तौर पर देखा जाये तो हम कह सकते हैं कि आधुनिकता के लिए नेहरू द्वारा आन्दोलन न लड़ने वाली बात ऐतिहासिक तौर पर सही नहीं लगती। अंबेडकर के नेतृत्व में जो संविधान लिखा गया तथा सीमित ही सही, नेहरू के नेतृत्व में जिस तरह राज्य ने शिक्षा की व्यवस्था की, क्या वह किसी आन्दोलन से कम था? अगर हम आंदोलनों की परिभाषा सिर्फ 'उदारवादी संविधान से परे लामबंदी'[1] के तौर पर करते हैं तथा यह मानते हैं कि 'राज्य-आधारित परिवर्तन आधुनिकीकरण तो हो सकता है, लेकिन आधुनिकता नहीं हो सकता है'[2] तो यह नेहरू जैसे कई और नेताओ के जीवन पर्यंत किये गए कार्यों की अनदेखी करना होगा। यह इतिहास को भी अनदेखा करना होगा। क्या आधुनिकता के इतिहास के किसी भी अध्ययन को हम पूर्ण मानेंगे अगर उसमें वाशिंगटन, नेपोलियन, लेनिन, स्टालिन, माओ, आदि का जिक्र न हो? मुस्तफा कमाल एवं रजा शाह पहलवी के प्रयास उनके समाजों को आधुनिक बनाने में एक आन्दोलन के तौर पर देखे जाते हैं तो नेहरू के प्रयासों को क्यों हम आन्दोलन न मानें? क्या आरएसएस एवं पूँजीपतियों के द्वारा स्थापित मोदी सरकार के प्रयत्नों से प्रतिक्रियावाद नहीं फैलेगा? आधुनिकता

को एक सिद्धांत मान कर चलना और राज्य के कार्यों को इससे अलग करना आधुनिकता की स्थापना की सारी संभावनाओं का अंत कर देने के बराबर है।

इंडिविजुअल का जन्म स्वाभाविक नहीं था, यह लेखक भी मानते हैं। इंडिविजुअल को न सिर्फ सामाजिक एवं आर्थिक परिस्थितयों ने जन्म दिया, बल्कि इसके निर्माण में राजनीतिक परिवेश और खासकर राज्य के जन्म ने बहुत ही महत्वपूर्ण योगदान किया। आखिर अधिकारों (धनंजय के अनुसार व्यक्ति और इंडिविजुअल के बीच फर्क अधिकारों के आधार पर ही किया जाता है) को मूर्त रूप किसने दिया? क्या लेखक प्राकृतिक अधिकारों की अवधारणा को मानता है? क्या राज्य के बिना अधिकार संभव है?

वैसे क्या हम आधुनिकता की कल्पना आधुनिकीकरण के बिना कर सकते हैं? समुदायवादी एवं पुनरुत्थानवादी जब नेहरू की या आधुनिकता की आलोचना करते हैं तो क्या वह आलोचना सिर्फ सैद्धांतिक होती है? लेखक ने खुद ही स्वीकार किया है कि समुदायवादी समाज के निर्माण का विरोध करते हैं और यही वजह है कि नेहरू के आधुनिकीकरण की भी आलोचना की जाती है। तो क्या औद्योगिकरण, शहरीकरण, आधुनिक शिक्षा इत्यादि आधुनिकता के लिए पूरक नहीं हैं? अगर आधुनिकता एक पूर्णतः विकसित परिस्थिति नहीं है तो हर समाज को इसका निर्माण करना पड़ता है तथा आधुनिकीकरण वह प्रक्रिया है जिसके द्वारा यह निर्माण संभव है।

लेखक ने आधुनिकता एवं लोकतंत्र के बीच के संबंधों को बहुत सही तरह से स्थापित किया है, और वे यह भी स्थापित करने में सफल रहे हैं कि नेहरू मूलतः एक उदारवादी विचारक थे जो समाजवाद को लोकतंत्र की एक आवश्यक शर्त मानते थे। नेहरू के लिए लोकतंत्र यूटोपिया था और समाजवाद एक जरिया, उस यूटोपिया को पाने का। इसलिए नेहरू को समाजवादी कहना थोड़ी अतिशयोक्ति होगी।

लेखक ने नेहरू के हिन्दू पुनरुत्थानवादी आलोचकों का तो जिक्र किया है, लेकिन क्या यह शायद कहना जरूरी है कि पुनरुत्थानवाद भारत में सभी धर्मों में एक सा विद्यमान है। नेहरू के धर्म-निरपेक्ष राजनीति के आलोचक सिर्फ हिन्दू पुनरुत्थानवादी रहे हैं और इसका कारण रहा है पुनरुत्थानवादियों का धर्म-आधारित दृष्टिकोण। यह धर्म-आधारित सोच भारतीय समाज में सामाजिक विशेषाधिकारों को बौद्धिक स्वीकार्यता प्रदान करने का सबसे सशक्त माध्यम है। इसीलिए भारत जैसे देशों में सेकुलरिज्म की लड़ाई आधुनिकता की सबसे प्रमुख लड़ाई है। धर्म और बुद्धिवाद के टकराव के परिणामस्वरूप आधुनिकता का जन्म हुआ। अतः धार्मिक तत्त्वों द्वारा नेहरू की आलोचना की जाए, यह स्वाभाविक है। लेकिन यह आलोचना सिर्फ हिन्दू धर्म के पुनरुत्थानवादियों द्वारा ही हुई या होती रही है तो इसके पीछे बहुसंख्यक समुदायवादी या संप्रदायवादियों की लोकतंत्र के प्रति घृणा है।

लोकतंत्र जो भारत जैसे समाज में राजनैतिक समानता को संभव बनाना है। नेहरू द्वारा लोकतंत्र के उस रूप को प्राथमिकता देना, जिसके अनुसार धर्म और राजनीति का विभाजन जरूरी है, बहुसंख्यक साम्प्रदायिकता (न सिर्फ प्रभुत्व के प्रसंग में, बल्कि समानता के बहुरूपी परिणामों के डर से भी) के लिए घातक होता। अगर हम आरएसएस द्वारा नेहरू पर किये हमलों को देखें तो पायेंगे कि उनकी समझ में नेहरू का अस्तित्व पश्चिम के एक दलाल से ज्यादा कुछ नहीं है।

आखिर आधुनिकता है क्या? और आरएसएस या उसी तरह के पुनरुत्थानवादी संगठनों को इससे दिक्कत क्या है?

## आधुनिकता और नेहरू

अगर हम धनंजय के लेख के सन्दर्भ में देखें तो यह स्पष्ट है कि आधुनिकता को नवीनता के एक आन्दोलन के तौर पर देखा जाना चाहिए। जब यूरोप में तर्क और बुद्धिवाद को स्थापित सच से ऊपर मान कर जीवन में उतारा जाने लगा तब स्थापित संस्थाओं और ताकतों ने इसका जम कर विरोध किया और इसलिए आधुनिकता को पूर्णतः सफलता आजतक भी नहीं मिली है। जब 'व्यक्ति ने अपने को समुदाय से स्वतंत्र घोषित कर दिया' तो समुदाय ने अपने अस्तित्व को बचाने के लिए अनुकूलन की प्रक्रिया अपनाई। यह अनुकूलन का ही नतीजा था कि धार्मिक एवं कुछ अन्य पारंपरिक संस्थाएँ पूँजीवाद एवं आधुनिकता की मार से बच गईं। यूरोप में चर्च एवं परिवार का सीमित ही सही, व्यक्ति के ऊपर नियंत्रण बना रहा तथा समय-समय पर समुदाय ने कभी 'राष्ट्र' तो कभी 'जाति' के रूप में अपने को उजागर किया। विद्वानों में राष्ट्र एवं समुदाय के बीच के संबंधों को लेकर मतभेद हो सकते हैं, लेकिन इस बात से किसी को इंकार नहीं है कि ये दोनों ही प्रवृत्तियाँ व्यक्ति की अवधारणा की विरोधी हैं। माज़िनी की राष्ट्र की अवधारणा में व्यक्ति का स्थान आधुनिकता एवं उदारवाद में निहित व्यक्ति की संकल्पना के बिल्कुल उलट है। व्यक्ति का अस्तित्व राष्ट्र के लिए है, राष्ट्र का उत्थान व्यक्ति को आगे ले जायेगा। मैकफरशन द्वारा लॉक की आलोचना के सन्दर्भ में देखें तो माज़िनी का प्रयास बहुत ही महत्वाकांक्षी लगेगा, लेकिन समुदाय और व्यक्ति के बीच के द्वन्द्व के सन्दर्भ में ये सामान्य सी बात लगती है। इस संदर्भ का सार यह है कि आधुनिकता के आन्दोलन के जितने समर्थक तथा प्रतिभागी थे, उतने ही विरोधी तथा उससे ही ज्यादा अनभिज्ञ, उदासीन, अवसरवादी। आधुनिकता का आन्दोलन अपनी प्रभुता स्थापित करने में सीमित रह गया। अब इतिहास में इसके लिए किसी एक व्यक्ति को सारा दोष देना शायद इतिहास की अधूरी व्याख्या होगी।

भारत में क्या आधुनिकता का आन्दोलन कभी उस वेग से चला, जैसा यूरोप

में? हम सब जानते हैं कि ऐसा नहीं है कि भारतीयों ने उपनिवेशवाद के प्रभाव में आकर अपनी तथाकथित संस्कृति एवं सभ्यता को पूरी तरह नकार दिया। राजा राममोहन राय ने जिस आधुनिकता को अपनाया, वह संक्रमित थी, क्योंकि उसकी वैधता वेदों एवं पुराणों में खोजी गयी थी। एक सदी के बाद जब नेहरू ने आधुनिकता के आन्दोलन की मशाल पकड़ी तो बहुसंख्यक जनता की सामाजिक एवं आर्थिक परिस्थितियाँ आधुनिकता के रेडिकल प्रसार के पक्ष में नहीं थीं। देश का विभाजन, कृषि–आधारित उत्पादन एवं धार्मिक संस्थाओं की निरंकुश वैधता इत्यादि आधुनिकता की सारी संभावनाओं को धूमिल करने के लिए काफी थे। आधुनिकता के लिए जरूरी सामाजिक एवं आर्थिक परिस्थितियों के अभाव का अंदाजा इसी से लगाया जा सकता है कि गांधी के द्वारा उपनिवेशवाद के विरोध का आन्दोलन बिना धर्म के सहयोग के सफल नहीं हो पाया। धर्म की महत्ता इसी से तय हो जाती है कि जब हम भारत के सबसे आधुनिक, मार्क्सवादियों को छोड़, विचारक एवं नेता डॉ. भीमराव अंबेडकर को हिन्दू धर्म के विरोध में तर्क एवं बुद्धिवाद की जगह एक दूसरे धर्म की शरण पाते देखते हैं। क्या नेहरू इस समय अपनी आधुनिकता की समझ को अकेले स्थापित कर सकते थे?

अब दूसरा प्रश्न यह है कि क्या नेहरू की आधुनिकता की समझ में कुछ कमियाँ थीं? एक इतिहासकार कभी भी सन्दर्भ को अनदेखा नहीं कर सकता। फिर भी अगर हम नेहरू की कृतियों का सर्वेक्षण करते हैं तो क्या पाते हैं? क्या नेहरू के अन्दर यूरोप और भारत के सन्दर्भों की भिन्नता का अभास नहीं होना चाहिए? क्या यूरोप और भारत के इतिहास का आधुनिकता के प्रति प्रतिक्रियाओं में भेद में कोई योगदान नहीं है? क्या नेहरू और लॉक के समय में कोई भेद नहीं है? क्या लॉक को उपनिवेश एवं राष्ट्र की अवधारणाओं से उसी तरह जूझना पड़ा था, जैसे नेहरू को? अगर हम नेहरू के विचारों में आधुनिकता की समझ का फर्क पाते हैं तो क्या हम उसको उनकी परम्पराओं के प्रति कमजोरी मानें या एक यथार्थवादी विश्लेषण? क्या अंबेडकर की कमियाँ नेहरू की कमियों से भिन्न थीं?

## आधुनिकता और वर्ग-संघर्ष

आधुनिकता और उत्तर औपनिवेशिक समाज को लेकर एक बहुत ही बहुमुखी बहस है, जिसे हमें ध्यान में रखने की जरूरत है। इन समाजों की संरचना एवं प्रकृति ने राजनैतिक नेतृत्व की भूमिका आधुनिकता के लिए महत्वपूर्ण कर दी। पैसिव रेवोलुशन के तर्क से नेहरू और उनकी सरकार को उच्च वर्गों की सत्ता को बचाने का दोषी माना है, लेकिन क्या आधुनिकता और वर्ग–संघर्ष विरोधी विचार हैं? अगर नहीं तो आजादी के बाद के भारत में नेहरू द्वारा किये प्रयत्नों को हम आधुनिकता की प्रक्रिया से कैसे अलग करके देख सकते हैं, भले ही वे कितने भी

कमजोर एवं असफल साबित हुए हों?

जब कार्ल मार्क्स ने पूँजीवाद को सामंतवाद से बेहतर व्यवस्था की संज्ञा दी तो इसका एक कारण पूँजीवाद की व्यक्ति-आधारित संरचना थी। पूँजीवाद मार्क्स के लिए एक शोषणकारी व्यवस्था होते हुए भी एक प्रगतिशील व्यवस्था थी, तो इसके पीछे आधुनिकता एक मुख्य वजह थी। नेहरू के आलोचकों को भारतीय समाज में प्रचलित सामंतवाद एवं रूढ़िवाद को अनदेखा नहीं करना चाहिए। स्वयं मार्क्स ने ऐसा नहीं किया, जब उसने यूरोप में पूँजीवाद की व्याख्या की। नेहरू के बारे में भारत में भूमि-सुधार न कर पाने तथा हिन्दू कोड बिल पर पीछे हट जाने के आरोप अक्सर इस संदर्भ में लगाए जाते हैं कि उन्होंने ऐसा अपनी पीठ बचाने के लिए किया और ये उनकी आधुनिकता के प्रति समर्पणशीलता पर प्रश्न चिह्न लगाते हैं। ये आलोचनाएँ नेहरू के विवेकवाद के साथ अन्याय लगती हैं, क्योंकि इन दोनों ही मुद्दों पर नेहरू के विचार प्रगतिशील तत्वों के समर्थन में रहे। नेहरू ने न तो कभी भूमि-सुधार और न हिन्दू कोड बिल का विरोध किया और न ही इनके महत्व को कभी कम करके आँका। उनकी सरकार में ज्यादातर मंत्री इन सुधारों के विरोधी थे और भारत की वर्तमान परिस्थितियों को देखकर नेहरू ने इन सुधारों की रेडिकल प्रकृति से बचने का प्रयास किया। जकोबिंस की तरह गुइलोतीं एवं 'आतंक के शासन' की जरूरत पर शायद 1930 के नेहरू हामी भर सकते थे, लेकिन 1950 के नेहरू के लिए ऐसा करना संभव एवं जरूरी नहीं था। हमें यह नहीं भूलना चाहिए कि नेहरू की आधुनिकता लोकतंत्र की कीमत पर नहीं आँकी जा सकती एवं 1950 के भारतीय नेतृत्व एवं सामाजिक-राजनीतिक परिस्थितियाँ लोकतंत्र को बचाने की प्राथमिकता देने की मांग कर रहीं थी।

भूमि-सुधार, वर्ग-संघर्ष की राजनीति का मुख्य मुद्दा था, लेकिन यह एक तरह की राज्य-हिंसा के बिना लागू करना संभव भी नहीं था। हिंसा को लेकर नैतिक बहस करने से पहले हमें उन लेखकों को ध्यान से पढ़ना चाहिए, जो नेहरू को सामंत-वर्ग का पोषक एवं रक्षक मानते हैं, परन्तु उसी टोन में स्टालिन एवं माओ को क्रूर एवं निरंकुश भी कहते हैं। अंग्रेजी के उस कहावत की तरह नेहरू के ऐसे आलोचक अपने केक को खाना भी चाहते हैं और बचाना भी। भारत की वर्तमान परिस्थितयों में आधुनिकता का मार्ग क्या हो सकता था? शायद नेहरू को भी यह नहीं मालूम था और इसी अनिश्चितता में सुधारों की गति धीमी रही।

## नेहरू और साम्प्रदायिकता

हमने ऊपर देखा कि कैसे हिन्दू साम्प्रदायिकता के लिए और आधुनिकता के विरोधियों के लिए नेहरू एक विपक्ष हैं, क्योंकि नेहरू तथाकथित पश्चिमी आधुनिकता, जो कि 'अमानवीय और असभ्य' है तथा जो भारतीय संस्कृति या स्थानीय संस्कृति का भंजक है, के पक्षधर थे। जैसा कि ऊपर कहा गया है नेहरू के प्रति घृणा वस्तुतः

रूढ़िवादियों की उस व्यक्ति एवं व्यवस्था के प्रति घृणा है, जो उनकी हेजीमनी को चुनौती देने तथा उस हेजीमनी को तोड़ने का दम रखता है।

अगर हम आधुनिकता के समर्थकों की बात करें तो नेहरू की गलती यह थी कि वे तथाकथित 'महान भारतीय परंपरा' के भक्त थे। नेहरू की 'भारत की खोज' में इस भारतीय परंपरा का गुणगान बहुत से रेडिकल आधुनिकतावादियों को नागवार गुजरती है। अब नेहरू ने 'भारत की खोज' में भारत के इतिहास की आधुनिक व्याख्या करने की कोशिश की है, ऐसा कहना एक बहस का मुद्दा है, लेकिन क्या नेहरू ने कभी किसी ऐसी परंपरा का बचाव किया, जो उनके समय तक आधुनिक मूल्यों के उलट थी? नहीं। शायद हम नेहरू की आधुनिकता को उनकी लेखनी के आधार पर नहीं झुठला सकते। लेकिन, कई बार ऐसे उदाहरण दिए जाते हैं, जो नेहरू को सांप्रदायिक ठहराते हैं। ऐसे लोगों के लिए देश-विभाजन के समय उनका गांधी से मन-मुटाव तथा पाकिस्तान को उसके 40 करोड़ देने में आनाकानी, कांग्रेस के अन्दर स्थापित हिन्दू सांप्रदायिक तत्वों को सहना तथा तथाकथित रूप से उनको प्रोत्साहन देना और नेहरू के 17 वर्षों में हुए अनगिनत दंगे आदि नेहरू के हिन्दू-सांप्रदायिकता के आगे समर्पण के कुछ उदाहरण हैं। लेकिन अगर हम इन उदाहरणों में सच खोजने की कोशिश करते हैं तो हमें आरएसएस और अन्य हिन्दू सांप्रदायिक तत्वों द्वारा नेहरू को मुसलमान समर्थक घोषित करने के अनगिनत उदाहरणों को भी गंभीरता से लेना पड़ेगा। नेहरू ने सेकुलरिज्म की जिस परिभाषा को अपनाया, वह इन आरोपों को सिरे से ख़ारिज करने का प्रमाण है।

नेहरू की सबसे मुखर आलोचना आधुनिकता के संदर्भ में सिर्फ यह हो सकती है कि उनके द्वारा इस प्रक्रिया को जितना बल मिल सकता था, उतना नहीं मिला। भारत में राज्य-समर्थित शिक्षा को लागू करने में जो कमियाँ रहीं, कई बार वह कमियाँ जान बूझकर की गई लगती हैं। उसने न सिर्फ कम्युनल और रुढ़िवादी तत्वों को फलने-फूलने का मौका दिया, बल्कि आधुनिकता के सारे दूसरे उपायों की उपलब्धि को भी धीमा कर दिया। अगर नेहरू ने अपनी राजनैतिक इच्छाशक्ति का इस्तेमाल करके धार्मिक रुढ़िवाद और सांस्कृतिक दक्षिणपंथ के खिलाफ किसी दीर्घकालिक मुहिम को अप्रत्यक्ष रूप में ही न छेड़ कर सीधा छेड़ा होता तो शायद बात दूसरी होती। लेकिन ऐसी सोच क्या गैर इतिहासिक नहीं है? क्या नेहरू के हाथ में अपनी परिस्थितियों को बदलने की ताकत थी? हमें क्या ऐसी अपेक्षा करनी चाहिए?

## टिप्पणियां

1. धनंजय राय (2016)
2. वही

*अध्याय 4*

# नेहरू की आधुनिकता

*पावेल तोमर*

आज 'नेहरू' एक बुरा नाम बन चुका है, जिसके पर्याय हैं– सेकुलरिज्म, मांग-प्रबंधन और कल्याणकारी राज्य (वेलफेयर स्टेट), गुट-निरपेक्षता और सबसे बुरा समाजवाद। समकालीन शब्दावली में अगर इनका अनुवाद किया जाए तो ये बनते हैं—तुष्टीकरण (अल्पसंख्यकों यानी मुस्लिमों का), विकास-विरोध (आर्थिक), अमरीका-विरोध और पश्चिम-परस्ती या चीन-परस्ती यानी राष्ट्र-विरोध। इन सब पर्यायों का परस्पर-विरोधी चरित्र (अगर आप पश्चिम-परस्त हों तो फिर चीन-परस्त कैसे, और अगर आप कल्याणकारी नीति वाले हैं तो विकास-विरोधी कैसे?) ही इन सब आरोपों को नकार देता है। लेकिन ये सब बेमानी और जाली अवधारणाएँ भारतीय राज्य के चरित्र में परिवर्तन और आज़ादी के बाद की 'नेशनल-पॉपुलर' संस्कृति (ग्राम्शी की शब्दावली का प्रयोग करें तो) में बदलाव को तो दर्शाती हैं। आज स्थिति यह है कि दरिद्र-नारायण देश-2011 की एक सरकारी रिपोर्ट दर्शाती है कि कम-से-कम ग्रामीण भारत में आज़ादी से पहले से भी ज़्यादा गरीबी है—के लिए हानिकारक हरेक आर्थिक-नीति को 'आर्थिक-सुधार' कहा जाता है, और आर्थिक-नीति– जिसका कोई भी सामूहिक अर्थ मांग-प्रबंधन ही होना चाहिए—के ध्वंस को 'नीति-आयोग' कहा जाता है। दक्षिणपंथी ताकतों की यह भारी जीत है कि उन्होंने नेहरूवादी 'नेशनल-पॉपुलर कलेक्टिव विल' को पुनर्परिभाषित करने की गुंजाइश ही समाप्त कर दी है, क्योंकि उन्होंने उसका अस्तित्व ही ख़त्म कर दिया है। और यह वामपंथ की ऐतिहासिक हार है कि वे उस नेशनल-पॉपुलर संस्कृति को आगे नहीं बढ़ा पाये। इसके साथ ही भारतीय राज्य की उपनिवेश-विरोधी ऐतिहासिकता भी समाप्त हो गयी है, और उसके स्थान पर स्वयं साम्राज्यवाद—'अखंड भारत' के एक पुनः प्रस्तुतीकरण—का एजेंडा खड़ा हो गया है, जिसकी नव-उदारवाद से गहरी दोस्ती है।

इसके विपरीत नेहरू का जो आधुनिकता का विमर्श था, वह उसी वाम-झुकाव वाले सेक्युलर और साम्राज्यवाद-विरोधी आंदोलन की उपज था, जिसके आधार पर एक ओर भयंकर शोषण झेल रहे किसान थे (जिनमें लगभग सभी अज्ञान, अशिक्षा और उत्पीड़न—यानी जाति-व्यवस्था की शानदार उपलब्धियों के– शिकार थे) और दूसरी तरफ एक उभरता हुआ देशी बुर्जुआ वर्ग था, जिसमें पूँजीपति, वकील, पेशेवर और बुद्धिजीवी लोग थे, जो कभी प्रकट और कभी खुले रूप से और कभी कड़े तो कभी ढुलमुल रूप में साम्राज्य के विरोध में रहे थे। चूँकि साम्राज्यवाद-विरोधी आंदोलन एक प्रकार से अंग्रेजी राज के न सिर्फ गौण, बल्कि क्रियाशील हिस्से से भी निकला था (अंग्रेजी शासन की उदारवादी विचारधारा ने वे संस्थाएँ भी खड़ी की थीं, जिनमें उनका विरोध व्यक्त किया गया था), इसलिए इस आंदोलन के नेतृत्व की अँगरेज़ शासकों से व्यक्तिगत मित्रता होना और सांस्कृतिक मेल-जोल का होना भी आंदोलन का एक पहलू था। और यहाँ पर होमी भाभा की उस थीसिस की परीक्षा हो जाती है, जिसके अनुसार उपनिवेशी शासकों को ज़्यादा ख़तरा बड़े आंदोलनों से न होकर उन औपनिवेशिक लोगों से है, जो भाषा और संस्कृति के लिहाज से उनके बेहद करीब होते हैं, अगर औपनिवेशिक सत्ता को नेहरू से कोई खतरा था तो सिर्फ उनके आंदोलन के नेतृत्व से, बजाय जन-आन्दोलनों के। भाभा अगर ये कहें कि औपनिवेशिक सत्ता के गौण प्रभावों से जो यूरोप से मुक्ति की विचारधाराएँ उपनिवेशों में पनपीं (जैसे मार्क्सवाद), जिन्होंने कांग्रेस को रैडिकल दिशा में धकेला या कई जगह नेतृत्व भी संभाला (जैसे चीन और वियतनाम में), वे साम्राज्य के लिए ज़्यादा खतरनाक थीं, तब तो उनसे सहमत हुआ जा सकता है, वरना जैसे दोमिनिक़ कॉलिंस और लापिएर्र की पुस्तक *आधी रात को आज़ादी*[1] ने दिखाया है, अंग्रेज़ों से उनकी सांस्कृतिक करीबी तो सत्ता के लिए बहुत माकूल साबित हुई। एक ओर तो बुर्जुआ वर्ग ने नेहरू के 1930 वाले 'मार्क्सवादी दशक' की लोकप्रिय छवि को भुनाया, दूसरी तरफ़ उनके उभरते आमूल परिवर्तन के नारों के पर कतरे (जैसा कि बिपन चन्द्र ने दिखलाया है), ताकि वे 1947 के परिदृश्य में प्रधानमंत्री पद के लिए एकदम स्वीकार्य व्यक्ति बन जाएँ।

इटली के सन्दर्भ में ग्राम्शी कहते हैं, 'नेशनल-पॉपुलर विल' का गठन तब तक असंभव है, जब तक देश की राष्ट्रीय राजनीति में किसानों की सहभागिता का प्रस्फुटन नहीं होता। इटली के राष्ट्रीय बुर्जुआ-वर्ग की कमज़ोरी का एक कारण यह भी रहा कि वहाँ कोई ऐसी शक्ति नहीं थी, जो किसानों को राजनैतिक तौर पर संगठित करती। ग्राम्शी का निष्कर्ष यह था कि फ्रांस की क्रांति के बाद यूरोप का बुर्जुआ-वर्ग कृषक-वर्ग के सामंतवाद-विरोधी रवैये से और उनकी सांगठनिक

शक्ति से—जो खुद बुर्जुआजी को इतिहास के रंगमंच से विदा करने में सक्षम हो सकती थी (जैसा कि चार्टिस्ट आन्दोलनों और 1848 की क्रांतियों ने भली-भाँति दिखलाया था)—इतना घबराया कि उसने सामंतवाद के खिलाफ अपने युद्ध ('वॉर ऑफ पोजीशन') में और कहीं भी इतने बड़े पैमाने पर कृषकों को संगठित नहीं किया, जितना जैकोबिनों ने किया। फ्रांस की क्रांति के बाद बुर्जुआ-वर्ग ने दुनिया भर में सामंत-वर्ग से समझौता किया और कहीं भी उसका समापन नहीं किया। इस तथ्य ने मुसोलिनी और फासिस्ट गुर्गों के लिए यह आसान बना दिया कि एक तरफ वे एक समाजवादी लफ़्फ़ाज़ी को अपना एजेंडा बना कर पेश करते रहें और उसके बहाने वे शहरी और ग्रामीण बुर्जुआ के आर्थिक एजेंडे को सबके विकास का मंत्र बना दें। ग्राम्शी के विचार से इसका इलाज़ एक जैकोबिन एजेंडा का क्रियान्वयन है।

कुछ-कुछ यही विडंबना भारत के इतिहास की भी रही है। आज़ादी के बाद के भारत के मार्क्सवादी चिंतन में बार-बार यह रेखांकित किया गया है कि नेहरू के नेतृत्व वाले बुर्जुआ राष्ट्र-राज्य ने भूमि के प्रश्न पर भूस्वामी वर्ग से समझौता किया है। मज़े की बात यह है कि ब्रिटिश-राज-विरोधी राष्ट्रीय आंदोलन को अगर किसी सामजिक वर्ग ने मज़बूती दी तो वह था किसान वर्ग था (जो 1929 की आर्थिक मंदी के बाद तो नितांत कंगाली का सामना कर रहा था तथा राजनैतिक आंदोलन में बढ़-चढ़ कर दिलचस्पी ले रहा था), जिसके राजनैतिक संगठन में नेहरू ने सक्रिय भूमिका निभायी थी। पूरे विश्व में, फ्रांसीसी क्रांति के पश्चात, भारत का अनुभव पहला रहा है, जहाँ इतने बड़े पैमाने पर किसी गैर-कम्युनिस्ट ताकत ने किसानों को संगठित करने में अपनी ऊर्जा लगाई (चीन में यही कार्य माओ ने सफलतापूर्वक किया)। तब फिर ऐसा कैसे हो सकता है कि ब्रिटिश हुकूमत के पतन के बाद वही नेहरू अपने सहायक वर्ग के हितों के ख़िलाफ़ समझौता कर लेते? मेरे विचार से अभी तक इस बात पर ऐतिहासिक विवेचन बहुत कम हुआ है।

धनंजय राय का लेख इसी बात पर दार्शनिक तौर पर संबंधित है— नेहरू के विचार में ऐसा क्या था जो वे जन-आन्दोलनों से अलग हो गए? सीपीआई का विचार कि आज़ादी के पहले और बाद के नेहरू और उनकी नीतियाँ समाजवादी थीं, एकदम गुमराह करने वाला विचार है। तब समाजवाद को परिभाषित किया जाना चाहिए। अगर नेहरू ऐसे समाजवादी थे, जैसा समाजवाद सीपीआई लाना चाहती थी, तो मुझे लगता है कि ये सीपीआई की ऐतिहासिक 'इन्टरपैसिविटी' है, क्योंकि जो कार्य स्वयं आपको करना था, उसकी आप किसी और से अपेक्षा करते हैं। इसका दक्षिणपंथी कहानी से आसान समन्वयन होता है, जिसके हिसाब से आज़ादी के बाद के 50 साल समाजवाद की वजह से नष्ट हो गए। सीपीएम का विचार कि आज़ादी के पहले वाले और बाद वाले नेहरू में फर्क था—ये कुछ इसी

तरह का विचार है जैसा सवाल हिंदी फिल्मों में विवाह के पश्चात नायिका अपने पति से करती है। नक्सलवादियों के नेहरू एक 'फ़ासिस्ट' नेहरू थे (नक्सलवादियों के साहित्य में आजकल यह बिल्ला हर जगह और सीपीएम समेत हर पार्टी पर लगाया जा सकता है, जो उनकी सोच के ठप्प होने की ओर इंगित करता है), जो बुर्जुआजी का एक सोशलिस्ट चेहरा मात्र थे—कुछ वैसे ही जैसे इटली का मुसोलिनी।

धनंजय राय इस प्रश्न का जिस तरह से समाधान निकालने की कोशिश करते हैं, वह दार्शनिक चिन्तन के स्तर पर सराहनीय है। वे नेहरू को दक्षिणपंथी और उत्तर-आधुनिक हमलों से बचाने के लिए आधुनिक और आधुनिकता में फर्क करते हैं। व्यवहार में जो किया जाता है, वह अंततः सिद्धांत ही तय करता है—इसलिए हेगेल की यह युक्ति कि सिद्धांत और व्यवहार में विरोध होने पर सिद्धांत को चुना जाये, एकदम ठीक प्रतीत होती है। धनंजय राय के विश्लेषण में इसी हेगेली परिपाटी का अनुसरण किया गया है कि वे नेहरू के विचार पर ज़्यादा बल देते हैं, बजाय उनके निष्पादन के। लेकिन इसी परिपाटी का नतीजा यह होता है कि धनंजय के नेहरू हेबरमासी नेहरू हैं, जिनका आधुनिकता का विमर्श अधूरा है। धनंजय एक संकल्पनात्मक त्रयी लेकर आते हैं, जो नेहरू की विचारधारा को स्पष्ट करने में सहायक होती है। पहली त्रयी है पुनर्जागरण, आधुनिकता और लोकतंत्र का, जिसके तीनों पद एक-दूसरे से अंतर्सम्बंधित हैं। यह त्रयी फ्रांसीसी क्रांति के काल स्वतंत्रता, समानता और बंधुता की त्रयी की ऐतिहासिक पृष्ठभूमि भी है और उसके समानांतर भी। ऐजाज़ अहमद भी कहते हैं कि फ्रेंच क्रांति की त्रयी के पद एक-दूसरे के पूरक हैं। दूसरी त्रयी है—इंडिविजुअल, समाज और राज्य का, जो पुनर्जागरण और आधुनिकता की ख़ास उपज है। तीसरी त्रयी है—व्यक्ति, समुदाय और राज्य-धर्म का, जिसके प्रतिरोध में पहली दो त्रयी उपजी हैं। धनंजय राय के विचार से नेहरू ने इस बाद वाली त्रयी का परित्याग करके पहली दो त्रयियों को संकल्पनात्मक रूप से अपनाया है (चाहे व्यवहार में, नम्बूदिरिपाद से सहमत होते हुए, वे कहते हैं कि नेहरू फेल हुए)।

यहाँ पर नेहरू की स्थिति कुछ कुछ तीसरी दुनिया की कई कम्युनिस्ट पार्टियों के सिद्धान्त 'जनवादी लोकतंत्र' अथवा 'पीपुल्स डिमोक्रेसी' की संकल्पना के जैसी है। इस सिद्धान्त के अनुसार कम्युनिस्ट पार्टी का पहला काम कम्युनिज्म की स्थापना न होकर बुर्जुआ लोकतांत्रिक क्रांति को समाप्ति की ओर ले जाना है, जो इस तरह के मुल्कों में अधूरी है। नेहरू खुद इस बात पर ज़ोर देते हैं कि उनका कार्य समाजवाद की स्थापना न होकर समाजवाद की परिस्थितियों को तैयार करना है और यह कार्य शांतिपूर्ण और लोकतांत्रिक तरीके से करना है। यहाँ ग्राम्शी की वह बात याद आती है, जब वे इटली में जैकोबिनवाद की अनुपस्थिति पर खेद जताते हैं।

मेरे विचार से व्यावहारिक विफलता संकल्पनात्मक विफलता की ही उपज है, क्योंकि यथार्थ की हमारी समझ से ही यथार्थ का निर्माण होता है। सोच हमारी परिस्थिति पर न टिकी होकर परिस्थिति हमारी सोच पर टिकी होती है। धनंजय के विमर्श में, नेहरू की विचारधारा ठीक है, लेकिन उसका प्रतिपालन ठीक से नहीं हुआ है। बजाय इसके, यह कहा जाना बेहतर रहेगा कि नेहरू के विमर्श में (गलत) व्यवहार ने (सही) सिद्धांत का अवशोषण कर लिया है। चूँकि, व्यवहार में जो क्रिया संपन्न होगी, वह सिद्धांत में तय होगी, इसलिए सिद्धांत की सर्वोपरिता माननी होगी। उदाहरण के तौर पर, विभिन्न दलितवादी लेखकों द्वारा भारतीय वामपंथ पर जो आक्षेप लगाये जाते रहे हैं, उनसे सौ वर्षों के इसके अस्तित्व के दौरान वामपंथ के व्यवहार की ही आलोचना नहीं बनती, बल्कि सिद्धांत की भी बनती है। उसी तरह, आज के वामपंथ के संकट में समस्या सिर्फ राजनैतिक नहीं है, बल्कि सैद्धांतिक भी है। क्या नई परिस्थिति में वामपंथ कोई नया जवाब दे पायेगा? (अफसोस की बात है कि अभी तक इसका उत्तर मिला नहीं है)। उसी तरह, नेहरू के व्यवहार की जब समीक्षा होगी, तब उनके सिद्धांत की समीक्षा भी करनी होगी। कम-से-कम, पैरी एंडरसन ने अपने आलेख में पूना समझौते में नेहरू के रोल की समीक्षा करने का प्रयास किया है। उसी तरह, क्रिस्टोफर बेली ने अपने एक लेख में नेहरू के विचारों का संस्थात्मक स्तर पर अध्ययन करने की चेष्टा की है। लेनिन के 1917 के लेखों पर टिप्पणी करते हुए ज़िज़ेक कहते हैं कि 1917 से पूर्व लेनिन ने चाहे भौतिकवाद को आदर्शवाद से बचाने में गलतियाँ कीं, लेकिन 1917 के अपने लेखन में उन्होंने उन गलतियों को नहीं आने दिया। यही कारण है कि वे कार्ल काउत्स्की और रोसा लक्सेम्बर्ग के राजनैतिक विफलतावाद के दर्शन से अपने को बचाने में कामयाब रहे। जैसे, जब वे 'भौतिकवाद या इन्द्रिय-आनुभविक आलोचना' में पदार्थ को मानव-चेतना से स्वतंत्र मानते हैं तब वे यह भूल जाते हैं कि वह चेतना स्वयं उस परिस्थिति में शामिल है, जिसका वह अवलोकन करती है। तर्क यह नहीं बनता कि प्रकृति मुझसे बाहर विद्यमान है और जिसका संज्ञान लेने में हमें अनंत बार समीपता का सहारा लेना पड़ता है—आदर्शवाद के खिलाफ तर्क ये है कि मैं स्वयं मुझसे बाहर विद्यमान हूँ। लाकां जब फ्रायड की उक्ति कि 'अचेतन समय के बाहर है' को छोटा कर देते हैं ('अचेतन...- बाहर है'), तब उन्हें बेहद शाब्दिक अर्थ में लिया जाना चाहिए—अचेतन न सिर्फ इस अर्थ में बाहर है कि हमारी चेतना उस वातावरण का ही हिस्सा है, जिसे हम अनुभव करते हैं, बल्कि इस अर्थ में भी बाहर है कि वह अन्य (अदर) का हिस्सा है।

विषय पर लौटते हुए, हमारा तर्क यह नहीं है कि नेहरू सिद्धांत में तो समाजवादी थे, लेकिन कांग्रेस पार्टी के रूढ़िवाद और उदारवादी तंत्र के दबाव के चलते उन्हें

समझौता करना पड़ा। बल्कि यह कि उनकी समाजवाद की समझ ही अपूर्ण थी। यहाँ बेंजामिन ज़कारिआ की नेहरू की जीवनी एक तथ्य की ओर ध्यान दिलाती है। नेहरू अपनी 'डिस्कवरी ऑफ़ इंडिया' में लिखते हैं कि हालाँकि उन्होंने सिद्धांतत: समाजवाद स्वीकार कर लिया था, लेकिन समाजवादी गुटों के आपसी मतभेदों में उनकी रुचि नहीं थी, क्योंकि जीवन की समस्याएँ ज़्यादा जटिल हैं और वे किसी पत्थर की लकीर वाले सिद्धांत की समझ से बाहर हैं। धनंजय राय की संकल्पना से ही हम इस कमी को समझ सकते हैं। नेहरू की समझ के बारे में उनके त्रयी में एक आधिक्य है, जिसे मार्क्सवादी आधिक्य (एक्सेस) या अधिशेष (सरप्लस) कहते हैं : पुनर्जागरण, आधुनिकता और लोकतंत्र में यह देखा जा सकता है कि पहले दो पद तो आपस में ठीक बैठते हैं (जैसा कि एतिएन्न बालिबर ने अपनी संकल्पना 'एक्वा-लिबर्टी' में दर्शाया है), लेकिन तीसरा पद उसके रेडिकल तत्त्व का सामान्यीकरण कर देता है। यहाँ हम ज़िज़ेक के उस लतीफे को याद कर सकते हैं, जिसमें वह यूगोस्लाविया के समाजवादी शासन के प्रति तीन रूझानों की बात करते हैं : ईमानदारी, निष्ठा और बुद्धिमत्ता। शर्त यह है कि आप तीन में सिर्फ दो को एक साथ ग्रहण कर सकते हैं : अगर आप ईमानदार और बुद्धिमान हैं तो आप निष्ठावान नहीं हैं, अगर आप निष्ठावान और बुद्धिमान हैं तो आप ईमानदार नहीं हैं, और अगर आप ईमानदार और निष्ठावान हैं, तो आप बुद्धिमान नहीं हैं। ठीक यही नेहरू के बारे में कहा जा सकता है : अगर आप पुनर्जागरणवादी और लोकतान्त्रिक हैं तो आप आधुनिक नहीं हो सकते, अगर आप पुनर्जागरणवादी और आधुनिक हैं तो आप लोकतान्त्रिक नहीं हो सकते, और अगर आप लोकतान्त्रिक और आधुनिक हैं तो आप पुनर्जागरण के विरोधी हैं।

इसी तरह हम दक्षिणपंथ की लाचारी समझ सकते हैं : ये आखिरी वाली बात आखिर उन्हीं पर लागू होती है। आज के दक्षिणपंथ ने लोकतंत्र और आधुनिकीकरण को अपना लिया है और पुनर्जागरण के विरोध में चले गए हैं। मेरा कहना ये नहीं है कि उन्होंने वामपंथियों वाला 'सच्चा लोकतंत्र' अपना लिया है, बल्कि उन्होंने नव-उदारवाद के भ्रष्टाचार की बहती गंगा में हाथ धोने के लिए अपने राजनैतिक एजेंडे से समझौता कर लिया है। आरएसएस की समस्या ही यह है कि वह रेडिकल राइट न होकर कंजरवेटिव राइट हैं। अपने एजेंडे को पूरा करने का उसका हर प्रयास विफ़ल रहता है, जिसकी वजह से उसने इस तरह के तर्कों का सहारा लिया है, जिस तरह से स्टालिन के ज़माने में सोवियत राज्य लेता था : हमारे सामने जो समस्याएँ पड़ी हैं, वे समाजवाद के पूरे तौर पर लागू नहीं होने से है, इसलिए आप सत्ता का विरोध करने के बजाय उसका साथ दीजिये। मेरा तर्क यह नहीं है कि अपनी मुद्रा को और ज़्यादा रेडिकल करने से आरएसएस का कदम सराहनीय हो जायेगा,

बल्कि यह कि उसका हरेक कदम और भी ज़्यादा कायर हो जाएगा, ठीक उसी तरह से जिस तरह से हिटलर के नाज़ी राज्य ने पूँजीवाद की समस्याओं का समाधान करने के बजाय उसके सामाजिक अतिरेक की विचारधारात्मक अवधारणा बनायी ('यहूदी', 'कम्युनिस्ट', 'जिप्सी')।

तब नेहरू में ऐसा क्या है, जो उन्हें 'सच्चा समाजवादी' नहीं बनने देता? अपनी पुस्तक *हेजेमनी एंड सोशलिस्ट स्ट्रेटेजी* में एर्नेस्तो लाक्लाऊ और शांताल मूफे लिखते हैं कि वस्तुओं के हमारे विवरण यथार्थ और उसके सांकेतीकरण के ढीले संबंध पर टिके होते हैं। विवरण कभी वस्तुओं का शुद्ध विवरण नहीं होता, बल्कि वस्तुएँ सिंहावलोकन में अपने विवरणों से मेल खाने लगती हैं। इस तरह कहा जा सकता है कि विचारधारा के विश्लेषण में तथ्य यथार्थ में सटीक नहीं बैठते, बल्कि हमारे तथ्य पहले से ही सुनिश्चित होते हैं। हम नहीं कह सकते कि 1950 और 60 के दशक में अमुक व्यक्ति समाजवादी था या नहीं था। निष्कर्ष यही निकलता है कि कोई व्यक्ति समाजवादी तभी कहलाएगा, जब वह खुद को समाजवादी घोषित कर देगा। इसके जवाब में ज़िज़ेक का मत है कि अंततः कोई भी वैचारिक सिस्टम अपने तथ्यों का निर्धारण खुद करता है। ज़िज़ेक आख़िरकार मास्टर-सिग्निफायर (गुरु-वाचक) की संकल्पना लेकर आते हैं, जिसके अनुसार इस सिग्निफायर (शब्द रूप/वाचक) का अपना कोई सिग्निफायेड (द्योतित करना/अर्थ बतलाना) नहीं होता। इसका आशय सिर्फ बाकी संकेतकों को एकता प्रदान करना होता है। जहाँ लाक्लाऊ और मूफे रेडिकल डेमोक्रेसी को ऐसा मास्टर-सिग्निफायर मानते हैं, वहीं ज़िज़ेक कहते हैं कि ऐसा अंतिम संकेतक स्वयं वर्ग-संघर्ष ही हो सकता है, क्योंकि वर्ग-संघर्ष खुद एक सिग्निफायर भी है और सिग्निफायेड भी, जबकि रेडिकल डेमोक्रेसी तो सिर्फ एक ऐसा परिसीमन है, जिसके दायरे से बाहर निकल कर किसी सामाजिक समस्या का समाधान होना मुश्किल है। इस पूरे विवेचन का अर्थ यह निकलता है कि इस बहस में नेहरू लाक्लाऊ और मूफे की ओर हैं : न सिर्फ़ उनका पूँजीवाद से प्रतिरोध पूँजीवाद के भीतर चलने वाला निहित उल्लंघन है (ठीक वैसे ही जैसे अर्थशास्त्री कीन्स ने अपने सैद्धांतिक पद्धति को पूँजीवाद को कम्युनिज्म के हाथों से बचाने के लिए ही बनाया था), बल्कि खुद लोकतंत्र एक ऐसा मास्टर-सिग्निफायर बन गया है, जिससे होकर गुजरना वामपंथ ने अस्वीकार कर दिया है।

धनंजय जिस लिहाज़ से आधुनिकता को उत्तर-आधुनिक (जिनमें समुदायवादी और पुनरुत्थानवादी बराबर शामिल हैं) हमलों से बचाते हैं, वह सराहनीय है। लेकिन जिस तरह से उसे परिभाषित करते हैं, मुझे डर है, कि वह कांटीय आदर्शवाद में जा फँसते हैं, ठीक उसी तरह से जैसे उनके विश्लेषण में नेहरू हैं। कैसे? धनंजय के विचार में, आधुनिक और आधुनिकता में फर्क है : अगर आधुनिकता एक प्रकार

का दृष्टिकोण है, तो आधुनिक सिर्फ एक प्रकार का ऐतिहासिक मुक़ाम है। धनंजय के अनुसार, दोनों में न सिर्फ़ फ़र्क है, बल्कि आज के सन्दर्भ में एकदम एक दूसरे से उल्टे भी हैं। प्रथमदृष्टया, यह विभेद एकदम वस्तुनिष्ठ लगता है– आखिर, फॉक्सवैगन गाड़ियों में चलने वाले नाज़ी जर्मन और 'सोवियत सत्ता का अर्थ है पूरे देश का बिजलीकरण' कहने वाले लेनिन में तो फ़र्क है (और अगर आप कहते हैं कि उनमें कोई फ़र्क नहीं है, तो इसके आगे आप ये लेख न पढ़ें, क्योंकि आप एक गांधीवादी, उदारवादी, समुदायवादी, अर्नेस्टनोल्टेवादी या इसी प्रकार के कोई हैं)। फ्रैंकफर्ट स्कूल की प्रस्थापना– कि हंगरी पर चढ़ाई करने वाले सोवियत टैंक और यातना शिविर बनाने वाली सोच आधुनिक तकनीकीकरण की ही उपज हैं– से भी इस तरह अपने आप को अलग करने में सुविधा है। लेकिन क्या इस तरह से आधुनिकता बचाने में उसके इतिहास की अनदेखी नहीं हो जाती जिसके जरिये उसका विकास हुआ है? समुदाय से व्यक्ति की आज़ादी और एक कम्युनिस्ट समाज का निर्माण—दोनों निस्संदेह आधुनिकता की अगली सीढ़ी हैं। लेकिन आधुनिकता को सिर्फ एक नज़रिये में बदलने का अर्थ है कि आप उसे अनंत काल के लिए विलम्बित करने की गुंजाइश छोड़ देते हैं। यहाँ पर कांट का विभेद, एक रेगुलेटिव आइडियल (जैसे आदर्शवादी कम्युनिज्म) और उसका यथार्थ रूप (कितना भी वीभत्स) हमारे सामने आता है। इस तरह आधुनिकता को खुला छोड़ने में उत्तर-आधुनिकतावादियों के हमलों की गुंजाइश बच जाती है, जो एक ढोंगी हेगेलवादी ढंग में, कह सकते हैं कि आधुनिकता का विचार और उसके यथार्थ के बीच की दूरी ही आधुनिकता का विमर्श है।

डेविड हार्वी और मिशेल बर्मन मार्क्स के हवाले से कहते हैं कि आधुनिकता का मतलब पूँजीवादी उत्पादन और उसके सामाजिक संबंधों के प्रस्फुटन से निकली प्रक्रियाएँ ही हैं। जब मार्क्स 'मैनिफेस्टो' में लिखते हैं कि पूँजीवाद ने पुराने पितृसत्तात्मक संबंधों को उखाड़ फेंका है और उन सबकी जगह पैसे का सम्बन्ध बना दिया है, और जब वे कहते हैं कि पूँजीवाद ने सब स्थिर मान्यताओं और संबंधों को झकझोर दिया है तब वे आधुनिकता के उस पक्ष की चर्चा करते हैं जो परंपरा के ज़बरदस्त विरोध में है। इसके साथ ही ये दोनों, फ्रेंच कवि शार्ल बोदलेर और मार्क्स की आधुनिकता वाली दूसरी प्रस्थापना का ज़िक्र करते है जो उतनी ही स्थिर है, जितनी क्रांतिकारी, तब वे एक प्रकार से आधुनिकता को पूँजीवादी प्रणाली की आयु के साथ जोड़ देते हैं। इसके विपरीत, प्रभात पटनायक लेनिन को उद्धृत करते हुए कहते हैं कि मेहनतकश वर्गों के आन्दोलनों का उदय और क्रांतिकारी चेतना का बनना—दो अलग-अलग प्रक्रियाएँ हैं और जिनके मिलने से समाजवादी आंदोलन बना है। इन दो नज़रियों में फर्क यह है कि एक ओर आधुनिकता पूँजीवाद के साथ

जुड़ जाती है और दूसरे में वह उसके विरुद्ध खड़ी है। एक ओर आधुनिकता एक ज़बरदस्त उथल-पुथल है, दूसरी ओर वह पण्य-उत्पादन की स्थिरता और उसकी 'चयन' आधारित बाज़ार-व्यवस्था के स्थायित्व का बासी उबाऊपन है। या पुराने मार्क्सवादी शब्दों में कहें, तो वह एक ओर 'बेस' है ओर दूसरी ओर 'सुपरस्ट्रक्चर'।

मार्क्स ने बार-बार समझाया कि पूँजीवाद से आगे जाने का रास्ता सिर्फ पूँजीवाद से होकर जाता है, न कि किसी प्राक्-पूँजीवादी, सामुदायिक अतीत की याद से (जैसा कि गांधी ने *हिन्द स्वराज* में किया था)। जब कोई फेमिनिस्ट प्राकृतिक आधार पर लैंगिक समानता की वकालत करता है, तब वह एक आदर्शवादी बुनियाद पर अपना विचार-तंत्र गढ़ता है, लेकिन जब कोई फेमिनिस्ट औद्योगिकीकरण से उपजी प्रजनन-तकनीकों और बदल रही परिस्थितियों में समानता का आधार बनाता है, तब वह पारम्परिक पितृसत्तात्मक प्रश्नों का सीधा-सादा विरोध करने से बच जाता है। इस तरह आधुनिकता वाले विमर्श में आधुनिकता स्वयं अपना 'बेस' और 'सुपरस्ट्रक्चर' गढ़ती है। हेगेल की शब्दावली में इस प्रक्रिया का नाम सबलेशन (Aufheben) या अवशोषण है : आधुनिकता पूँजीवाद से उपजी है, लेकिन वह उसके परे चली गयी है। आधुनिकता अगर पूँजीवाद को अवशोषित कर ले तो वह पूँजीवादी हो जाती है और अगर वह पूँजीवाद को निगल ले तब वह प्रगतिशील बन जाती है। इसी प्रकार नेहरू की आधुनिकता के विषय में कहा जा सकता है कि उस पर दक्षिणपंथ के रूढ़िवाद का कब्ज़ा हो गया है। नेहरू के विमर्श में उसकी परिणति उत्तर-आधुनिक नवउदारवाद में हुई है।

यही नेहरू की समस्या है कि वे अपने एजेंडे को पूरा करने के लिए लोकतंत्र के परे नहीं देखना चाहते। रोबेस्पिएर्र के शब्दों में कहें तो वे क्रांति के बगैर क्रांति चाहते हैं, जिसमें सामाजिक यथार्थ तो बदले, लेकिन क्रांति का विस्फोट न हो। यही फर्क उन्हें भगत सिंह से अलग करता है : 1930 के दशक में नेहरू और भगत सिंह के विचारों में कोई ज़्यादा फ़र्क नहीं था (बल्कि भगत सिंह ने नेहरू और बोस के समाजवादों का विश्लेषण करके नेहरू को चुना भी था)। फर्क अगर है तो यह कि भगत सिंह नए समाज के निर्माण से पहले पुराने का विध्वंस ज़रूर देखना चाहते थे। उनका हिंसा का सिद्धांत वॉल्टर बेन्जामिन के दैवीय हिंसा के सिद्धांत से कितना मिलता-जुलता है! आजकल के उत्तर-औपनिवेशिक (पोस्ट-कोलोनियल) सिद्धांतकार जब बेन्जामिन का पठन करते हैं तब वे उनके हिंसा वाले सिद्धांत को अत्तुत्तम (ट्रान्सेंडैंटल) सिद्धांत के तौर पर देखते हैं, जिसमें कोई व्यक्तिगत खून-ख़राबा न होकर संस्थागत बदलाव हो। लेकिन भगत सिंह और वॉल्टर बेन्जामिन और फ्रांत्स फानों की खूबी ये है कि वे खून-ख़राबे से नहीं हिचकते। नेहरू का तर्क गांधी के अहिंसा वाले सिद्धान्त से परिपूर्ण है। फ्रेड्रिक जेम्सन के अनुसार क्रांतिकारी

प्रक्रिया में हिंसा का वही रोल होता है, जो काल्विनवादी पूर्वनियतिवाद में सांसारिक सम्पत्ति का होता है। हालाँकि, सम्पत्ति का अपना कोई महत्व नहीं होता, लेकिन चर्च को फ़ीस अदा करने से अलौकिक कर अदा करने का प्रमाण-पत्र मिलता है। इसी प्रकार हिंसा का अपना कोई महत्व नहीं होता, लेकिन हिंसा घटित होने से क्रांतिकारी प्रक्रिया के सच्चे होने का प्रमाण ज़रूर मिलता है। इस प्रकार नेहरू का समाजवाद कम्युनिस्ट मैनिफ़ेस्टो के अंत में बतलाए गए बुर्जुआ समाजवाद का दूसरा रूप बनकर सामने आता है। हिंसा के बगैर क्रांति का सपना देखने से उनके सपने को आज नवउदारवाद ने अवशोषित कर लिया है।

इस पूरी कथा में नेहरू का समाजवाद एक 'मास्टर-सिग्निफ़ायर' का कार्य करता हुआ दिखता है। कैसे? नेहरू का व्यक्तित्व आंदोलन के अंतर्विरोधों को ढँकता और उन्हें एक चेहरा प्रदान करता है। उसकी अन्तर्निहित वस्तु कुछ भी हो, उसका नाम समाजवाद रहेगा। यही कारण है कि नेहरू समाजवाद की परिस्थितियों को तैयार करते-करते पूँजीवाद की बुनियाद पुख्ता कर गए। इसी वजह से आदित्य मुखर्जी कह सकते हैं कि नेहरू की 'समाजवादी' आर्थिक नीतियाँ नवउदारवाद की ज़मीन थी : जिसे लाइसेंस-राज कह-कहकर बदनाम किया जाता है, वह 1990 के आर्थिक उन्नति के विस्फोट की पूर्व-पीठिका थी, बजाय आज़ादी के बाद के 'खोये हुए' वर्षों के। समस्या यही है कि क्या नेहरू ने इसे उस तौर पर देखा था, जिस तरह से मुखर्जी इसे देखते हैं। नेहरू तो समाजवाद बनाने चले थे, जबकि मुखर्जी उन्हें एक दूरदर्शी नवउदारवादी बनाने पर तुले हुए हैं, जैसे इतिहास का अंत नवउदारवाद ही हो, और नेहरू इस बात को समझ चुके हों।

लेकिन फिर भी आदित्य मुखर्जी स्वयं अनजाने ही सही, समस्या के दूसरे पक्ष से परिचित कराते हैं : क्या नेहरू आज के नवउदारवाद को अपनाते या वे समाजवाद की ओर और ज़्यादा मुड़ते? इससे बेहतर तो पार्थ चैटर्जी की 'हेगेलवादी' समझ है, जो इस प्रकार के अंतर्विरोध को कन्निंग ऑफ़ रीज़न के तौर पर देखती है। ज़रूर, नेहरू की समझ वाला व्यक्ति इस अंतर्विरोध को ज़रूर देखता। यही नेहरू नहीं देख सके। उनका 'नेशनल-पॉपुलर' (राष्ट्रीय-लोकप्रिय) संस्कृति से कटकर मास्टर-सिग्निफायर बन जाना वास्तव में उस संस्कृति के लिए घातक साबित हुआ। हेगेल कहते हैं कि सिर्फ़ यथार्थ के परिपक्व होने पर ही विचार उसके विरोध में प्रतीत होता है, उसका संज्ञान लेता है और उसे एक बौद्धिक रूप देता है। जब दर्शन इतिहास का दोबारा अध्ययन करता है, तब जीवन का एक ढर्रा पुराना पड़ चुका होता है और अध्ययन करने से वह जीवित नहीं हो सकता। मिनर्वा का उल्लू केवल गोधूलि बेला में ही उड़ान भरता है; हमारे सन्दर्भ में उल्लू के उड़ान भरने का वक़्त हो चला है, क्योंकि नेहरू के दर्शन और इतिहास का दुःखद अंत हो चुका है। यह अंत वाकई

नवउदारवाद में हुआ है, लेकिन इसका दूसरा पक्ष भी उतना ही खुला था, जितना इसका दक्षिणपंथी पक्ष। दिक्कत यह हुई कि वामपंथियों ने नेहरू की अवधारणा को स्वीकार कर लिया। 1917 के लेनिन और 1947 के नेहरू में यही फर्क था कि लेनिन जानते थे कि अगर उन्होंने क्रांतिकारी कदम नहीं बढ़ाया तो इतिहास उन्हें माफ़ नहीं करेगा, जबकि नेहरू के विचार से नियति से मुलाकात तो हो चुकी थी। हालाँकि दोनों परिस्थितियों में उत्साह भरा है, पर यह उत्साह नेहरू में उतना नहीं हैं, जितना लेनिन में। लेनिन जानते थे कि सत्ता ग्रहण करने के बाद पूँजीवादी राज्य को मिटाना ज़रूरी है, चाहे उसके लिए हालिया तौर पर ही सही, एक समाजवादी राज्य का निर्माण बेहद ज़रूरी है। नेहरू इस बात की अनदेखी करते हैं, वे अंग्रेजी राज की संस्थाओं को, कई स्थितियों में तो, ज्यों-का-त्यों रख लेते हैं, क्योंकि वे हिंसा को व्यर्थ समझते हैं।

'मार्क्सवादी' नेहरू के पूरे भारतीय इतिहास-विवेचन में कहीं भी उत्पादन-संबंधों या 'मोड ऑफ़ प्रोडक्शन' का ज़िक्र नहीं है, जैसे सिर्फ राजनीति ही काफी हो। आज़ादी के बाद के वामपंथियों ने भी सिर्फ नेहरू के कार्यक्रम को आगे बढ़ाने की वकालत की, जबकि कार्य था उस राज्य को ही मिटाना, जिसकी संस्थाओं का अस्तित्व ही बहुत बड़ी हिंसा थी। दूसरी ओर, नेहरू के व्यक्तिगत द्वंद्व (कि विचार में समाजवाद और व्यवहार में पूँजीवाद) का दुष्परिणाम यह हुआ कि उससे वामपंथ में बंटवारा हो गया और उनके बनाये तंत्र में उसी दक्षिणपंथ का कब्ज़ा हो गया, जिसे नेहरू ने भारतीय राज्य के लिए सबसे बड़ा खतरा बताया था। उभरते हुए भारतीय पूँजीवाद के लिए यह सबसे शुभ बात थी। इस पूरी ऐतिहासिक अनदेखी की वजह लोकतंत्र में ज़रूरत से ज़्यादा आस्था रही, तब भी जब नेहरू ने स्वयं उस लोकतंत्र को निलंबित कर दिया और केरल में कम्युनिस्ट सरकार को भंग किया। इसका आलम यह हुआ कि केरल में जब कम्युनिस्टों की सरकार बनी तो उसे असंवैधानिक तरीके से बर्खास्त करना पड़ा। इसमें कोई पाखंड नहीं था, क्योंकि पूरी दुनिया में लोकतंत्र का यही इतिहास रहा है कि अपने आप को बचाने के लिए न तो उसका सार्वभौमिकीकरण हो सकता है और न ही वह अलोकतांत्रिक तरीकों से बाज़ आ सकता है। हाल ही में, 'वॉर ऑन टेरर' के मामले में हमें पता चला है कि लोकतंत्र बचने और फैलने के लिए किस हद तक जा सकता है।

कहा जाता है कि नेहरू ने समाजवाद लागू करने में जल्दबाजी नहीं दिखाई, क्योंकि उनकी चिंता उसे लोकतान्त्रिक तरीके से लागू करने में थी, या वे राष्ट्रवाद के चक्कर में उस भारतीय परंपरा को तोड़ना नहीं चाहते थे, जो गहराई से देखने पर जकड़न बन गयी थी। आधुनिकता को लोकतंत्र तक सीमित कर देना उसके क्रांतिकारी चरित्र को कम करके देखना होगा, क्योंकि लोकतंत्र ज़रूरी नहीं कि (अपने सामाजिक

दृष्टिकोण में) आधुनिक हो। भारत में ही, पंचायती लोकतंत्र का इतिहास साबित करता है कि लोकतंत्र कितना कूपमंडूक हो सकता है। इस बात को अंबेडकर ने भाँप लिया था और उन्होंने दलितों और महिलाओं के लिए विशेष अधिकारों की मांग की थी। हालाँकि, आज कमज़ोर वर्गों को विशेषाधिकार देना लोकतंत्र के लिए फैशनेबुल हो चुका है, लेकिन इन सब अधिकारों के पीछे के वर्ग-संघर्षों को भुलाया नहीं जा सकता। इससे साबित होता है कि लोकतंत्र अपने आप में रीढ़विहीन है, जिसे एक सामाजिक सहारे की ज़रूरत पड़ती है, जिसे वर्गीय तानाशाही कह सकते हैं। नेहरू को यही सहारा, अपने लोकतान्त्रिक रूप में, पूँजीपति और सामंती वर्ग की तानाशाही में नज़र आता है। कम्युनिज्म में उस सहारे का नाम 'सर्वहारा की तानाशाही' है। आज आधुनिकता को उस सहारे की जरुरत है।

पहली नज़र में ही उदारवाद के दो परस्पर-विरोधी, या यों कहिए, द्वंद्वात्मक पहलू सामने आते हैं : राजनैतिक उदारवाद, जिसके पैरोकार अक्सर राज्य से व्यक्ति की आज़ादी सुनिश्चित करने की बात कहते हैं। इस प्रक्रिया में चाहे, उनके अनुसार, राज्य को अपने कार्य-क्षेत्र का कितना ही विस्तार क्यों न करना पड़े– चाहे उसे एक निश्चित काल के लिए आर्थिक क्रियाकलापों को व्यक्ति से छीन कर अपने हाथों में क्यों न उठाना पड़े– व्यक्ति की आज़ादी और भलाई पहला काम होना चाहिए। दूसरा, आर्थिक उदारवाद, जिसके पैरोकार बेहिचक उद्घोषणा करते हैं कि आर्थिक विकास के लिए अगर कुछेक लोगों की राजनैतिक आज़ादी क्यों न मुल्तवी की जाए, तब भी वह आर्थिक विकास सब लोगों की समृद्धि के लिए फायदेमंद होगा।

इन परस्पर-सम्बद्ध अंतर्विरोधों का संरचनात्मक सम्बन्ध पहले रूसो ने स्पष्ट किया था : व्यक्तिवाद और समाजवाद एक-दूसरे के विरोधी न होकर पूरक विचार हैं। ऐसा कोई 'व्यक्तिवाद' नहीं है, जो अपने आपको सामाजिक प्रगति के सन्दर्भ में परिभाषित नहीं करे; ऐसा कोई 'समाजवाद' नहीं है, जो व्यक्ति की आज़ादी के बग़ैर अपने आप को प्रस्तुत करे। समाजवाद या व्यक्तिवाद की तरह ही आर्थिक या राजनैतिक उदारवाद जैसे जुमले आज हमारे सामने आते हैं। अरविन्द पनगरिया और जगदीश भगवती में 2014 में जो वितरण/विस्तार बहस हुई, वह इसी उदारवादी जुमलेबाजी का एक नमूना थी : क्या विकास के लिए पहले आर्थिक वृद्धि को विस्तृत किया जाये या फिर पहले जमा संसाधनों को, चाहे वे कितने भी कम क्यों न हों, वितरित किया जाए (तब प्रभात पटनायक ने उचित ही दोनों पक्षों की समान पूर्वधारणाओं की तरफ़ ध्यान खींचा था)? ये समस्या कुछ उसी तरह की थी, जिस तरह श्रीलाल शुक्ल के उपन्यास *राग दरबारी* में 'आधुनिक' रंगनाथ और पुरातनपंथी वैद्य जी के बीच रंगनाथ के गिरते हुए स्वास्थ्य के विश्लेषण की थी। जब वैद्य जी ने बताया कि ब्रह्मचर्य का नाश करने से आदमी बाद में चाहने पर भी उसका नाश

करने लायक नहीं रह जाता तब उनका निष्कर्ष यही था कि 'ब्रह्मचर्य का नाश कर सकने के लिए ब्रह्मचर्य का नाश न होने देना चाहिए'। शायद इस तरह के अंतर्विरोधों से ही कांट का मन परिपूर्ण रहा होगा जब उन्होंने *क्रिटिक ऑफ़ प्रैक्टिकल रीज़न* में उस समस्या को रखा था, जिसमें भोग करने पर फांसी की सजा निश्चित थी। कांट का मत, बेशक, यही था कि सिद्धांत को व्यवहार से परिसीमित किया जाना चाहिए। उसके मुकाबले क्रांतिकारी सोच हेगेल की उस विरासत का हिस्सा रही है, जिसमें विचार और यथार्थ में विरोध होने पर विचार को चुना जाता है।

धनंजय राय के लेख 'नेहरू और आधुनिकता' में नेहरू सिद्धांत और व्यवहार के इसी कांटीय भँवर में फँसे हैं। अगर एक नज़रिये से देखा जाए तो बीसवीं शताब्दी में राजनैतिक और सामाजिक उदारवाद को मिलाकर चलने वाले यूटोपिया के दो नाम हैं—सोशल डेमोक्रेसी और (जॉन मेनार्ड) कीन्स। ये युटोपिया, इस शब्द के नकारात्मक अर्थ में, कुछ-कुछ मार्क्स के उन कथनों के ऐतिहासिक उत्तर हैं, जिनमें वह पूँजीवाद की उत्पादक शक्तियों को कम्युनिज्म में अपने चरम पर पहुँचता हुआ देखते हैं, क्योंकि कम्युनिज्म में वे सामजिक गतिरोध ख़त्म हो जाते हैं, जो पूँजीवाद की प्रगति में अड़चन डालते हैं। (आज जो चीन में हो रहा है कि एक तथाकथित कम्युनिस्ट पार्टी एक ओर वर्ग-संघर्ष छोड़ कर सामाजिक समरसता का जाप कर रही है और दूसरी ओर उत्पादक शक्तियों के प्रस्फुटन को बढ़ावा दे रही है– क्या यह भी मार्क्स की उन्हीं कल्पनाओं का ही अचेतन मूर्तिकरण है कि वर्ग-संघर्ष भी उसी रफ़्तार से बढ़ रहा है?)

बेशक, इतिहास ने मार्क्स की उस कल्पना को ग़लत साबित किया, लेकिन साथ ही इस धारणा को भी गलत साबित किया कि पूँजीवाद के गतिरोधों को ख़त्म नहीं तो कम-से-कम काबू किया जा सकता है। इतिहास का यह सबक ठीक उसी तरह का सबक था, जो रेनेसांस ने ज्ञानोदय से पाया था। अगर रेनेसांस में मनुष्य संसार के केंद्र में है, तो ज्ञानोदय में मानव-इतिहास मात्र एक संयोग, और अगर समकालीन, 'उत्तर-आधुनिक', 'उत्तर-औद्योगिक' परिदृश्य में बात करें, तो एक दुर्घटना मात्र रह जाता है। पूँजीवाद को ख़त्म करने वाले या काबू करने वाले दृष्टिकोणों को पता लगा कि पूँजीवादी विकास के केंद्र में मानव-प्रगति के लिए कोई जगह नहीं है—वस्तुएँ हमारा उपभोग करती हैं, न कि हम उनका।

## टिप्पणियाँ

1. हालाँकि, मेरे विचार से यह एक बहुत ही सतही पुस्तक है। नेहरू की माउंटबेटन से दोस्ती और इसका दक्षिण एशिया के इतिहास पर प्रभाव के बारे में कुछ टिप्पणियाँ पैरी एंडरसन की पुस्तक *दी इंडियन आइडियोलॉजी* में मिलती हैं, जो स्वयं काफी तथ्यात्मक गलतियों से भरी हुई हैं।

*अध्याय 5*

# आधुनिकता के अंतर्विरोध

*प्रमोद कुमार तिवारी*

धनंजय राय के 'नेहरू और आधुनिकता' नामक अत्यंत विचारोत्तेजक शोध-आलेख से गुजरने का अवसर मिला। आलेख में धनंजय ने जिन मुद्दों को उठाया है, वे न केवल अतीत को समझने के लिए जरूरी आधार देते हैं, बल्कि बिल्कुल आज की समस्याओं से भी टकराते हैं। आधुनिकता को विविध संदर्भों से जोड़ते हुए और खास तौर से उसे समुदायवाद, संप्रदायवाद, खापनुमा संगठनों और पुनरुत्थानवाद के बरक्स रखते हुए इसका गंभीर विश्लेषण किया गया है। इस एक लेख में वस्तुत: दो लेख समाविष्ट हैं। इसके पहले बड़े हिस्से में आधुनिकता को स्पष्ट किया गया है, जिसमें कई पुरानी बहसों को जटिल संदर्भों में रखकर देखा गया है, दूसरा हिस्सा नेहरू पर केंद्रित है। लेखक बधाई के पात्र हैं कि जटिल स्थितियों के बावजूद उन्होंने स्पष्टता से अपना पक्ष रखा है। निश्चित रूप से आधुनिकता को लेकर एक दुविधा और द्वंद्व की स्थिति है। इस लेख से गुजरकर कई असहमतियों के बावजूद मैं खुद को समृद्ध महसूस कर रहा हूँ।

मेरे ख्याल से यह लेख 'नेहरू और आधुनिकता' की तुलना में 'आधुनिकता और नेहरू' की ज्यादा बात करता है। विस्तार से बचने के लिए मैं 'आधुनिकता' पर ही केंद्रित रहूँगा। दुनिया की वर्चस्वशाली शक्तियों ने जिन शब्दों के आधार पर सबसे ज्यादा भ्रम रचा है, उनमें से एक 'आधुनिकता' है। ऐसे कुछ और शब्दों, उदाहरण के रूप में 'विकास' और 'ज्ञान' को भी लिया जा सकता है। धनंजय अपने आलेख की शुरूआत आधुनिकता से जुड़े इस उलझन को खोलने से करते हैं। आधुनिकता, आधुनिक, आधुनिकीकरण, अन्वेषण, पुनर्जागरण, नवजागरण जैसे पदों (टर्म) का उपयोग अक्सर एक-दूसरे से मिलते-जुलते अर्थ में किया जाता है और इसका संबंध पूँजीवाद, भूमंडलीकरण, उदारीकरण आदि से जोड़ा जाता है। धनंजय इन पदों के बारीक अंतर को और समुदायवाद एवं पुनरुत्थानवाद से इन

सबके संबंध को स्पष्टता से रखते हैं। इसी संदर्भ में उन्होंने धर्म और परंपरा का विश्लेषण किया है, धर्म के संबंध में उनका कहना है कि 'धर्म एक पूर्वसिद्ध संस्थान है, इसकी वैधता स्थिर है। धर्म का विस्तार तो हो सकता है, लेकिन इसकी मुख्य वैधता का विस्तार होना नामुकिन है।' यहाँ मुझे लगता है कि धर्म (और उससे गहरे रूप में संबद्ध परंपरा का भी) का मामला इससे कहीं ज्यादा जटिल है और इसीलिए आधुनिकता और भारत का रिश्ता भी एकरेखीय नहीं रह जाता। इस मुद्दे का महत्वपूर्ण पक्ष यह है कि (जैसा कि सुदीप्त कविराज ने कहा भी है) भारत में आधुनिकता नहीं, आधुनिकताएँ हैं और इनके बीच लगातार द्वंद्व चलता रहता है। एक हद तक यह द्वंद्व सभी समाजों में चलता रहता है, परन्तु भारत की विशेष परिस्थितियाँ इसे खास बना देती हैं। भौगोलिक रूप से तो भारत विशाल और बहुरंगी है ही, जाति, धर्म, भाषा, संस्कृति, विश्वास आदि के स्तर पर इसकी विविधता और भिन्नता केवल आधुनिकता ही नहीं, किसी भी सिद्धांत या विचारधारा के स्वरूप को काफी हद तक बदल देती है। वह चाहे मार्क्सवाद हो या स्वच्छंदतावाद सबका एक भारतीय संस्करण निर्मित हो जाता है। यहाँ तक कि भारत में आने के बाद इस्लाम और ईसाई जैसे धर्म भी कुछ और रूपों में सामने आते हैं। उनका एक जातिगत और क्षेत्रीय चरित्र विकसित हो जाता है। कह सकते हैं कि भारत में किसी भी सिद्धांत की राष्ट्रीय स्तर पर स्वीकार्यता के समक्ष इस देश की विविधता एक बड़ी चुनौती के रूप में सामने आती है। आधुनिकता की भारतीय स्वीकार्यता पर बात करने से पहले इस देश की कुछ विशेषताओं पर बात करना प्रासंगिक होगा।

इसमें कोई दो राय नहीं है कि भारत आज भी एक धर्मभीरू और धर्म-संचालित देश है। यहाँ धर्म को मैं 'रिलिजन' के अर्थ में नहीं ले रहा हूँ। बात केवल सैकड़ों रामायणों और महाभारतों के दैनिक जीवन में प्रवेश और उनकी केंद्रीय भूमिका की नहीं है, न ही इन कथाओं में भारी भिन्नता की, बल्कि मनौवैज्ञानिक दृष्टि से देखें तो यह एक ऐसी ग्रंथि के रूप में सामने आता है, जो किसी भी विचार को परंपरा और धर्म के आवरण (रैपर) में ही स्वीकार करता है। जिसे भीखू पारेख विशिष्ट भारतीय अभिविन्यास (ओरिएंटेशन) के रूप में इंगित करते हैं। इसके प्रमाण दो रूपों में देखे जा सकते हैं। भारतीय नवजागरण, जिससे मोटे तौर पर भारत में आधुनिकता की शुरुआत मानी जाती है, वह धर्म के खोल में आती है। आधुनिक भारत के प्रवर्तक राजा राममोहन राय अपनी तमाम आधुनिक चेतना और अंग्रेजी ज्ञान के प्रति प्रेम के बावजूद अपने समाज का नामकरण 'ब्रह्म समाज' करते हैं। जिस पुनरुत्थानवाद की चर्चा धनंजय बार बार कर रहे हैं, उसे हटाकर भारत में आयी आधुनिकता को समझना लगभग नामुमकिन है। 'वेदों की ओर लौटो' से लेकर आर्य-संस्कृति, आर्यभाषा आदि का पूरा आंदोलन खड़ा करनेवाले 'स्वामी

दयानंद सरस्वती' को हम कहाँ रखेंगे? तमाम प्रगतिशीलता के बावजूद यह 'आर्यपन', 'स्वामीपन' और 'सरस्वतीपन' उसी पारंपरिक भावबोध से जुड़ता है, जिसके विरोध में पश्चिम में आधुनिकता खड़ी होती है। जैसे ही ये शब्द आते हैं, एक खास तरह की सामुदायिकता और वर्चस्व अपने-आप चला आता है। आर्य के बरक्स अनार्य, स्वामी के बरक्स दास आएगा ही आएगा। लेकिन, इसे सिर्फ पोंगापंथ कह कर खारिज करना एक तरह का सरलीकरण होगा और फिर भारतीय परंपरा में दयानंद सरस्ववती अकेले नहीं हैं, ऐसे लोगों की एक लंबी श्रृंखला है। विभिन्न समाजों के नामकरण से लेकर बाल गंगाधर तिलक के गणेश महोत्सव, महात्मा गांधी के राम राज्य, राममनोहर लोहिया द्वारा आयोजित रामायण मेला तक ये अटूट श्रृंखला मिलती है। मोहनदास करमचंद गांधी की स्वीकृति और महात्मा की स्वीकृति में फर्क है। यह फर्क केवल सूट-बूट और धोती का नहीं है (हालाँकि इसकी भी एक बड़ी मनोवैज्ञानिक भूमिका है) गांधी ने 'राम' से लेकर 'वैष्णव जन' तक का जबरदस्त सैद्धांतिक एवं कूटनीतिक इस्तेमाल किया। आधुनिकता के बरक्स 'हिंद स्वराज' के माध्यम से उन्होंने अपनी एक अलग लकीर भी खिंची।

इन प्रयासों को केवल पुनरुत्थानवादी कह देना या इनके अभूतपूर्व योगदान को समुदायवाद तक सीमित करना एक तरह का सरलीकरण होगा। आधुनिकता, यूरोप की तरह भारत में आ ही नहीं सकती थी। इस देश में धर्म, जाति और परिवार जैसी पारंपरिक संस्थाएँ इतनी मजबूत हैं कि कदम-कदम पर वे इसके विपक्ष में आज भी खड़ी हो जाती हैं, तो तीन सौ साल पहले का सहज अनुमान लगाया जा सकता है। इसलिए भारत में आधुनिकता के आगमन को इस देश की जटिल संरचना से जोड़कर देखना होगा। बात केवल दक्षिणपंथी या वामपंथी ताकतों की नहीं है। बात उस मनोवैज्ञानिकता की, उस मानसिक बनावट की है, जिसके कारण एक आम भारतीय धर्म और आधुनिकता में कोई बड़ा विरोध नहीं देख पाता है। धर्म का वह बिलकुल भिन्न रूप है, जिसमें गांधी धर्म के भीतर से एक नयी ऊर्जा ग्रहण करते हैं, यहाँ तक कि धर्म के इस्तेमाल से उत्पन्न सांप्रदायिकता से जूझने के लिए भी धर्म से ही ताकत लेते हैं। इसे परंपराबोध, मातृग्रंथि, अस्मिताबोध, बचपन के संस्कार या धर्मभीरूता जो भी नाम दिया जाय, परन्तु भारत में आधुनिकता इनसे बचकर नहीं निकल सकती, उसे इनसे टकराना ही होगा। उसे चमत्कार और जादू में यकीन रखनेवाले भारतीय मानस से जूझना होगा। इसमें कोई दो राय नहीं कि आम जनमानस को गांधी के चमत्कार में यकीन था, गांधी परिवार के चमत्कार में यकीन था या है और उसी का एक रूप नरेन्द्र मोदी से चमत्कार की तलाश कर रहा है। इस चमत्कार के प्रति भारतीय समाज के लगाव को केवल अशिक्षा या मूर्खता कहना उचित न होगा। एक उदाहरण से हम इस बात को समझ सकते हैं। जिस उत्तर प्रदेश

और बिहार को अशिक्षित और जातिवादी कहा जाता है, इतिहास बताता है कि वहाँ सबसे अधिक सामाजिक प्रयोग हुए हैं और वहाँ की जनता ने मतदान एवं अन्य घटनाओं द्वारा बड़े बदलावों की पटकथा लिखी है। दूसरी ओर शिक्षित और आर्थिक-सामाजिक रूप से सबसे ज्यादा समृद्ध माने जाने वाले दो राज्यों—गुजरात और पंजाब में बाबाओं और बापुओं की सबसे बड़ी पैदावार (और धर्म का कारोबार) देखने को मिलती है। जिसे धर्म और परंपरा की कमी बताया जा रहा है, वह असल में न धर्म है और न परंपरा। जहाँ पहले धर्म, उसका स्वार्थी इस्तेमाल करनेवाली सामंती शक्तियों से जूझ रहा था, वहीं आज उन शक्तियों के साथ मिलकर (वे खत्म नहीं हुई हैं) पूँजी और बाजार की शक्तियाँ धर्म और परंपरा का इस्तेमाल करने में लगी हुई हैं। धर्म को 'अफीम' कहकर भारतीय समाज की इस उलटबाँसी से आप नहीं बच सकते। डॉ. अंबेडकर भी इससे जूझ रहे थे, उन्होंने अपने ढंग से इससे टकराने की कोशिश भी की, जिसका एक रूप बुद्ध की शरण में जाना था, परन्तु वह अपर्याप्त साबित हुआ।

नेहरू के संदर्भ में धनंजय ने लिखा है–'परंपरा किसी भी वस्तु को बिना निरीक्षण किए जानने और लगातार अपनाने को लेकर रही है। यहाँ पर क्रिटिकल एग्जामिनेशन का अभाव रहा है। भूतकाल में बहुत कुछ अच्छा हुआ हो, यह हो सकता है, लेकिन परंपरा सोचने की प्रक्रिया को कुंद कर देती है। ...नेहरू निरंतरता को इसलिए भी नकारते है, क्योंकि निरंतरता परंपरा को जन्म देती है।' इन पंक्तियों से सहमत होने में समस्या है, परंपरा और रूढ़ि में हमें फर्क करना होगा। परंपराएँ मृत नहीं होतीं। सैकड़ों वर्षों में निर्मित परंपराओं ने अपने मानव-मूल्य विकसित किये हैं और प्रकृति के साथ एक रागात्मपक संबंध भी बनाया है, जिसे आधुनिकता से उपजे आधुनिकीकरण ने तहस-नहस किया। यह सच है कि पुरानी परंपराओं ने अभौतिक एवं आध्यात्मिक पक्ष को महत्व दिया, परन्तु यह वैसे ही था, जैसे आधुनिकता ने भौतिकता या मैटर पर अतिरिक्त बल दिया। इसके परिणामस्वरूप इंडिविजुअल मात्र व्यक्तिवादी बनकर रह गया और अन्वेषण की प्रक्रिया पूँजीवादी बाजार का चाकर बन कर रह गयी। परंपरा के इस पक्ष को समझते हुए स्वयं नेहरू ने भी एकाधिक बार कहा है–

> मुझे ऐसा जान पड़ा कि उनमें (भारतीय जनता में) जो मजबूती और अंदरूनी ताकतें हैं, उसकी वजह यह है कि वे अपनी पुरानी परंपरा अब भी अपनाए हुए हैं। पिछले दो सौ वर्षों में उन्होंने जो चोटें खायी हैं, उसमें इस परंपरा का बहुत कुछ तो जा चुका है, फिर भी कुछ बच रहा है, जिसकी कीमत है; साथ ही बहुत कुछ ऐसा है, जो बुरा और निकम्मा है। (पृ. 65, हिन्दुस्तान की खोज, सस्ता साहित्य, मंडल)

धनंजय आधुनिकता के लिए 'निरंतरता को तोड़ने की बात करते हैं और

एलियनेशन या अलगाव को जरूरी बताते हैं।' यह बात इतनी सरल नहीं है, परंपरा की सीमा कहाँ से शुरू होकर कहाँ खत्म होती है। खास तौर से भाषा और साहित्य, जिनसे कोई परंपरा या कहें समाज निर्मित होता है, वह स्थिर नहीं होता पर अपने अतीत से पूरी तरह कटा भी नहीं होता। साहित्य परंपरा की निरन्तरता और प्रयोगों द्वारा उसके लगातार परिमार्जन की बात करता है।

यह सच है कि आधुनिकता ने अपने मूल्य रचे, परन्तु आधुनिकता के मूल्य किनके मूल्य हैं, उनकी दिशा क्या थी? इनके पीछे की सत्ता किनके साथ थी? अगर वह लोकतांत्रिक थी तो इतनी जल्दी उसका दुरुपयोग संभव कैसे हो गया? उपनिवेशवाद, साम्राज्यवाद और पूँजीवाद उसके जन्म के साथ ही अगर उस पर अधिकार जमाने में सफल रहे तो आधुनिकता की नींव के बारे में क्यों नहीं पुनर्विचार करना चाहिए? जिस आधुनिकता ने शुरुआत में ही धर्म के प्रति दोहरी और चालाक रणनीति (यूरोप में विरोध की और दूसरे महादेशों एवं भारत में समर्थन की) अपनायी, उसके खोखलेपन को क्यों नहीं उद्‌घाटित करना चाहिए? औद्योगिक क्रांति और राजनीतिक क्रांतियों (1776 की अमेरिकी क्रांति और 1789 की फ्रांसीसी क्रांति) ने जिस आधुनिकीकरण की शुरूआत की और प्रजा को नागरिक में तब्दील करने का दावा किया, क्या उसे आधुनिकता से बिलकुल अलग करके देखा जा सकता है?

आधुनिकता और राष्ट्रवाद का संबंध क्या है? राष्ट्रवाद और तथाकथित मुख्य धारा के नाम पर व्यक्ति या देश को उसकी अस्मिताओं से काटकर उसे नागरिक या पब्लिक बना देने या राष्ट्र के लिए कुर्बानी देनेवाला गिनीपिग (बलि का बकरा) बना देने की कवायद के पीछे कौन सी ताकतें रहीं हैं? भाषा, धर्म, जाति, लिंग आदि का त्याग तो ठीक है, परन्तु किसी एक शक्तिशाली वर्ग की व्यवस्था को आधुनिकता के नाम पर एक बड़े समूह पर थोपने से जो अन्याय होता है, उसका मूल्य कौन चुकाएगा? निश्चित रूप से अंधधार्मिक और जातीय नस्लवादी राष्ट्रवाद की तुलना में नागरिक राष्ट्रवाद वरेण्य है, किंतु मुख्यधारा के नाम पर इसके वर्चस्व की भारी कीमत मानवता को अतीत में चुकानी पड़ी है और आज भी चुकानी पड़ रही है। इसलिए इसके भीतर की खामियों पर बात करना जरूरी है।

यह मानते हुए कि आधुनिकता एक बेहतर विकल्प हो सकती थी, यह भी मानना होगा कि आरंभ से ही इसके पहिए पटरी से उतरे हुए नजर आते हैं। ऐसा क्यों हुआ? इसका उत्तर आसान नहीं है। संभव है, इसका एक कारण विज्ञान को दर्शन और समूह अथवा समाज से काटकर उसे वैयक्तिक मेधा से जोड़ना रहा हो, संभव है इसके मूल में प्रकृति और परंपरा से अवांछित अलगाव (एलियनेशन) रहा हो, संभव है इसके मूल में साधन की उस पवित्रता का अभाव रहा हो, जिसकी बात

गांधी करते हैं, परन्तु इतना तय है कि उसके भीतर भारी अंतर्विरोध थे, आधुनिकता के बाह्य या कहें भौतिक चकाचौंध की वजह से इस पर ध्यान नहीं गया, आज पश्चिम में पनपी आधुनिकता के इन अंतर्विरोधों पर विस्तार से बात करने की जरूरत है। आधुनिकता केवल नकार का दर्शन लेकर नहीं चल सकती। विज्ञान और तर्क (लॉजिक) की अपर्याप्तता जगजाहिर हो चुकी है और आगे चलकर ज्ञान का सत्ता और बाजार के साथ जो समीकरण बना, उसे पूरी तरह से आधुनिकता और उससे निर्मित 'इंडीविजुअल, समाज और राज्य या राष्ट्र' से काटकर नहीं देखा जा सकता। साइंस की बात बहुत होती है और उसे एक महान मूल्य की तरह स्थापित किया जाता है, परन्तु परंपरा में रचे-बसे कॉन साइंस (कनसाइंस) की, उसकी नैतिकता की बात कितनी होती है। तर्क पर बहुत बल दिया जाता है, परन्तु इस तर्क का रीज़न, रेशनेलिटी और कांशीयंस से जो गहरा रिश्ता है, उस पर बात कितनी होती है? सच्चाई यह है कि आधुनिकता का काम सूखे तर्क से नहीं चल सकता।

संक्षेप में यह कि धनंजय के इस महत्वपूर्ण लेख में तीन पक्षों की चर्चा विस्तार से होनी चाहिए थी। 1. सत्ता और आधुनिकता का संबंध खास तौर से विज्ञान और भौतिकता की सत्ता के परिप्रेक्ष्य में। आधुनिकता खास तरह के ज्ञान को महत्व देती है, यह खास ज्ञान सत्ता में बदलकर दूसरे ज्ञानों को जाने-अनजाने अज्ञान सिद्ध कर देता है। इस पूरी प्रक्रिया में आधुनिकता ने विज्ञान और तर्क का अभूतपूर्व इस्तेमाल किया, ईश्वर और धर्म को नकारा, परन्तु विज्ञान के रूप में नये प्रकार के प्रभु को स्थापित भी किया। यह सच है कि विज्ञान कई प्रकार के एकाधिकारों को तोड़ता है, परन्तु यह स्वयं भी एक प्रकार का एकाधिकार निर्मित करता है। आधुनिकता के आने के बाद के वैज्ञानिक आविष्कारों और इसके पहले के आविष्कारों में एक बड़ा फर्क यह दिखता है कि बाद के आविष्कार समाज की बजाय व्यक्ति-केंद्रित होते गए। इसने पूँजी का उपयोग कर आविष्कारों को खास और महँगा बना दिया। दूसरे स्तर पर विज्ञान को वैयक्तिक बनाकर इसे सामूहिकता से दूर किया, तीसरे स्तर पर आधुनिकता ने विज्ञान को लगभग दर्शन से काट दिया। कला, दर्शन और विज्ञान में जितना बड़ा फर्क आधुनिकता के बाद पैदा हुआ, वैसा पहले नहीं था। कम-से-कम भारत जैसे देशों में इसने अपने बाईप्रोडक्ट के रूप में वर्ग-भेद को बढ़ावा दिया है, रेल के दर्जे की तरह पूँजी के अनुसार तमाम वैज्ञानिक सुविधाओं के भी दर्जे बनते चले गए।

2. राष्ट्रवाद और आधुनिकता का संबंध किस प्रकार का है, राष्ट्रवाद और उपनिवेशवाद के बीच आधुनिकता कहाँ खड़ी होती है और जब राष्ट्रीय शक्तियों का अभूतपूर्व विस्तार हो रहा था तब इंडिविजुअल (व्यक्ति नहीं) की भूमिका कैसी थी।

3. आदिवासी-समाज के संदर्भ में आधुनिकता को कैसे देखा जाए, क्योंकि इस आधुनिकता का सबसे बड़ा मूल्य इसी समाज को चुकाना पड़ा है, वह चाहे अमेरिका, आस्ट्रेलिया और अफ्रीका का मामला हो या भारत का। आधुनिकता का एक मतलब यह है कि आप कितना कम कूड़ा फैलाते हैं, कितनी कम ऊर्जा में जीवनयापन कर लेते हैं? ऊर्जा की ज्यादा खपत किसी-न-किसी के शोषण की कीमत पर होती है, जो आधुनिकता का लक्षण नहीं है, इसे सबसे बेहतर ढंग से आदिवासी समाजों (समुदायों) में देखा जा सकता है? किसी समाज की आधुनिकता इससे प्रमाणित होती है कि उसमें विविधता के लिए कितना स्थान है? प्रकृति विविधवर्णी है, धरती सिर्फ हम इंसानों की नहीं है, हमारी उम्र ही कितनी है? अधिक से अधिक 20 लाख साल, हमें क्या हक है कि पहले से यहाँ रह रहे पौधों, कीड़ों और अन्य जन्तुओं को यहाँ से भगा दें या इनका समूल नाश कर दें।

आधुनिकता इन असुविधाजनक सवालों से बचकर नहीं निकल सकती और आधुनिकतावादी नेहरू और उनकी विरासत संभालनेवालों को भी इनसे टकराना होगा।

*अध्याय 6*

# आधुनिकता, राजनैतिक सिद्धान्तीकरण और वर्चस्व की राजनीति

*सुधीर कुमार सुथार*

## परिचय

भारत में आधुनिकता की बहस औपनिवेशिक काल से चली आ रही है। न केवल भारत में, बल्कि विश्व के सभी देशों पर इस बहस का प्रभाव परोक्ष और अपरोक्ष रूप से पड़ा है। हालाँकि वर्तमान विश्व में आधुनिकता का स्वरूप और बहस का चरित्र दोनों बदल चुके हैं, पर भारत में यह बहस बार बार मुद्दा बन जाती है। इसका एक प्रमुख कारण यहाँ के विकास का चरित्र है, जहाँ आर्थिक विकास और सामाजिक विकास अभी भी एक चुनौती है। इसका प्रभाव राजनैतिक पटल पर पड़ना भी स्वाभाविक है। पिछले तीन दशकों में दक्षिणपंथी ताकतों का एक मजबूत राजनैतिक शक्ति के रूप में उभर कर आने के बाद कुछ मुद्दों पर उनका इतिहास और परम्परा के नाम पर अमानवीय और अविवेकशील कृत्यों को सही ठहराना आधुनिकता और सनातनता के बीच के विवाद के पुनः उदय का एक प्रमुख कारण है। प्रस्तुत लेख आधुनिकता की बहस के परिप्रेक्ष्य में राजनैतिक सिद्धान्तीकरण की आवश्यकता और उसकी प्रकृति के बारे में कुछ सवाल उठाना चाहता है। इस लेख या टिप्पणी को लिखने के पीछे दो उद्देश्य हैं : *पहला, इस बात पर प्रश्नचिह्न लगाना कि किसी भी राजनैतिक कार्यकर्ता (पॉलिटिकल एक्टर) को एक सिद्धांतकार के रूप में देखने या स्थापित करने का प्रयास कितना सही है तथा इसकी राजनीति[1] के अध्ययन और ज्ञान प्राप्ति के व्यापक उद्देश्य पर क्या प्रभाव हो सकते हैं? दूसरा, आधुनिकता-विमर्श (मॉडर्निटी डिस्कोर्स) वर्तमान समय में कितना प्रासंगिक है तथा भारतीय समाज को समझने और उसकी राजनैतिक व्याख्या करने में यह कितना उपयोगी हो सकता है।*

इस लेख में कुछ नया कहने का प्रयास नहीं किया गया है। जो कुछ यहाँ कहा जा रहा है, वह राजनैतिक चिंतन में समग्र तौर पर विचारित हुआ है। शुरू में ही इस लेख में मैं अपना तर्क भी बता देना चाहता हूँ। मेरे विचार में सामुदायिक और पुनरुत्थानवादी सिद्धांतकारों की इतिहास और परम्परा की मुख़ालफ़त एवं इसी आधार पर कुछ धार्मिक परम्पराओं का समर्थन तो अप्रासंगिक तथा निंदनीय है ही (धनंजय का लेख इस बारे में काफी विस्तार से चर्चा करता है, इसलिए उन बिन्दुओं को यहाँ दोहराने की मैं आवश्यकता नहीं समझता), पर साथ ही साथ आधुनिकता-विमर्श भी अब अपनी प्रासंगिकता खो चुका है—न केवल एक विचारधारा के रूप में, बल्कि एक विमर्श के रूप में भी।[2] भारतीय, या फिर अन्य लगातार विकसित और परिवर्तित हो रहे समाज, जो आधुनिकता की सीढ़ियों पर काफी दूर तक चढ़ आये हैं, के लिए अब नए अध्ययन के आयामों की आवश्यकता है।[3] इसका अभिप्राय यह भी है कि आधुनिकतावाद के प्रत्युत्तर में आये उत्तर-आधुनिकतावाद का विमर्श (या फिर कुछ बुद्धिजीवी जिसे उत्तर उत्तर-आधुनिकतावाद का विमर्श कहेंगे) भी उतना ही अप्रासंगिक है। आधुनिकता और उससे संबंधित ये सभी वाद कहीं-न-कहीं एक विशेष तरह की विचारधारा की मुखालफत करते प्रतीत होते हैं। आधुनिकतावाद का विमर्श वास्तव में गैर लोकतांत्रिक है तथा एक विशेष प्रकार के विवेक (रेशनेलिटी) को अन्य प्रकार की समझ या ज्ञान-प्राप्ति के तरीकों को दोयम दर्जा देता है। लोकतंत्रीकरण के इस युग में जब राजनैतिक जागरूकता काफी विस्तृत हो चुकी है, ऐसे में एक ऐसे विमर्श की आवश्यकता है, जिसमें समाज के विविध वर्गों के मध्य विवेक, वैज्ञानिक, आधुनिक, मध्यकालीन, इत्यादि ऐसे ही प्रश्नों पर बातचीत की आवश्यकता है, जिसमें प्रबुद्ध वर्ग, राजनैतिक कर्ता तथा साथ ही साथ जनमानस की भी भूमिका महत्वपूर्ण हो।

(1)

आधुनिकता और उसके प्रत्युत्तर में आये विमर्शों ने एक खास प्रकार के नियंत्रण या प्राधान्य (हेजेमनी) की राजनीति और विशेष प्रबुद्ध वर्गों और समाज के बीच विमर्श को जन्म दिया है। इस विमर्श ने ज्ञान की एक ऐसी विचारधारा को जन्म दिया, जिसमें एक विशेष प्रकार के ज्ञान या सूचनात्मक संग्रहों (सेट ऑफ़ इन्फॉर्मेशंस) को विज्ञान की परिभाषा में रखा गया। इस ज्ञान को अधिक वैज्ञानिक या वैश्विक रूप में लागू किया जा सकने वाला ज्ञान कहा गया।[4] फलस्वरूप ज्ञान के स्थानीय स्वरूप, जो न तो किसी ग्रन्थ में लिपिबद्ध थे और न ही किसी संभ्रांत वर्ग द्वारा संरक्षित, हाशिये पर धकेल दिए गए। जीवन के प्रत्येक पहलू का सामान्यीकरण, क्रमबद्धीकरण, वैज्ञानिक पैमानों पर उनकी कसौटी तथा सामान्य समाजों, जिनके

पास पश्चिमी यूरोप जैसे आर्थिक तथा नियंत्रण के संसाधन मुहैया नहीं थे, के स्थानीय ज्ञान को निकृष्ट दृष्टि से देखना इत्यादि कुछ ऐसे परिवर्तन थे, जो आधुनिकता का लबादा ओढ़े हुए प्रचारित और प्रसारित किये गए।

वर्चस्व की राजनीति को स्थापित करने के लिए सबसे ज़रूरी था, किसी भी समाज के ज्ञान के आधार को खारिज कर देना। किसी समाज के मनोबल को गिराने का यह सबसे कारगर तरीका है। ऐसे संबंधों की सबसे बड़ी पहचान यह है कि इनमें पारस्परिक संवाद या विमर्श पर आधारित ज्ञान का विकास नहीं, बल्कि उच्चतर और निम्नतर ज्ञान के बीच, जिसमें विचारों से अधिक महत्व अन्य बाहरी तत्वों यथा शक्ति-सम्बन्ध का होता है।

आधुनिकता को विश्व इतिहास में एक विशेष क्षण माना गया, जिसके बाद ही विश्व में तार्किकता तथा विवेकशील सोच का अभ्युदय हुआ। अन्य शब्दों में, इस युग से पूर्व विश्व में न तो तार्किकता थी और न ही विवेक। ज्ञान की इसी राजनीति का हम शिकार बनते हैं, जब हम सामाजिक या राजनैतिक परिवर्तन के कुछ अग्रणी व्यक्तित्वों को एक सिद्धांतकार के रूप में स्थापित करना चाहते हैं। अन्य शब्दों में आधुनिकता और उससे संबंधित विमर्श ने लगातार एक संभ्रांत वर्ग या उसके स्थान पर दूसरे को स्थापित करने का काम किया है।

आधुनिकता के इसी वैचारिक फ्रेम ने न केवल यूरोप, बल्कि एशिया और अफ्रीका के उन देशों को अधिक व्यापक तौर पर प्रभावित किया, जहाँ ज्ञान की स्थानीय प्रणालियाँ अधिक प्रचलित थीं तथा कठोर वैज्ञानिक ज्ञान-पद्धति के स्थान पर धार्मिक या मिथकों पर आधारित पद्धतियों का काफी बोलबाला था। पर उपनिवेशवाद के अभ्युदय ने ज्ञान के इन स्वरूपों को निम्न स्तर के ज्ञान के तौर पर स्थापित किया। उदाहरण के लिए भारत में प्रचलित कृषि-पद्धतियों, घरेलू उद्योग-धंधों तथा स्वास्थ्य से संबंधित स्थानीय ज्ञान को आधुनिक वैज्ञानिक पद्धतियों और ज्ञान से विस्थापित किया गया।

इसी के परिणामस्वरूप पिछली शताब्दी में राजनीति में महत्वपूर्ण परिवर्तन हुआ, जिसका आरम्भ उपनिवेशवाद के खिलाफ आन्दोलनों से होता है। उपनिवेशवाद की शिक्षा-पद्धति ने वर्ग को भी जन्म दिया, जिसने औपनिवेशिक शासन के ही फ्रेमवर्क में एक नई राजनैतिक व्यवस्था की मांग की। गौरतलब है कि दक्षिणपंथी, वामपंथी या मध्यममार्गी, सभी वर्गों ने औपनिवेशिक शासन के दिए हुए साँचे के भीतर ही परिवर्तन की मांग की। राजनीति अब महज कुछ आदर्शों या सपनों की दुनिया मात्र नहीं थी। राजनीति अब स्थानीय झगड़ों या आपसी विवादों तक सीमित नहीं रही। अपितु राजनैतिक विमर्श अब एक ऐसे संघर्ष का अखाड़ा थी, जिसका स्वरूप अंतरराष्ट्रीय था।[5] औपनिवेशीकरण के कारण राजनीति राष्ट्र-राज्य की

सीमाओं से बाहर निकलकर पूरे विश्व में फैल चुकी थी। एक तरफ तथाकथित आधुनिक पश्चिमी यूरोप के राष्ट्र थे तो वहीं दूसरी और तथाकथित मध्यकाल में जीता पश्चिम एशिया था तो इन दोनों के बीच में झूलता पूर्वी एशिया तथा दक्षिण एशिया था। इनकी राजनैतिक व्यवस्थाएँ, उनके मूल्य, उनमें काम करती संरचनाएँ तथा उन सबका नेतृत्व करते राजनैतिक कर्ता धीरे-धीरे औपनिवेशिक शासन द्वारा लागू की गयी नीतियों को सहर्ष स्वीकार करने लगे थे। इनके बीच में काम करते नेता, इत्यादि सब एक-एक कर उन मूल्यों को अपनाने तथा उन पर आधारित एक नई व्यवस्था की स्थापना करने में लगे थे, जो पश्चिम से आयीं थीं। यहाँ यह भी बताना आवश्यक है कि इस युग में ऐसे भी विचारक थे, जो स्थानीय वर्गों से बातचीत कर विकास का स्वरूप समझने की कोशिश कर रहे थे। इसका एक उदाहरण एशियाटिक सोसाइटी का विस्तार है। पर ऐसे प्रयास या तो धीरे-धीरे लुप्त हो गए या फिर किन्हीं विश्वविद्यालयों के कोने तक सीमित होकर रह गए।

उन्नीसवीं सदी के उत्तरार्ध तक आते-आते विज्ञान पर आधरित सोच मनगढंत कहानियों पर आधारित विचारों को विस्थापित कर चुकी थी या फिर कहें कि यह प्रक्रिया अब तीव्र गति से समाज-परिवर्तन की दिशा को निर्धारित करने लगी थी। समाज का वह वर्ग जो इस तरह के विचारों को पैदा करने से लेकर प्रसारित करने का काम करता था, उन्हें वैज्ञानिक या सिद्धांतकार से सम्बोधित किया गया। यह कहा गया कि इस प्रबुद्ध वर्ग को प्राप्त ज्ञान अधिक वैज्ञानिक था, बनिस्पत प्राचीन ज्ञान के। इन विचारों की वैज्ञानिकता की कसौटी तर्क और इसी वर्ग के बीच का विमर्श था, जिसे बाद में लागू करने का काम या तो नौकरशाही करती थी या प्रतिनिधि-वर्ग उसे प्रसारित करता था। ज्ञान के क्षेत्र में ये विकास यूरोप में हुए वृहत्तर सामाजिक, आर्थिक और राजनैतिक परिवर्तनों का परिणाम था। यूरोप में विभिन्न वर्गों में इन परिवर्तनों को लेकर लगातार विमर्श जारी रहा और प्रबुद्ध वर्गों के बीच का यह विमर्श भी उसी का हिस्सा था।

यह जग जाहिर सत्य है कि औपनिवेशिक शासन ने अपने नियंत्रण के क्षेत्रों में राजनैतिक नियंत्रण को प्रसारित करने के लिए इसी प्रकार के प्रबुद्ध वर्ग को पैदा किया। इस पूरी सोच के पीछे एक तथ्य को मान लिया गया था कि इसमें यूरोपियन मूल्यों पर आधारित संवाद हो पाये। इस हेतु एक ऐसे प्रबुद्ध वर्ग की आवश्यकता थी 'जो चमड़ी से भारतीय हो, पर सोच में औपनिवेशिक' तथा जो ऐसे विमर्श को नए सिरे से आरम्भ कर सके।

आधुनिकता-विमर्श के लगातार प्रसारित होने से इस प्रबुद्ध वर्ग ने भी ज्ञान के उन्हीं स्वरूपों को आत्मसात कर लिया। परिणामस्वरूप स्थानीय ज्ञान अथवा वैज्ञानिक या अवैज्ञानिक तथा व्यक्तियों को सिद्धांतकार के रूप में समझा जाने लगा। यह क्रम

आज भी जारी है। किसी राजनैतिक कर्ता को सिद्धांतकार के रूप में देखना तथा किसी समाज के विज्ञान को उसके सिद्धांतों को पैदा करने की क्षमता की कसौटी पर कसना—ये दोनों ही प्रयास उसी आधुनिकता तथा वैज्ञानिकता की विचारधारा के हिस्से हैं, जो औपनिवेशिक शासन से आरम्भ होते हैं। लेख के अगले हिस्से में इनका राजनीति के अध्ययन पर क्या प्रभाव पड़ा, इस पर बात होगी।

(2)

आधुनिकता तथा वैज्ञानिक सोच के इन्हीं प्रश्नों को राजनैतिक अध्ययन में सिद्धान्तीकरण के नाम पर उठाया जाता रहा है। यहाँ यह बताना ज़रूरी है कि सिद्धांतकारिता के ये नियम एक ही बार में विकसित हुए स्थायी नियम नहीं थे। समय-समय पर इन नियमों में परिवर्तन हुआ तथा यह विकास-क्रम आज भी जारी है। राजनैतिक सिद्धांत का अभिप्राय राजनीति के इसी तरह के वैज्ञानिक तथा क्रमबद्ध अध्ययन से था।

अपने बहुचर्चित शोध-पत्र 'पावर्टी ऑफ़ इंडियन पॉलिटिकल थ्योरी' में भीखू पारेख कुछ इसी तरह के प्रश्नों को भारतीय परिप्रेक्ष्य में उठाने का प्रयास करते हैं (पारेख, 1996)। वे यह भी बताने का प्रयास करते हैं कि किस प्रकार भारतीय परम्पराओं से राजनैतिक सिद्धांत लुप्त हो गए हैं। धनंजय का इस पुस्तक में लेख कुछ हद तक पारेख के उन्हीं निष्कर्षों को चुनौती देता हुआ प्रतीत होता है। धनंजय यह बताने का प्रयास कर रहे हैं कि किस प्रकार जवाहरलाल नेहरू को एक नेता मानकर उनका अध्ययन किया जाता रहा है तथा इसी क्रम में आधुनिकीकरण के उनके विचारों को लेकर उनकी आलोचना या प्रशंसा होती रही है। इन विचारों की प्रक्रिया में आधुनिकता से संबंधित नेहरू के विचारों को पूरी तरह अनदेखा कर दिया गया है। धनंजय इसलिए आधुनिकता और आधुनिकीकरण में विभेद पर बार-बार बल देते हैं। उनके अनुसार इस अनदेखी का एक कारण इस विभेद की अनदेखी हो सकता है, जो भारत में राजनैतिक विचारों के अध्ययन में अक्सर दिखाई देता है। इसी क्रम में धनंजय भारतीय विचारधारा में राजनैतिक चिंतन को कुछ वर्गों में बाँटने का प्रयास भी करते हैं।

मैं इन दोनों विचारों (भीखू पारेख, धनंजय) से असहमत हूँ। मेरा सवाल है कि आखिर क्या यह आवश्यक है कि प्रत्येक समाज की राजनैतिक सोच को सिद्धांतों की भाषा के लेंस से ही देखा जाये? सिद्धांतों की यह भाषा कुछ नियमों से संबंधित है, इससे अधिक और कुछ भी नहीं। अगर ज्ञान-प्राप्ति का सही माध्यम इसी प्रकार का क्रमबद्ध ज्ञान है तो वास्तव में यह अन्य विधियों, संस्कृतियों तथा उनके पारम्परिक ज्ञान की अनदेखी करना है।

धनंजय का नेहरू को एक सिद्धांतकार के रूप में प्रस्तुत करने का प्रयास वास्तव में उसी क्रम में देखा जा सकता है। ऐसा कहना इस दृष्टिकोण से भी लाजिमी है, क्योंकि एक नेता, विचारक तथा दार्शनिक का समाज में अपना महत्व है तथा सिद्धांतकार और वैज्ञानिक का अपना। किसी एक को दूसरे के मानदंडों पर मापना वास्तव में उस व्यक्ति विशेष के विचारों को सिरे से खारिज करने जैसा है।

वैसे भी वर्तमान समय में कला के अध्ययन तथा समाजों के अध्ययन के लिए सबसे बड़ी चुनौती अपना अस्तित्व बचाना है। दर्शन का अध्ययन धीरे धीरे लुप्तप्राय हो गया है। देश में पिछले डेढ़ दशक में जितने भी नए विश्वविद्यालय खुले हैं, उनमें दर्शनशास्त्र से संबंधित विषय या तो पढ़ाये नहीं जाते या फिर वे मुख्य विषय नहीं हैं। इसका एक प्रमुख कारण उन विषयों की बढ़ती हुई भूमिका है, जो अधिक क्रमबद्ध और भविष्यवाणी–आधारित अध्ययनों पर बल देते हैं तथा जिनके निष्कर्षों को हम देख सकते हैं या फिर उनकी पुष्टि करवा सकते हैं। वे विषय, जो वैचारिक–द्वंद्वों से संबंधित हैं और जिनके निष्कर्षों को किसी प्रयोगशाला या कंप्यूटर–प्रोग्राम के माध्यम से जाँचा–परखा नहीं जा सकता, धीरे–धीरे अप्रासंगिक होने लगे हैं।

विचारों के द्वंद्व को अनेक राजनेताओं तथा विचारकों ने आगे बढ़ाने का काम किया है। भारतीय स्वाधीनता–संग्राम इन सब गतिविधियों से भरा पड़ा है। हर नेता या व्यक्ति, जिसने स्वाधीनता की लड़ाई में शिरकत की, अंग्रेजी हुकूमत को अपने नज़रिये से देखता था तथा उसकी व्याख्या अपने ढंग से भी करता था। मुख्यधारा के राजनैतिक विचार और स्वतंत्र राजनैतिक विचार एक साथ चलते थे। ऐसे में कोई आवश्यक नहीं है कि किसी व्यक्ति के विचारों में पश्चिम के मूल्यों पर आधारित क्रमबद्धता, सुस्पष्ट परिभाषित राजनीति के शब्दों का उपयोग (कॉन्सेप्ट्स) इत्यादि हो।

इसी क्रम में धनंजय का आधुनिक और आधुनिकीकरण में विभेद पर बल देना सराहनीय है। नेहरू के विचारों को भी वे उसी परिप्रेक्ष्य में देखने की वकालत करते हैं, पर यहाँ एक तथ्य को बताना आवश्यक है। क्या इतिहास में ऐसा हुआ है कि कोई समाज बिना आधुनिकीकरण को अपनाये आधुनिक हुआ हो, या कहें कि आधुनिकता और आधुनिकीकरण दोनों जुड़वाँ हैं। आधुनिकता के आने के बाद आधुनिकीकरण का आना लाजिमी है। इसका कारण काफी स्पष्ट है। विचारों में हो रहे परिवर्तन को समाज में परिलक्षित होने के लिए कुछ मूर्त परिवर्तनों की आवश्यकता होती है। आधुनिकीकरण वही मूर्त परिवर्तन है। इतिहास गवाह है कि ऐसा कोई भी समाज ढूँढना मुश्किल है, जिसने आधुनिकता की बात तो की, पर आधुनिकीकरण की नहीं। नेहरू और गांधी के बीच का प्रचलित विचार–विभेद भी इसी मुद्दे पर है।

दूसरा, प्रायः ऐसा मान लिया जाता है कि इतिहास में कुछ ऐसे परिवर्तन हैं,

जिसके कारण कोई समाज पुरानी परम्पराओं तथा मिथ्या विश्वासों को छोड़ आगे निकल जाता है और आधुनिक होकर सोचने लगता है। मुझे लगता है कि इतिहास की यह व्याख्या मानव-विकास की विकासपरक अवधारणा के खिलाफ है। वास्तव में इतिहास के हर युग में मिथ्या विचार तथा विवेकशीलता पर आधारित तर्क रहते हैं, परन्तु अलग-अलग समय में अलग तरह के विचारों की प्रधानता देखने को मिलती है। प्रत्येक युग का अपना विवेक होता है तथा अपना अलग-अलग विश्वास। कई बार लम्बे समय तक एक प्रकार का विवेक प्रधान रहने पर वह विश्वास में तब्दील हो जाता है। इतिहास के ये युग काफी महत्वपूर्ण होते हैं, जब कुछ व्यक्ति इन विश्वासों को सही-गलत की कसौटी पर परखते हैं।

जाति, धर्म, राजनीति, लोकतंत्र इत्यादि के बारे में नेहरू के विचारों को इसी परिप्रेक्ष्य में देखा जाना चाहिए। ये वे ज्वलंत प्रश्न हैं, जिन्हें उस समय की राजनैतिक विचारधारा ने प्रमुख रूप से प्रभावित किया। इन प्रश्नों पर विभिन व्यक्तियों के बीच मतभेद थे। दूसरे शब्दों में, समाज का अध्ययन करने वाले विचारकों के लिए चुनौती यह होती है कि वे किसी समय विशेष में प्रचलित मुख्य मुद्दों और वैचारिक धाराओं को समझने तथा समझाने का प्रयास करें और फिर किसी नेता, दार्शनिक और लेखक को उसमें परखने का प्रयास करें, न कि इसका विपरीत। इसका उल्टा करने पर हम न केवल एक वैचारिक ढाँचे को प्रधानता (डोमिनेशन) देते हैं, वरन् अन्य वैचारिक ढाँचों को अनदेखा भी करते हैं, जो अध्ययन की लोकतान्त्रिक परम्परा के खिलाफ है।

इस तरह के ढाँचों को अपनाने के कुछ नुकसान समाज में आज भी देखे जा सकते हैं। प्रथमतः, औपनिवेशिक समाजों में समाज-परिवर्तन की एक नई बयार आरम्भ करने में इसने एक अहम भूमिका निभायी। औपनिवेशिक समाजों को पुरानी, दकियानूसी सोच पर आधारित कहा गया। साथ-ही-साथ इन समाजों को अन्याय, विषमता तथा विकास-विरोधी समाजों के रूप में प्रचारित किया गया। इन समाजों के साथ भी ऐसा था। द्वितीय, एक नए समाज की रूपरेखा को भी प्रसारित किया गया। यूरोप के शहरीकरण पर आधारित मॉडल को एक बेहतर समाज के रूप में प्रतिष्ठित किया गया। तृतीय, इन समाजों के परिवर्तन के लिए एक नयी तरह की सोच स्थापित करने पर बल दिया गया और इस सोच का रास्ता पश्चिमी शिक्षा पद्धति से आता था।

औपनिवेशिक समाजों के बारे में जो कहा गया था कि वह काफी हद तक सही भी था। पारम्परिक समाज एक जर्जर व्यवस्था से गुजर रहे थे तथा विभेद और जड़ता का प्रतीक बन चुके थे। पर, इसी क्रम में कुछ और बातों को बताना आवश्यक है। ऐसा नहीं था कि यूरोपीय समाजों में ये सब समस्याएँ नहीं थीं। ये

समाज भी विभेद, असमानता तथा जड़ता के प्रतीक थे। इसी प्रकार शहरीकरण के मॉडल की अनगिनत समस्याएँ थीं, जो ग्रामीण समाज में नहीं थीं। ऐसा माना गया, और आज भी यही प्रचारित किया जा रहा है कि शहरीकरण कुछ समस्याओं (जैसे बेरोजगारी, विषमता, अशिक्षा, सफाई इत्यादि) का अंतिम समाधान प्रदान करता है। अत: शहरीकरण विकास का सबसे प्रमुख पैमाना है। पर, पिछले कुछ दशकों से यह समझा गया है कि शहरीकरण की इस अंधी दौड़ ने विश्व को पर्यावरण-विध्वंस के एक ऐसे मोड़ पर ला खड़ा किया है, जिसका कोई समाधान किसी के पास नहीं है। भारत में तो जैसे अब गाँव की बात करना दकियानूसी का प्रतीक है। इस प्रकार पश्चिम की शिक्षा-पद्धति ने शिक्षा को एक नया व्यापार बना दिया है। पश्चिमी शिक्षा-पद्धति में शिक्षा को न केवल स्वार्थ-साधन (अधिक-से-अधिक) का जरिया बना दिया गया है, बल्कि मूल्य-आधारित शिक्षा-पद्धति को पिछड़ेपन की निशानी के रूप में प्रचारित किया गया है।

दूसरा, जैसा मैंने पहले भी कहा कि ऐसा कहना पूरी तरह गलत और अनुचित है कि पारम्परिक समाजों में विमर्श की परम्परा नहीं थी। प्रत्येक समाज का अपना एक विमर्श है और विकास की अपनी रफ़्तार होती है। हाँ, शायद यह कहना ठीक होगा कि परिवर्तन की रफ़्तार परम्परागत समाजों में काफी धीमी थी, वहीं यूरोप के पास इंतज़ार करने का वक़्त नहीं था। यूरोप में परिवर्तन की रफ़्तार काफी तीव्र थी। यूरोप की सभ्यता में परिवर्तन तुरंत अपेक्षित था और ऐसा ही उन्होंने औपनिवेशिक समाजों से अपेक्षा की। समाजों में परिवर्तन की रफ़्तार धीमी है तो आधुनिक राज्य ने अपनी शक्ति के इस्तेमाल की क्षमता का उपयोग किया। इन सब बातों को कुछ उदाहरणों के माध्यम से समझा जा सकता है। अगला भाग कुछ ऐसे ही उदाहरणों पर केंद्रित है जो विमर्श तथा स्थानीय ज्ञान की परम्पराओं को लेकर है।

## (3)

इन्हीं सब प्रभावों के तहत विज्ञान और सिद्धान्तीकरण की होड़ को समझना आवश्यक है। कई बार इस तरह की आलोचनाओं को इतिहास की तरफ लौट चलने या फिर विकास और परिवर्तन-विरोधी करार दिया जाता है। दूसरे शब्दों में, विकास या आगे बढ़ने की केवल दो ही दिशाएँ हैं। एक तो वापस चलना या फिर एक मात्र राह, जो आधुनिकता और आधुनिकीकरण से होकर जाती है।

ऐसा करने में हम ज्ञान के ऐसे बहुत सारे आयामों को अनदेखा करते आये हैं, जो हमें हमारी कई समस्याओं का कहीं बेहतरीन और दीर्घकालिक समाधान दे सकता था, उदाहरणत: सूखे से निबटने के पारम्परिक समाधानों का पूरी तरह से अनदेखा किया गया, यह मानकर कि ये दकियानूस विचार हैं, जिनका कोई वैज्ञानिक

आधार नहीं है। इसी प्रकार कृषि की परम्परागत तकनीकों को भी दरकिनार करके हरित क्रांति को प्रोत्साहित किया गया, जिसका परिणाम धीरे-धीरे भूमि की समाप्त होती हुई उर्वरा शक्ति, उत्पादन में आया ठहराव तथा किसानों पर बढ़ते हुए मानसिक दबाव हुए हैं। इसी तरह के अनगिनत उदाहरण दिए जा सकते हैं, जिसमें परंपरा को इसीलिए छोड़ दिया गया, क्योंकि वह परंपरागत थी और वह विज्ञान की आधुनिक परिभाषा में वैज्ञानिक नहीं थी। आयुर्वेद की कई प्रणालियों के बारे में भी ऐसा कहा जा सकता है।

परन्तु क्या यह सब कहने का तात्पर्य यह है कि प्राचीन भारत में सब कुछ अच्छा था, या सब कुछ वैज्ञानिक था। ऐसा किसी भी युग के बारे में नहीं कहा जा सकता। केवल कुछ पुस्तकों या कुछ व्यक्तियों की प्रदान की हुई सोच या ज्ञान को न ही तो इतिहास के हर क्षण के लिए सही माना जा सकता है और न ही वैज्ञानिक। वैज्ञानिकता की इस परिभाषा में पड़ने की आवश्यकता नहीं है। ज्ञान या जानकारी के इन दो स्त्रोतों के अलावा भी कुछ और स्त्रोत हो सकते हैं। यथा, किस प्रकार लोग अपने रोजमर्रा की परेशानियों या चुनौतियों का सामना करते थे, उन्होंने किस प्रकार के समाधान निकाले और अगर समाधान निकाले भी गए तो वे सभी को स्वीकार्य हों, ऐसा तो आवश्यक नहीं था। ऐसे में कुछ ऐसे राजनैतिक स्थान (पब्लिक स्फीयर) भी रहे होंगे, जहाँ इन मुद्दों के बारे में चर्चा होती होगी, विचार-विमर्श होता होगा। यह जानना आवश्यक और बेहद रोमांचक होगा कि ये प्रक्रियाएँ कैसे चलती होंगी। शायद कुछ 'सिद्धांतकार' इसका उत्तर सरल भाषा में देना चाहें—शक्ति-सम्बन्ध के रूप में। वह वर्ग ही समाज में प्रभावशाली तथा शक्तिशाली था एवं सब प्रक्रियाएँ निर्धारित करता था। दूसरे शब्दों में, शक्तिविहीन लोगों की न तो कोई सोच थी, न ही कोई माध्यम, जिससे वे अपने आपको अभिव्यक्त कर सकें।

शायद ऐसा कहना अतिशयोक्ति होगी। इतिहास में शक्ति-संबंध महत्वपूर्ण रहा है या कहें प्रभावकारी भी रहा है, पर यह कहना कि वह एकमात्र निर्धारक रहा है, शायद ठीक नहीं। अलग-अलग व्यवसायों में लिप्त रहने वाले वर्ग, व्यापारिक गतिविधियों में सलंग्न वर्ग, अथवा शिक्षा के क्षेत्र में रहने वाले लोग इत्यादि कुछ ऐसे उदाहरण हैं, जो ये बताते हैं कि राज्य, शक्ति-संबंध तथा प्रभावशाली वर्गों के अतिरिक्त भी एक समाज अस्तित्व में रहा है, इतिहास के हर पल में। इन वर्गों का ज्ञान, इनकी दिनचर्या तथा इनके अपने रोजमर्रा की समस्याओं से जूझने के तरीके समय के साथ-साथ सीख से विकसित हुए। इस प्रक्रिया में मनोवैज्ञानिक तौर पर स्वयं को मजबूत रखने के लिए कुछ मिथ्या घटनाएँ, कहानियाँ इत्यादि भी अस्तित्व में आईं।

पर हाँ, वास्तव में समस्या उन विचारकों और चिंतकों के साथ है, जो उन्हीं

मिथकों या कहानियों पर आधारित ज्ञान और सामाजिक संरचना को पुनः स्थापित करना चाहते हैं। वास्तव में यह प्रयास भी एक तरह की प्राधान्य की राजनीति ही है, क्योंकि समाज के प्रत्येक युग में विकास होता है। प्रचलित ज्ञान–पद्धतियों में भी छँटनी आवश्यक है। ऐसे विचारों को केवल इसीलिए स्वीकार नहीं किया गया कि वे इतिहास में प्रचलित थे। दूसरे शब्दों में जनमानस में ऐसे प्रश्नों पर खुला विमर्श आवश्यक है, जिसमें सामाजिक समस्याओं को लेकर दृष्टिकोण विकसित हों। ये दृष्टिकोण कई तरह की विवेकशीलताओं पर आधारित हो सकते हैं। किसी एक को ही सवश्रेष्ठ मान लें, ऐसा आवश्यक नहीं।

आधुनिक ज्ञान, जिसे वैज्ञानिक कहा जाता है, इन वर्गों के ज्ञान के इन पहलुओं को, जो बहुत ही सीमित समय, काल और परिस्थिति से उत्पन्न होते थे, को पूरी तरह अनदेखा करता है। अगर मैं यह कहूँ कि आधुनिकता, वैज्ञानिकता तथा तकनीक के मिश्रण ने इन वर्गों के ज्ञान तथा दिन–प्रतिदिन की समस्याओं से लड़ने की क्षमता तथा इस हेतु उनके बीच में होती राजनैतिक अन्तरक्रिया को या तो कमजोर कर दिया है या एक बाहरी शक्ति पर, जिसे हम राज्य कहते हैं, निर्भर बना दिया है, तो गलत नहीं होगा।

प्राचीन ज्ञान पर वैसे भी अब काफी शोध हो रहा है, इसलिए मैं उसे यहाँ नहीं दोहराऊँगा, लेकिन जो लोग, खास तौर पर राजनैतिक या सांस्कृतिक दलों के प्रतिनिधि, प्राचीन ज्ञान को उन लोगों की सोच से जोड़ते हैं, जो केवल कुछ ग्रंथों या व्यक्ति विशेष के शब्दों को ज्ञान कहते हैं तो यह उनकी अधूरी समझ का ही परिणाम है।

आखिर में, आधुनिकता और आधुनिकीकरण की भी अन्य विचारों के समान एक समय विशेष में अहम भूमिका थी तथा समाज–उत्थान और परिवर्तन में इसने अहम भूमिका निभाई, परन्तु बदलते परिप्रेक्ष्य और समय में आवश्यकता इस बात की है कि हम इस साँचे (फ्रेम) से बाहर निकल कर सोचें। जहाँ एक ओर सीमाएँ और राज्य व्यक्ति की स्वतंत्रता के लिए सबसे बड़े खतरे बनते जा रहे हैं, वहीं दूसरी ओर व्यक्तिवादी सोच ने नए मानसिक विकारों को पैदा किया, जिसका परिणाम बढ़ते दर्दनाक और संगीन अपराधों, मानसिक रोगों, नशीली दवाओं के बढ़ते सेवन तथा आत्महत्याओं के रूप में देखने को मिल रहा है। ऐसे में आधुनिकता के इन प्रभावों को दूर करने के लिए प्रथम आवश्यकता विज्ञान, सिद्धांतकारिता तथा आधुनिक ज्ञान की इस दौड़ से बाहर निकलकर अपने शोध–प्रश्नों को पुनः परिभाषित करने की है। वही होगी नेहरू जैसे राजनैतिक व्यक्तित्व को सच्ची श्रद्धांजलि और उनके कार्यों का सही मूल्यांकन।

**अंततः**

भारतीय सन्दर्भ में कुछ और भी महत्वपूर्ण सवाल हैं, जिन्होंने राजनीति के अध्ययन को प्रभावित किया है। सबसे अहम मुद्दा यह है कि भारतीय राजनीति के क्षेत्र में कौन-से सवाल उठाये गए हैं। गौर से देखें तो पता चलता है कि ये सवाल वे हैं, जो औपनिवेशिक शासन के साथ भारत में आये—सेकुलरिज्म, लेजिटिमेसी, स्टेट, अथॉरिटी इत्यादि। ऐसा नहीं है के ये सवाल अहम या प्रासंगिक नहीं हैं। पर क्या ये सवाल वे हैं, जिनसे भारतीय जनमानस वाकिफ है, या क्या ये वे सवाल हैं, जो उसी रूप में जनमानस को प्रभावित कर रहे हैं, जिस रूप में राजनैतिक अध्येता इनको समझने और समझाने का प्रयत्न कर रहे थे। मेरे विचार में ऐसा नहीं था। उदाहरण के लिए, धर्मनिरपेक्षता पर बहस को लें। क्या भारतीय जनमानस धर्म और राज्य से उसकी निरपेक्षता को उसी प्रकार देख रहा है, जैसा कि हमारी स्कूल की पाठ्य पुस्तकों या अकादमिक लेखों या किताबों में लिखा, पढ़ा और पढ़ाया जा रहा है। उसी प्रकार राज्य और सरकार में भारत में किस प्रकार जनता विभेद करती है? इन सब सवालों को उठाने का अभिप्राय यह नहीं है कि जो सवाल पूछे जा रहे हैं, वे आवश्यक नहीं हैं। निश्चित तौर पर हैं। पर, एक दूसरा मुद्दा भी है।

वास्तव में हम भारतीय राजनीति के परिप्रेक्ष्य को उन्हीं सन्दर्भों में समझने का प्रयास कर रहे हैं, जो औपनिवेशिक शासन के साथ आये, आधुनिक सरकार के साथ आये या फिर संविधान के साथ आये। इस परिप्रेक्ष्य से इतर भी क्या कुछ सवाल हो सकते हैं, जो भारतीय समाज-व्यवस्था में रचे बसे हों, ऐसा प्रयास अभी तक नगण्य रहा है। यही कारण है कि राजनीति के हमारे सवालों की समझ शुरू कहीं और किसी दूसरे सन्दर्भ से होती है और खत्म कहीं और होती है और परिणामस्वरूप हमारे निष्कर्षों में भी वे द्वंद्व देखने को मिलते हैं।

इस बिंदु को मैं और साधारण शब्दों में कहना चाहूँगा। वास्तव में ये राजनीति के इतिहास से संचार का प्रश्न है कि कैसे दोनों एक दूसरे के साथ संपर्क स्थापित करते हैं। भारतीय राजनैतिक विश्लेषण की सबसे कमजोर कड़ी है उसका ऐतिहासिक सन्दर्भ। राजनैतिक विश्लेषकों के अध्ययन में अधिकतर ऐतिहासिक संदर्भ या तो उपनिवेशकालीन इतिहास के हैं या फिर बहु प्रचलित हिन्दू-प्रथाएँ। हिन्दू-प्रथाओं के अकादमिक बहस में मुख्य हिस्सा होने का एक कारण सामाजिक विषमताओं के खिलाफ बढ़ती जागरूकता और राजनैतिक ध्रुवीकरण भी रहा है। अधिकतर राजनैतिक विवेचनों में इतिहास की सारगर्भित, तथ्य-आधारित विवेचना, राजनैतिक प्रक्रियाएँ, उनमें समाज के विभिन्न वर्गों की भूमिका (exclusion and inclusion), किस प्रकार राजनीति और आम जनता का राजा, तथा राजनैतिक प्रणाली से सामना होता था, इत्यादि प्रश्न विचारित नहीं रहे हैं। किन प्रश्नों को भारत में या भारतीय

राजनैतिक विश्लेषण में जगह मिली है, इसकी एक अच्छी फेहरिस्त आकाश सिंह और सिलिका मोहपात्रा की पुस्तक में तथा प्रो. भीखू पारेख में भी मिलती है। भारतीय राजनीति-विश्लेषण में जब तक इतिहास को उचित स्थान नहीं मिलता, ऐसे राजनैतिक विश्लेषण का मिलना कठिन होगा, जिसकी अपेक्षा प्रत्येक भारतीय राजनीति का विद्यार्थी करता है और प्रो. पारेख भी करते हैं।

वास्तव में आवश्यकता इस समय उन सवालों पर बहस की है, जो भारतीय समाज को एक-एक कर प्रभावित कर रहे हैं। इन सवालों को उठाने से पहले और उसके बाद राजनैतिक कर्ताओं, प्रबुद्ध वर्गों और जनमानस के बीच पारस्परिक गहन आदान-प्रदान आवश्यक है। अन्यथा किसी भी कर्ता या फिर राजनीति के अध्ययनकर्ता को सिद्धांतकार कहने के प्रयास बेमानी तथा समाज से कटे हुए होंगे।

## टिप्पणियां

1. यहाँ राजनीति से मेरा आशय एक खास तरह की सामाजिक गतिविधि से है, जिसमें व्यक्ति (व्यक्तिगत तौर पर और सामुदायिक तौर पर भी) समाज-हेतु विभिन्न नियमों को बनाने तथा उन्हें लागू करने से संबंधित विषयों पर चर्चा करते हैं। यह गतिविधि विवेक पर आधारित हो सकती है या भावनाओं पर भी।
2. इसमें मैं सुदीप्त कविराज के 'मल्टीप्ल मॉडर्निटीज़' के कांसेप्ट को भी शामिल मानता हूँ।
3. इसी क्रम में मैं पुरुषोत्तम अग्रवाल की पुस्तक 'संस्कृति : वर्चस्व और प्रतिरोध को' रेफर करूँगा। यह पुस्तक वास्तव में राजनीति में घृणा और प्रेम के द्वंद्व और प्रेम के महत्व को दर्शाती है। देखें पुरुषोत्तम अग्रवाल (2010)।
4. इसमें मैक्स वेबर, दुर्खीम और टाल्कोट पारसंस के सामाजिक विचार तथा साथ ही डेविड ईस्टन, सैमुएल हंटिंगटन, फ्रांसिस फुकुयामा, गेब्रियल आलमंड, सिडनी वरबा के राजनैतिक आधुनिकीकरण के विचार तथा रोस्टोव के आर्थिक आधुनिकीकरण के विचार भी शामिल किये जा सकते हैं।
5. जेम्स मिल, जर्मी बेन्थैम, मैक्स वेबर और कार्ल मार्क्स इस तरह की विचारधारा के अग्रणी स्रोत थे।

## सन्दर्भ


अग्रवाल, पी. (2010). *संस्कृति : वर्चस्व और प्रतिरोध.* नई दिल्ली : राधाकृष्ण प्रकाशन।

पारेख, बी. (1996). पावर्टी ऑफ़ इंडियन पॉलिटिकल थ्योरी. आकाश सिंह और सिलिका मोहपात्रा (संपादित), *हिस्ट्री ऑफ़ पॉलिटिकल थॉट.* नई दिल्ली : रॉउटलेज।

*अध्याय 7*

# आधुनिकीकरण के रथ पर सवार आधुनिकता : नेहरू और आदिवासी

*कमल नयन चौबे*

धनंजय राय का शोध-पत्र भारतीय संदर्भ में समुदायवाद, पुनरुत्थानवाद और आधुनिकता के संबंधों की काफी गहराई से विवेचना करता है। इसमें उन्होंने भारत के सबसे प्रमुख आधुनिकतावादी चिंतक के रूप में नेहरू की पहचान की है। वे यह तर्क देने की कोशिश करते हैं कि आधुनिकता किसी भी प्रगतिशील और सेकुलर समाज की पहली जरूरत है और भारतीय संदर्भ में नेहरू इसके सबसे बड़े पैरोकार रहे हैं। इस लिहाज से प्रतिगामी और धर्म-आधारित समाज का सपना देखने वाली जमातों के लिए नेहरू सबसे बड़ी चुनौती के रूप में रहे हैं। मैं अपने इस छोटे से टिप्पणीनुमा लेख में भारत के आदिवासियों के हालात और उनके संबंध में नेहरू के विचारों और नीतियों के निहितार्थों के आधार पर धनंजय के शोध-पत्र में दिए गए दलीलों के साथ जिरह करने का प्रयास करूँगा।

धनंजय का मानना है कि आधुनिकतावादी होने के कारण ही नेहरू समुदायवादी और पुनरुत्थानवादी चिंतकों के निशाने पर रहे हैं। समुदायवादियों ने समुदाय और परम्परा को भारत की सबसे बड़ी उपलब्धि बताया है। धनंजय के मुताबिक भारत के समुदायवादी चिंतकों ने संविधान में निहित धर्मनिरपेक्षता और लोकतंत्र जैसे प्रगतिशील सिद्धांतों को भारत की अमूल्य परम्पराओं के खिलाफ बताया और आधुनिकता को पश्चिमी धरोहर घोषित किया। लेखक के मुताबिक पुनरुत्थानवादियों ने नेहरू को हिंदू-सभ्यता का विरोधी और पश्चिमी सभ्यता का 'राजदूत' करार दिया। धनंजय इस बात पर भी बल देते हैं कि समुदायवादी विभिन्न परम्पराओं की आपस में सहजता पर ध्यान देते हैं, जबकि पुनरुत्थानवादी हिंदू होने पर बहुत जोर देते हैं। धनंजय के मुताबिक ऊपरी तौर पर देखें तो परम्परा और हिंदू दो अलग-अलग सैद्धांतिक वर्ग हो सकते हैं, लेकिन समुदायवादियों का परम्परा के अंतर्विरोधों को

जानबूझकर अनदेखा करना इन दो अलग सैद्धांतिक वर्गों की सैद्धांतिक और व्यावहारिक संभावना को ही खत्म कर देता है। दोनों नेहरू की आलोचना करने के स्वार्थ में आधुनिकता जैसी महत्त्वूपर्ण अवधारणा पर चर्चा ही नहीं होने देते। धनंजय के मुताबिक नेहरू और आधुनिकता को खारिज कर देना भारत को 'परम्परा के अत्याचारों (टेरेनी ऑफ ट्रेडिशन) की ओर धकेल देने के बराबर है (राय, 2016)। गौरतलब है कि धनंजय समुदायवादी चिंतकों में कविराज, चटर्जी और दीपेश चक्रवर्ती जैसे विचारकों को रखते हैं। पुनरुत्थानवादियों में वे एस. एन. बालगंगाधर और राजीव मल्होत्रा आदि जैसे चिंतकों के लेखन का विश्लेषण करते हैं। इनका यह मानना है कि पुनरुत्थानवादी हर वैज्ञानिक खोज को प्राचीन इतिहास से जोड़ देते हैं, लेकिन उन्हें 'आधुनिकता' से इसलिए परहेज है, क्योंकि यह पश्चिमी है।

अपने लेख में धनंजय ने यह स्पष्ट किया है कि आधुनिकीकरण की प्रक्रिया को आधुनिकता नहीं कहा जा सकता है। दोनों में सबसे बड़ा अंतर यह है कि कोई भी आधुनिकता को अपनाए बिना भी आधुनिकीकरण को अपना सकता है। दूसरे शब्दों में तकनीक का उपलब्ध होना, उपभोक्ता-वस्तुओं का बड़े स्तर पर उपयोग होना आदि को आधुनिकता नहीं माना जा सकता है। धनंजय के मुताबिक आधुनिकता वह दृष्टिकोण है, जो बहुत सारी प्रक्रियाओं की व्याख्या वैज्ञानिक और भौतिक आधार पर करता है। इसी आधार पर वे औद्योगीकरण, बड़े बांध आदि के संदर्भ में नेहरू की आलोचनाओं को आधुनिकीकरण की आलोचना की श्रेणी में डाल देते हैं। वे यह मानते हैं कि आधुनिकता और वैज्ञानिकता के बीच इस तरह का संबंध है कि एक के बिना दूसरे की कल्पना नहीं की जा सकती है (राय, 2016)। धनंजय यह भी मानते हैं कि आधुनिकता के विरोधी अक्सर आधुनिकता, आधुनिक और आधुनिकीकरण को मिला देते हैं। उनके अनुसार, 'आधुनिकता, आधुनिक और आधुनिकीकरण', इनके लिए सब एक ही हैं। आधुनिकता का संबंध हमेशा ज्ञान प्राप्त करने और ज्ञान पर सवाल खड़ा करने से रहा है। आधुनिक का संबंध समय से है। आधुनिकीकरण मानव के लिए उपयोग का तकनीकीकरण है (राय, 2016)।

धनंजय इस बात पर बल देते हैं कि समुदायवादियों और पुनरुत्थानवादियों के दौर में, नेहरू का राजनैतिक सिद्धांतकार के रूप में अध्ययन किये जाने की आवश्यकता है। वे इस बात पर भी जोर देते हैं कि नेहरू इसलिए आधुनिकता के आंदोलन को आगे नहीं बढ़ा पाये, क्योंकि जब यह काम करने का मौका था तो वे देश के प्रधानमंत्री की जिम्मेदारियों का निर्वहन कर रहे थे। धनंजय यह मानकर चलते हैं कि नेहरू की आधुनिकता की आलोचनाएँ असल में, आधुनिकीकरण की प्रक्रिया से सामने आने वाली आलोचनाएँ हैं। लेकिन यह तर्क अपने-आप में अंतर्विरोधपूर्ण है। इसका कारण यह है कि नेहरू की आधुनिकता ही उन्हें इस तरह के आधुनिकीरकण

की ओर ले गई, जहाँ हाशिये पर पड़े समूहों की जिंदगी, अपने जंगल आदि से उनका जुड़ाव आदि भविष्य के निर्माण में एक बाधा के रूप में सामने आई। इस संदर्भ मैं निम्नलिखित बिंदु प्रस्तावित करना चाहता हूँ।

पहला, धनंजय नेहरू को आधुनिकता का तरफदार मानते हुए उन्हें तथाकथित समुदायवादी चिंतकों से अलग करते हैं। किंतु विशेष रूप से आदिवासियों के संदर्भ में नए सिरे से और गहराई से विचार करने की आवश्यकता है। भारतीय संविधान में अनुसूचित जनजातियों और अनुसूचित जातियों के लिए जनसंख्या में उनके अनुपात के मुताबिक सीटों को आरक्षित करने का प्रावधान किया गया है। लेकिन इसके साथ ही, आदिवासी बहुल क्षेत्रों के लिए संविधान की पाँचवीं और छठी अनुसूची में भी विशेष व्यवस्था की गई है। संविधान के अनुच्छेद 244(2) में छठी अनुसूची की व्यवस्था की गई है, जो उत्तर-पूर्व के राज्यों से संबंधित है और यहाँ स्थानीय समुदायों को कई व्यापक अधिकार दिए गए हैं। इसमें यह व्यवस्था भी की गई है कि वे स्वायत्त जिला-परिषदों के माध्यम से अपने रोजमर्रा के जीवन का नियमन कर सकते हैं। संविधान का अनुच्छेद 244(1) पाँचवीं अनुसूची से सम्बद्ध है। इसमें उत्तर-पूर्व के अलावा देश के अन्य भागों के आदिवासी क्षेत्रों को शामिल किया गया है। पाँचवीं अनुसूची में स्वायत्त जिला-परिषदों की स्थापना का उल्लेख तो नहीं किया गया है, लेकिन उन्हें अपनी परम्परा के मुताबिक जीवन जीने की स्वायत्तता दी गई। यह प्रावधान किया गया कि इन क्षेत्रों में उस समय तक संसद या राज्य-विधानसभाओं द्वारा पारित कानून लागू नहीं होंगे, जब तक राज्यपाल ऐसा करने की अनुमति नहीं देते।[1] संविधान में शामिल ये सामुदायिक मूल्य आदिवासी-समुदायों की जीवनपद्धति की संवैधानिक मान्यता को इंगित करते हैं। 1960 में नेहरू ने उत्तर-पूर्व के राज्यों के संदर्भ में अपनी प्रसिद्ध 'पंचशील' नीति भी प्रस्तुत की। इसमें मुख्य रूप से इस बात पर बल दिया गया कि इस क्षेत्र के लोगों के सामुदायिक-सांस्कृतिक जीवन की स्वायत्तता कायम रहनी चाहिए।[2]

दूसरा, स्पष्टतः नेहरू को आदिवासियों की पारम्परिक जीवनशैली से एक तरह का लगाव था। इस मामले में वे उनकी प्रथाओं और परम्पराओं को समुचित सम्मान देने के भी पक्षधर थे। लेकिन ऐसा प्रतीत होता है कि आधुनिक राष्ट्र-राज्य की अवधारणा और आधुनिकीकरण (तकनीकीकरण) पर आधारित विकास के प्रति भी इनके मन में जबरदस्त मोह था। नतीजन जहाँ एक ओर वे आदिवासियों की स्वायत्त जीवन-शैली की वकालत करते रहे, वहीं दूसरी ओर उनकी सरकार ने ऐसी नीतियों को प्रोत्साहित किया, जिसके कारण आदिवासियों को जंगल के संसाधनों पर अपने स्वामित्व से हाथ धोना पड़ा। मसलन, भारतीय संविधान 1927 के वन-अधिनियम को मान्यता देता है तथा नेहरू ने अधिनियम को निरस्त करने के लिए

कोई पहल नहीं की। गौरतलब है कि अंग्रेजों ने भारतीय वनों पर अपना एकाधिकार स्थापित करने के लिए 1864 में वन-विभाग की स्थापना की थी तथा उन्होंने कई कानून भी बनाए। मसलन, 1865 में पहला अधिनियम बनाया, फिर इसे ज्यादा कठोर बनाने के लिए 1878 का वन-अधिनियम बना। 1878 के वन-अधिनियम में 1927 में थोड़ा संशोधन किया गया। इन कानूनों की विशेषता यह थी कि इनमें सरकार को किसी भी क्षेत्र को वन 'घोषित करने' का अधिकार दिया गया। इसके मुताबिक यदि कोई वन-निवासी व्यक्ति जंगल के किसी भाग पर अपना अधिकार दिखाने के लिए लिखित दस्तावेज नहीं दे पाता है, तो उस जमीन से उसका अधिकार खत्म हो जाएगा। स्पष्टतः इस कानून ने वन-निवासी समुदायों को 'अतिक्रमक' में बदल दिया और उन्हें पूरी तरह सरकार की मर्जी पर निर्भर बना दिया (सिंह, 1986; चौबे, 2015क: 56-70)। उल्लेखनीय बात यह है कि भारतीय संविधान ने इस औपनिवेशिक कानून को मान्यता दी है।[3] दरअसल, स्वतंत्र भारत की सभी सरकारों, जिसमें नेहरू की सरकार भी शामिल है, ने इस कानून के माध्यम से वन-संसाधनों पर भारतीय राज्य का एकाधिपत्य स्थापित किया। 1952 की भारतीय वन-नीति में यह घोषित किया गया कि औपनिवेशिक वन-नीति की बुनियादी संकल्पनाएँ ठीक थीं। साथ ही, यह कहा गया कि कोई गाँव या स्थान इसलिए किसी वन के संसाधनों पर दावा नहीं करेगा, क्योंकि वह वहाँ पर बसा हुआ है।

इस प्रकार, इस नीति ने वन-संसाधनों का प्रयोग सम्पूर्ण राष्ट्र के विकास हेतु करने के विचार पर अपनी पूर्ण सहमति व्यक्त की (झा, 1992: 29-73; चौबे, 2015क: 86-87)। इस संदर्भ में यह भी गौरतलब है कि संविधान की पाँचवीं अनुसूची में उत्तर-पूर्व के अलावा देश के अन्य भागों के आदिवासी-क्षेत्रों के लिए जो विशेष प्रावधान किये गये हैं, उन्हें लागू करने का कोई गंभीर प्रयास नहीं किया गया।[4] इन प्रावधानों को लागू करने से इन क्षेत्रों के आदिवासी-समुदायों की स्वायत्त जीवनशैली और वन-संसाधनों पर उनके अधिकार को बढ़ावा मिलता। किन्तु यह आधुनिक 'विकास' के लक्ष्यों के लिए, जो मुख्यतः वन-संसाधनों के दोहन पर आधारित हैं, घातक सिद्ध होता। स्पष्टतः नेहरू एक आधुनिकतावादी सोच से परिचालित हो रहे थे, जिसमें तमाम वैज्ञानिक चिंतन और तर्क-बुद्धि के प्रयोग के बाद यह निष्कर्ष निकाला गया कि प्राकृतिक संसाधनों का दोहन करके औद्योगिक विकास और बड़े बाँधों आदि के माध्यम से एक ऐसी स्थिति हासिल की जा सकती है, जिसमें हर कोई अपने लिए उत्तम जीवन का लक्ष्य हासिल कर पाये। इसमें जिन लोगों की जमीन ली गई या जिन्हें अपने पुरखों की जमीन पर 'अतिक्रमक' बनना पड़ा, उनके कष्ट को राष्ट्र-निर्माण के एक बड़े लक्ष्य के रास्ते में छोटी कुर्बानी के रूप में देखा गया। स्पष्टतः नेहरू की आधुनिकता भी एक समाधान के साथ सामने

आई, जिसमें हाशिये पर पड़े समूहों पर पड़ने वाले प्रभाव को व्यापक समाधान के छोटे नुकसान के तौर पर देखा गया।

तीसरा, यह बात सच है कि इनमें से कई कदमों के बारे में नेहरू प्रश्न करने की प्रवृत्ति रखते थे। विशेष रूप से, आदिवासियों के अधिकारों और विकास के लक्ष्य के बीच का द्वंद्व भारत सरकार की असंगत नीतियों में सामने आता है। मिसाल के तौर पर, 1952 की वन-नीति और आदिवासियों के लिए 'पंचशील' की नीति के द्वंद्व और अंतर्विरोध का उल्लेख किया जा सकता है। लेकिन आधुनिकता के बारे में धनंजय के तर्कों से एक सीमा तक सहमति रखने के बावजूद मैं यह दलील देना चाहता हूँ कि आधुनिकता के साथ हर समस्या का समाधान भी चलता है, जो अधिकांश मामलों में आधुनिकीकरण की प्रक्रिया के माध्यम से आगे बढ़ता है। इसमें हाशिये पर पड़े समूहों की परम्पराओं के प्रति शायद थोड़ी हमदर्दी रखी जा सकती है (जब आधुनिकतावादी नेहरू की तरह संवदेनशील हो), लेकिन इसके बावजूद इसे हटाने या खारिज करने की प्रवृत्ति ही ज्यादा मजबूत रहती है। नेहरू के समय से ही यह प्रक्रिया आरंभ हो चुकी थी, लेकिन उनके बाद तो इस प्रक्रिया को काफी तेजी मिली। शासक-वर्ग में विकास के 'मॉडल' को लेकर कोई संदेह नहीं बचा। अगर हम आदिवासियों और वनों के संदर्भ में बात करें तो सत्तर के दशक में केन्द्रीकरण की प्रवृत्ति तेजी से बढ़ी। 1972 में बना *वन्य जीव (संरक्षण)-अधिनियम*, 1980 का *वन-संरक्षण-अधिनियम* और 1976 में एक विषय के रूप में 'वन' को समवर्ती सूची से केन्द्रीय सूची में डालने का फैसला इसी बढ़ते केन्द्रीकरण को दर्शाते थे। इन सब के पीछे बुनियादी सोच यही थी कि जंगल और वन्य जीवों के संरक्षण के लिए स्थानीय समुदायों पर भरोसा नहीं किया जा सकता है। स्थानीय समुदायों के प्रति इस संदेह का तात्पर्य यह नहीं था कि औद्योगिक 'विकास' आदि के लिए जंगल की जमीन का आबंटन नहीं किया गया। बड़े पैमाने पर वन-संसाधनों का दोहन जारी रहा, किन्तु स्थानीय समुदायों के अधिकारों का दमन और उनके अधिकारों से संबंधित संवैधानिक प्रावधानों का उल्लंघन बदस्तूर जारी रहा।[5] वन-निवासी समुदायों के विस्थापन, वन-क्षेत्रों में वन-विभाग के अत्याचार और भारतीय राज्य के आधुनिकीकरण के माध्यम से विकास के लक्ष्य ने इन समुदायों के हाशियाकरण को और बढ़ाया। आगे चलकर इन सब कारणों से ही इन क्षेत्रों में माओवादी गतिविधियों का उभार हुआ और माओवादियों को इन क्षेत्रों में समर्थन भी मिला।[6]

हालाँकि नेहरू ने राष्ट्रीय स्तर की राजनीति में जिस प्रकार लोकतांत्रिक संस्थाओं को मजबूत किया और सामान्य लोगों को भी लोकतांत्रिक मूल्यों की शिक्षा देने का लक्ष्य रखा, उसने आगे चलकर आदिवासी-क्षेत्रों के हालात में भी काफी परिवर्तन

किया। इन क्षेत्रों में आदिवासी-संगठनों ने ऐसे कानूनों की मांग शुरू की, जिनसे जंगल की जमीन और उसके संसाधनों पर उनका हक सुनिश्चित हो तथा उन्हें स्वायत्त रूप से अपने जीवन से जुड़े मसलों के बारे में फैसला करने का हक मिले। उनके इस निरंतर संघर्ष की बदौलत ही *पंचायत (अनुसूचित क्षेत्र-विस्तार) अधिनयम, 1996* (या पेसा) और *अनुसूचित जनजाति और अन्य पारम्परिक वन-निवास (वन-अधिकार-मान्यता) अधिनयम, 2006* (वन-अधिकार-अधिनयम) संसद से पारित हुआ।[7] पेसा का पाँचवीं अनुसूची में प्रावधान किया गया है। यह इन क्षेत्रों में रहने वाले अनुसूचित जन जातियों को अपनी स्वायत्त जीवनशैली कायम रखने का अधिकार देता है। इसमें गाँवों को पारा या टोला के आधार पर परिभाषित किया गया है। साथ ही इसमें यह भी प्रावधान किया गया है कि स्थानीय समुदायों की सहमति के बिना किसी भी विकास-कार्य के लिए उनकी जमीन का अधिग्रहण नहीं किया जाएगा। दूसरी बात यह कि वन-अधिकार-कानून समस्त देश के वन-क्षेत्रों में रहने वाले वन-निवासी समुदायों को जंगल की जमीन पर निजी और सामुदायिक अधिकार प्रदान करता है। यह सिर्फ अनुसूचित जनजातियों से ही संबंधित नहीं है, बल्कि इसका दायरा सभी वन-निवासी-समुदायों तक फैला हुआ है। हालाँकि गैर-अनुसूचित जनजाति-समूहों को अधिकार की पात्रता हासिल करने के लिए यह साबित करना होता है कि वे एक ही स्थान पर 13 दिसम्बर 2005 से तीन पीढ़ी (अर्थात् 75 साल) पहले से वहाँ रह रहे हैं।[8] स्पष्टत: इन दोनों कानूनों की अपनी कई सीमायें हैं। साथ ही, इनके लागू होने का अनुभव भी बहुत अच्छा नहीं रहा है। लेकिन इस बात से इंकार नहीं किया जा सकता है कि लोकतांत्रिक मूल्य और लोकतांत्रिक संस्थाओं के माध्यम से बदलाव की चाह आदिवासी-क्षेत्रों तक पहुँची है। इसका श्रेय भारतीय संविधान के साथ ही साथ आजादी के बाद के शुरूआती दशक में लोकतांत्रिक संस्थाओं को महत्त्व प्रदान करनेवाले नेहरू को भी दिया जाना चाहिए।

मेरा यह भी मानना है कि अध्ययन-पद्धति के हिसाब से समुदायवाद और पुनरुत्थानवाद को एक साथ जोड़ना, तथाकथित 'समुदायवादी' चिंतकों (धनंजय इसमें सुदीप्त कविराज, पार्थ चटर्जी और दीपेश चक्रवर्ती जैसे चिंतकों को शामिल करते हैं) के साथ अन्याय है। ऐसा प्रतीत होता है कि धनंजय समुदाय, सामुदायिक मूल्यों, धार्मिक ग्रंथों आदि की बात करने वाले हर व्यक्ति को आधुनिकता का विरोधी और इसलिए 'खतरनाक' मानते हैं। हिंदुत्ववादी शक्तियों के संदर्भ में इस तरह की दलील की थोड़ी वैधता हो सकती है (हालाँकि वहाँ भी 'प्राचीनता' से जुड़े हर चिंतन या वस्तु को खारिज करना सही नहीं माना जा सकता)। दूसरी ओर ऐसे कई उदाहरण हैं, जहाँ कई समुदायों का व्यवहार आधुनिकता की मूल भावना के

खिलाफ लग सकता है। लेकिन दरअसल, एक बेहतर भविष्य के लिए ऐसा व्यवहार ज्यादा सार्थक है। इस संदर्भ में ओड़िशा के नियमगिरि में वेदान्त कम्पनी की खनन-परियोजना के विरुद्ध चलनेवाले आंदोलन का उदाहरण लिया जा सकता है। इस परियोजना का विरोध करने वाले स्थानीय आदिवासी समूहों की सबसे बड़ी दलील यह थी कि खनन से उनके आस-पास के पहाड़ों और जंगलों, जिन्हें वे अपने 'नियम' राजा या देवता के रूप में पूजते हैं, उसका नुकसान होगा। इस तरह, उन्होंने अपने सामुदायिक-सांस्कृतिक मूल्यों के आधार पर एक बहुराष्ट्रीय कम्पनी की परियोजना का लगातार विरोध किया। इसके लिए उन्होंने संगठित लोकतांत्रिक विरोध के साथ-ही-साथ न्यायपालिका तथा वन-अधिकार-कानून और पेसा जैसे कानूनों का भी सहारा लिया। राज्य और केन्द्र सरकार इस परियोजना को लागू करने की पुरजोर कोशिशें करती रहीं। लेकिन आखिरकार उन्हें हार माननी पड़ी और इस परियोजना को ठंडे बस्ते में डालना पड़ा। परियोजना के पक्षधरों ने तेज विकास-दर, आदिवासियों के जीवन को बेहतर बनाने आदि जैसे तर्क प्रस्तुत किये। यह कहा गया कि आदिवासियों के विरोध का साथ देने वाले शहरी या मध्य वर्ग के लोग दरअसल यह चाहते हैं कि आदिवासी हमेशा ही पिछड़े रहें। लेकिन अगर हम एक बेहतर भविष्य की कल्पना करें तो निश्चित रूप[9] से आदिवसियों की चिंता ज्यादा वाजिब लगती है। यह न सिर्फ एक बेहतरीन पर्यावरण की कल्पना करती है, बल्कि इसमें वन्य जीवों के लिए समुचित स्थान की कल्पना भी शामिल है। इससे आगे बढ़कर यह भी कहा जा सकता है कि अगर कोई समुदाय सिर्फ अपने पारम्परिक मूल्यों के चलते किसी विकास की आधुनिक परिकल्पना का प्रतिरोध करता है तो उसे महत्त्व दिया जाना चाहिए तथा उसकी इज्जत की जानी चाहिए। अगर आधुनिकता के पैरोकार यह माने कि दरअसल यह विचार भविष्योन्मुखी नही है, तब भी संवाद का रास्ता अख्तियार किया जाना चाहिए। यह कहने में कोई गुरेज नहीं होना चाहिए कि नेहरू इसी तरह के संवाद के हामी थे। किंतु दुर्भाग्यवश आधुनिकीकरण (धनंजय के शब्दों में 'तकनीकीकरण') के माध्यम से विकास पर उनका भरोसा इतना ज्यादा था कि इस संवाद की गुंजाइश काफी कम थी। उनके बाद के सत्ताधारी समूह के लिए 'आधुनिकीकरण' और 'विकास' एक दूसरे के पर्याय बन गये। इसके चलते हर विरोध और आंदोलन को वे संदेह की नजर से देखने और यहाँ तक कि संसद से पारित कानूनों को तोड़ने-मरोड़ने और आदिवासियों को उनकी जमीन से बेदखल करने की एक अविरल प्रक्रिया शुरू हुई।

## निष्कर्ष

निश्चित रूप से नेहरू ने सामाजिक रुढ़ियों का विरोध किया और राष्ट्रीय आंदोलन

के दौरान भी वे लगातार वैज्ञानिक चेतना के संचार करने का प्रयास करते रहे। उन्होंने साम्प्रदायिक शक्तियों की तीखी आलोचना की और वे हमेशा इस बात के प्रति सजग रहे कि भारत 'हिंदू-पाकिस्तान' न बने। निश्चित रूप से, यही कारण है कि पुनरुत्थानवादी तरह-तरह से नेहरू पर हमला करते हैं। वे सिर्फ उनके सेकुलर नीतियों की ही आलोचना नहीं करते हैं, बल्कि उनका हर तरह से चरित्र-हनन का प्रयास भी करते हैं। बहरहाल, जैसा कि मैंने ऊपर दर्शाने की कोशिश की है कि आधुनिकता अधिकांश मामलों में आधुनिकीकरण के पहिये पर सवार होकर ही आगे बढ़ी है। यह पूरी तरह आधुनिकीकरण से मुक्त नहीं रही है। इसी कारण, इसके पास एक 'विकसित' राष्ट्र-राज्य और उत्तम जीवन की संकल्पना भी रही है। इसके चलते यह आदिवासियों जैसे हाशिये पर पड़े समूहों के लिए हिंसा का कारण रही है। हालाँकि नेहरू काफी हद तक आदिवासी-संस्कृति और लोकाचारों के प्रति हमदर्दी की भावना रखते थे, लेकिन राष्ट्रीय विकास के आधुनिकतावादी लक्ष्य के कारण वे ऐसी नीतियों को अपनाने के लिए मजबूर हुए, जिनसे आदिवासियों का बचना मुश्किल हो गया और उन्हें विस्थापन और राज्य के दमन का सामना करना पड़ा।

इस संदर्भ में एक अन्य आयाम यह भी है कि राष्ट्र-राज्य की आधुनिक परियोजना में भरोसा करने के कारण ही नेहरू ने इसकी अखंडता सुरक्षित रखने के लिए हर तरह के कदम का सहारा लिया। इस तरह के उपाय अक्सर हिंसा-प्रतिहिंसा और दमन का कारण बने। नेहरू के दौर में ही उत्तर-पूर्व के राज्यों में आर्म्स फोर्सेज स्पेशल पॉवर ऐक्ट (आफस्पा) लागू किया गया। इन राज्यों में स्थानीय समुदायों के प्रतिरोध के दमन के लिए सैन्य ताकत का इस्तेमाल किया गया। इसी प्रकार नेहरू सरकार ने तेलंगाना-आंदोलन के दमन के लिए भी सशस्त्र हिंसा का खुलकर प्रयोग किया। ये उदाहरण सिर्फ नेहरू की आधुनिकतावादी सोच के अपवाद नहीं माने जा सकते, बल्कि ये ज्यादा 'आधुनिक नियति' के बारे में मौजूद प्रभुत्वशाली समझ के प्रति आस्था को रेखांकित करते हैं। इस समझ में राष्ट्र-राज्य तथा तकनीकी-औद्योगिक विकास को 'परम सत्य' के रूप में स्वीकार किया गया और इसके रास्ते में आने वाली बाधाओं को दूर करने के लिए हर तरह के उपायों को सही माना गया। इसने कई मरतबा आधारहीन संदेहों को बढ़ावा दिया, जिसके कारण कम्युनिस्ट विचारधारा से जुड़ी सरकार को भी 'अव्यवस्था का संभावित कारण' मानते हुए उसे बर्खास्त कर दिया गया (मसलन 1956 में केरल में ई. एम. एस. नम्बूदिरिपाद की सरकार की बर्खास्तगी)।

## संदर्भ-ग्रंथ-सूची

खाखा, व. (2005). पॉलिटिक्स ऑफ लैंग्वेज, रीलिजन ऐंड आइडेनटिटी : ट्राइब्स इन इण्डिया.

*इकोनॉमिक ऐंड पॉलिटिकल वीकली, 40* (13),1363–1370।

गवर्नमेंट ऑफ इण्डिया (2008). *डिवलपमेंट चैलेंजेज इन द एक्स्ट्रीमिस्ट अफेक्टेड एरियाज : रिपोर्ट ऑफ एक्सपर्ट ग्रुप टू प्लानिंग कमीशन*, नई दिल्ली (अप्रैल)।

गवर्नमेंट ऑफ इण्डिया (2014). *रिपोर्ट ऑफ द हाइ लेवल कमिटी ऑफ सोशियो-इकोनॉमिक, हेल्थ ऐंड ऐडुकेशनल स्टेटस ऑफ ट्राइबल कम्युनिटीज ऑफ इण्डिया,* मई. नयी दिल्ली: मिनिस्ट्री ऑफ ट्राइबल अफेयर्स।

चौबे, क. न. (2013क). दो प्रगतिशील कानून की दास्तान : राज्य, जन-आंदोलन और प्रतिरोध. *प्रतिमान : समय, समाज, संस्कृति 1* (1),149–77।

चौबे, क. न. (2013ख). नियमगिरी के हकदार, *जनसत्ता*, दिल्ली (2 अगस्त)।

चौबे, क. न. (2014क). द फॉरेस्ट राइट्स ऐक्ट ऐंड द पॉलिटिक्स ऑफ मार्जिनल सोसाइटी. *एनएमएलएल ओकेजनल पेपर : पर्सपेक्टिव इन इण्डियन डिवलपमेंट*, न्यू सीरिज 31. नयी दिल्ली : नेहरू मेमोरियल म्यूजियम ऐंड लाइब्रेरी।

चौबे, क. न. (2014ब). *लॉ ऐज अ साइट ऑफ कॉनटेशटेशन बिटविन स्टेट ऐंड द मार्जिन : अ कॉम्पेरेटिव स्टडी ऑफ द एक्सपेरियेन्सेज ऑफ टू 'प्रोगेसिव' लॉज (पेसा ऐंड एफआरए)*, (अप्रकाशित पोस्ट-डॉक्टरेट रिपोर्ट). नई दिल्ली : नेहरू मेमोरियल म्यूजियम ऐंड लाइब्रेरी, तीन मूर्ति हाउस।

चौबे, क. न. (2015क). *जंगल की हकदारी : राजनीति और संघर्ष, सामयिक विमर्श.* दिल्ली : वाणी प्रकाशन, विकासशील समाज अध्ययन पीठ (सीएसडीएस)।

चौबे, क. न. (2015ख). इनहैंसिंग पेसा : द अनफिनिस्ड ऐजेंडा. *इकोनॉमिक ऐंड पॉलिटिकल वीकली, 50* (8), 23–25।

झा, एल. के. (1992). *इण्डियाज फॉरेस्ट पॉलिसीज*. नई दिल्ली: आशीष।

*भारत का संविधान* (2008). इलाहाबाद : सेण्ट्रल लॉ पब्लिकेशन।

राय, ध. (2016). नेहरू और आधुनिकता : प्राचीन और अर्वाचीन के दौर में (इसी पुस्तक में)।

शर्मा, बी. डी. (1998). द *लिटिल लाइट्स इन टिनी मड-पॉट्स डिफाई 50 इयर्स ऑफ ऐंटी-'पंचायत' राज.* नई दिल्ली : सहयोग पुस्तक कुटीर।

शर्मा, बी. डी. (2008). *अनब्रोकेन हिस्ट्री ऑफ ब्रोकेन प्रॉमिसेज : इण्डियन स्टेट ऐंड द ट्राइबल पीपॅल.* नई दिल्ली : फ्रीडम प्रेस और सहयोग पुस्तक कुटीर।

सिंह, छ. (1986). *कॉमन प्रॉपर्टी ऐंड कॉमन पोवर्टी : इण्डिया फॉरेस्ट्स, फॉरेस्ट ड्वेलर्स ऐंड द लॉ.* नई दिल्ली : ऑक्सफोर्ड युनिवर्सिटी प्रेस।

## *अध्याय 8*

# नेहरू और हिंदुत्व

*परिमल माया सुधाकर*

जवाहरलाल नेहरू, जो देश के प्रथम एवं सर्वाधिक काल तक प्रधानमंत्री रहे, ऐसे एकमात्र नेता है जिसके साथ आज के देश का सत्ताधारी कोई संबंध नहीं रखना चाहता है। वैसे वह जिनके साथ अपने रिश्ते दिखाने में व्यस्त हैं, उन महानुभावों का आज के सत्ताधारी दलों के पुरखों के साथ कोई संबंध नहीं था। फिर भी उन्हें नेहरू का विरोधी बताते हुए 'दुश्मन का दुश्मन हमारा दोस्त', इस रणनीति के तहत उन्हें सम्मानित किया जा रहा है। इसी कारण, महात्मा गांधी, वल्लभभाई पटेल, सुभाषचंद्र बोस और डॉ. बाबा साहेब अंबेडकर आज के सत्ताधारी वर्ग को करीबी लगने लगे हैं। इन चारों में न तो कोई हिंदुत्व का प्रशंसक था, न ही आज के सत्ताधारी वर्ग के प्रति उनकी कोई सद्भावना थी। फिर भी वे पूजनीय बनाए गए हैं और नेहरू को इतिहास के अंधेरे कोने में धकेला जा रहा है। सवाल यह उठता है कि ऐसा क्यों?

इस सन्दर्भ में हिन्दुत्ववादी दल एक ओर गांधी, पटेल और बोस की विचारधारा में अपनी विचारधारा का अंशतः प्रतिबिम्ब खोजते नजर आते हैं, वहीं दूसरी ओर अंबेडकर को अपनाना उनकी महज चुनावी जरूरत है। गांधी के ग्राम-स्वराज में हिंदुत्ववादी अपने आप को उनके करीब होने का पाखंड करते हैं। समुदाय के भीतर के कलह को छुपाने के लिए समुदाय को राज्य के ऊपर स्थापित करना जरूरी हो जाता है। जहाँ गांधी समुदाय के भीतर की विषमता, संघर्ष और पिछड़े तबकों की जनवादी आकांक्षा से वाकिफ हो गए थे, और इसलिए संविधान-निर्माण की प्रक्रिया में उन्होंने ग्राम-स्वराज का आग्रह तक नहीं किया, वहीं हिंदुत्ववादी दल 'भारतीय परंपरा' को संविधान में उचित स्थान न मिलने की वजह से उद्विग्न थे। संसदीय जनवादी प्रणाली को पश्चिमी सभ्यता की धरोहर समझकर गांधी के ग्राम-स्वराज को वे भारतीय परंपरा के अनुरूप मानते थे। नेहरू (और अंबेडकर) जहाँ संसदीय जनवादी प्रणाली तथा स्वतंत्रता, समानता, न्याय एवं बंधुत्व, फ्रेंच राज्य-क्रांति के तत्वों के साथ कोई समझौता

करने के लिए तैयार नहीं थे, वहीं हिन्दुत्ववादी खेमा इसके प्रति सकारात्मक नहीं था। इस सन्दर्भ में आज भी वे यह समझ नहीं पाते हैं कि गांधी ने नेहरू की जगह पटेल को महत्व क्यों नहीं दिया। बहरहाल, स्वतंत्रता-आन्दोलन में हिन्दू महासभा तथा राष्ट्रीय स्वयंसेवक संघ की नकारात्मक भूमिका के कारण गांधी को अपनाना और उनमें समानता तलाशना उनकी मजबूरी है। इसी तरह वे सरदार पटेल द्वारा सोमनाथ मंदिर के पुनरुद्धार को अपने हिंदुत्व एजेंडा का हिस्सा मानते हैं। यह बात और है कि सोमनाथ के भग्नावशेष के ऊपर न तो कोई मस्जिद बनायी गयी थी, न ही वहाँ मंदिर होने को लेकर कोई विवाद था। पटेल के समय में ही बाबरी-विवाद की शुरुआत हुई थी, फिर भी गौरतलब है कि सोमनाथ को लेकर पटेल ने जो जिद की, वह बाबरी को लेकर कहीं दिखाई नहीं देती है। फिर भी, केवल सोमनाथ के आधार पर हिन्दुत्ववादी दलों को पटेल पिता-समान नजर आते हैं, सरकारी खर्चे से सोमनाथ का पुनरुद्धार करने का नेहरू ने खुलकर विरोध किया था। यह अकारण नहीं है कि हिंदुत्ववादी विचारधारा के लिए नेहरू जाहिल थे। सोमनाथ के मामले में नेहरू की भूमिका केवल यहीं तक सीमित नहीं थी कि अभी-अभी स्वतंत्र हुए देश को अपने सीमित संसाधन गरीबी-उन्मूलन एवं ढाँचागत सुविधायें बनाने में लगाना चाहिए, न कि मंदिर-निर्माण में। वे यह भी भलीभाँति समझते थे कि इन मुद्दों से हिंदुत्ववादी एजेंडा को मान्यता प्राप्त होगी और भारत में धर्म-निरपेक्षता की नींव कमजोर होगी। हिंदुत्ववादी दल जहाँ गांधी के ग्राम-स्वराज और पटेल के सोमनाथ मंदिर के पुनरुद्धार में योगदान को अपनी विचारधारा से जोड़कर देखते हैं, वहीं फासीवाद और नाजीवाद के प्रति सुभाषचंद्र बोस के उभरे आकर्षण से वे उनके लिए आकर्षक हो जाते हैं। 1930 के दशक में, जब सुभाष बाबू को नेहरू से बड़ा समाजवादी माना जाता था और शायद इसी वजह से गांधी उन्हें नापसंद करते थे, राष्ट्रीय स्वयंसेवक संघ के नेता हिटलर और मुसोलिनी की राजनीति के प्रति आकृष्ट हुए थे। आगे चलकर सुभाष बाबू ने भी लंबे समय तक हिटलर और मुसोलिनी से हाथ मिलाने की कोशिश की थी। आखिरकार उन्हें साम्राज्यवादी जापान का साथ निभाना पड़ा। इस दौर में नेहरू ने राष्ट्रीय और अंतरराष्ट्रीय स्तर पर फासीवाद और साम्राज्यवाद के खिलाफ अहम् भूमिका अदा की थी। भारत में हिन्दू महासभा और राष्ट्रीय स्वयंसेवक संघ का फासीवादी रूप समझने में वे सक्षम थे। फासीवाद के खिलाफ नेहरू की मुखरता के चलते उनमें और हिंदुत्ववादी संगठनों में आज़ादी के आन्दोलन के समय से बैर उत्पन्न हुआ था। इसी सिलसिले में हिंदुत्ववादी सुभाष बाबू को अपना सहज सहयोगी मानने लगे हैं, हालाँकि उनके आज़ाद हिन्द फौज को सशक्त करने के लिए हिन्दू महासभा और राष्ट्रीय स्वयंसेवक संघ ने जरा भी कष्ट नहीं उठाया था।

एक ओर जहाँ आजादी के आन्दोलन में कोई महत्वपूर्ण योगदान न देने की वजह

से हिंदुत्ववादी विचारधारा को गांधी, पटेल और बोस को अपने नेताओं के रूप में पेश करना जरूरी हो जाता है, वहीं दूसरी और अंबेडकर के नाम का इस्तेमाल उनके अनुयायियों को भ्रमित करने के लिए किया जा रहा है। दरअसल हिंदुत्ववादी विचारधारा और अंबेडकर की विचारधारा में कोई समानता नहीं है, बल्कि अंबेडकर इस विचारधारा के पूर्णतः विरोधी थे। अंबेडकर पूर्ण रूप से गांधी, पटेल और बोस के उन पहलुओं के भी खिलाफ थे, जो हिन्दुत्ववादी विचारधारा को प्रिय थे। विचारधारा के स्तर पर अंबेडकर यदि किसी के सबसे करीब थे तो वे नेहरू के। मात्र एक मुद्दे पर अंबेडकर नेहरू के आलोचक थे, नेहरू अपनी विचारधारा के प्रति शत–प्रतिशत प्रतिबद्ध नहीं थे, जिसके चलते हिन्दू धर्म की कुप्रथाएँ और असमानता मिटाने के लिए जो जद्दोजहद उन्हें करनी चाहिए थी, वह उन्होंने नहीं की। अंबेडकर और नेहरू में एक महत्वपूर्ण फर्क यह था कि नेहरू देश के सबसे बड़े और सबसे पुराने राजनैतिक दल के सर्वोच्च नेता की हैसियत से देश के प्रधानमंत्री थे, और अंबेडकर के पीछे कोई संगठित शक्ति नहीं थी। दोनों में सबसे बड़ी समानता यह थी कि दोनों वैज्ञानिक सोच और आधुनिकता को भारत की गरीबी, शोषण और विषमता मिटाने का सबसे प्रभावशाली हथियार मानते थे। इसी आधुनिकता और वैज्ञानिक सोच की उपज थी कि दोनों जनवाद और संविधान के प्रति कटिबद्ध थे। न कभी नेहरू ने लोकप्रियता का फायदा उठाकर तानाशाह बनने की कोशिश की, न कभी अंबेडकर ने असंवैधानिक तरीके अपनाए। नेहरू यदि भारतीय राजनीति के केंद्र थे, तो अंबेडकर उनकी बायीं दिशा में खड़े थे। सन् 1954–55 में हिन्दू कोड बिल पर देशभर में हुई बहस और उसके बाद अंबेडकर का नेहरू कैबिनेट से इस्तीफा देना इस बात को स्पष्ट करता है। अंबेडकर का इस्तीफा इस बात की नाराजगी का इजहार था कि हिन्दुत्ववादी शक्तियाँ एवं कांग्रेस के भीतर के दक्षिणपंथी गुट नेहरू सरकार पर दबाब दे रहे थे और समानता की लड़ाई में समझौता परस्ती हो रहा था। सन् 1950 में अनुसूचित जाति–जनजाति को संवैधानिक आरक्षण, 1955 में हिन्दू कोड बिल और 1956 में धर्मांतरण के मुद्दों पर अंबेडकर और हिंदुत्ववादी शक्तियाँ भारतीय राजनीति के दो ध्रुव थे। आज मात्र नेहरू को नीचा दिखाने के लिए हिन्दुत्ववादी दल अंबेडकर के पूजक बने बैठे हैं, आखिरकार नेहरू से उन्हें इतना शिकवा क्यों है?

भारत में स्वतंत्रता के बाद दो पुरजोर संभावनाएँ थीं— एक, हिन्दू महासभा और जनसंघ के द्वारा चुनाव जीत कर आधिकारिक तौर पर हिन्दू राष्ट्र की स्थापना करना। दो, कांग्रेस का हिन्दू–दल में तब्दील हो जाना और भारत को हिन्दू–राष्ट्र घोषित करना। दोनों संभावनाएँ विभाजन की त्रासदी से उत्पन्न हुई थीं, विभाजन के दौर में हुई भयावह हिंसा और पाकिस्तान से भारत आये हिन्दू शरणार्थियों की वजह से हिन्दू महासभा और राष्ट्रीय स्वयंसेवक संघ के हौसले बुलंद थे। हिंसा से उत्पन्न घृणा का राजनैतिक

लाभ उठाने के लिए ये दोनों दल तत्पर थे। उन्हें उम्मीद थी कि 'मुस्लिम पाकिस्तान' बनने के बाद देश के बहुसंख्य हिन्दू, धर्म के आधार पर हिन्दुस्तान के पक्षधर बनेंगे। संविधान-सभा द्वारा देश को हिन्दू-राष्ट्र घोषित न करने की बात इन संगठनों को जँची नहीं थी। संविधान-सभा केवल पश्चिमी विचारों से प्रेरित उच्च शिक्षा प्राप्त लोगों का जमघट है, इस बात को तब भी प्रचारित किया गया था और आज भी यह कहा जाता है कि पश्चिमी संस्थागत ढाँचे को भारत पर ऊपर से थोपा गया है। आम चुनाव के बाद देश की हिंदू जनता अपने असली प्रतिनिधि भेजकर संसद के माध्यम से संविधान में तब्दीली करवाएगी, यह विश्वास इन दोनों संगठनों को था। आखिरकार संविधान-सभा का चुनाव न तो प्रत्यक्ष तौर पर हुआ था न ही देश के सभी वयस्क नागरिकों को उस वक्त मतदान का अधिकार था, पर हिन्दू महासभा और रा.स्व.सं. की ख्वाहिश पूरी नहीं हो पायी। जो दूसरी संभावना थी, उसकी नींव में भी यही धारणा थी कि जब मुस्लिम लीग मुसलमानों का दल है तो कांग्रेस हिन्दू की पार्टी क्यों नहीं? आखिरकार, मुस्लिम लीग ने यह प्रचार किया था कि कांग्रेस केवल हिन्दुओं की हितैषी है। ऐसे में कांग्रेस अपने आप को हिन्दू दल बतलाती है तो बुरा क्या है? जहाँ पुरुषोत्तम दास टंडन जैसे नेतागण इस विचार को सर चढ़ाए हुए थे, वहीं कई अन्य कांग्रेसी नेता खुलकर नहीं, पर अपने कामों से इसी विचार के पक्षधर प्रतीत होते थे। यदि पहले आम चुनाव में जवाहरलाल नेहरू की अगुवाई में कांग्रेस को अपार सफलता नहीं मिलती या उत्तर भारत में सफलता नहीं मिलती तो पार्टी में विद्रोह की पूरी संभावना थी। पर, यह हुआ नहीं। इन दोनों संभावनाओं को असंभव बनाने का काम जवाहरलाल नेहरू ने किया। आजाद भारत केवल 'हिंदी-हिन्दू-हिन्दुस्तान' नहीं है, बल्कि उत्तर-दक्षिण-पूरब-पश्चिम का मिलाप है, विभिन्न धर्मों और संस्कृतियों की साझी विरासत है, स्त्री-पुरुष तथा अमीर-गरीब सभी की बराबर की भागीदारी है—नेहरू ने इन आदर्शों को हर वक्त आगे बढ़ाया।

यह बात सच है कि नेहरू के राजनैतिक दर्शन और आम भारतीयों की मानसिकता में एक गहरी खाई थी, जिससे नेहरू वाकिफ थे। इस खाई के मद्देनजर स्वतंत्रता के बाद, बतौर प्रधानमंत्री, उन्होंने दो मुद्दों पर विशेष ध्यान दिया; एक, प्रगतिशील संविधान की राजनैतिक और सामाजिक स्वीकार्यता हो और संविधान के अनुसार शासन चलाने के लिए मजबूत राज्य संस्था हो। इसके लिए जरूरी था जनता के साथ लगातार संवाद बनाए रखना, जो प्रत्यक्ष और अप्रत्यक्ष तौर पर नेहरू ने किया। लोगों को विभिन्न मंचों से संबोधित करना इसके प्रत्यक्ष उदाहरण हैं तो तमाम अंतर्विरोधों के बीच आजाद भारत की नींव रखना और प्रधानमंत्री के बतौर किए गए उनके महत्वपूर्ण कार्य उनके अप्रत्यक्ष तरीकों के उदाहरण हैं। देश के सभी धर्मों को माननेवाले, हजारों जातियों में विषमता के आधार पर बँटा समाज, अपनी-

अपनी बोली बोलनेवाले विविध प्रदेश और विभिन्न राजनैतिक विचारधारा के दल आज तक भारत में कायम हैं और इन सबके साथ भारत एक बना हुआ है, इसका सबसे ज्यादा श्रेय नेहरू को जाता है। इस विविधता को जनवाद के माध्यम से संवैधानिक प्रक्रिया में सम्मिलित करवाना अपने आप में एक चुनौती थी। इस चुनौती में नेहरू कामयाब रहे, उसके पीछे स्वतंत्रता-आन्दोलन का लम्बा इतिहास और उसमें उनकी अगुवाई मुख्य कारण था। हिन्दुत्ववादी दलों द्वारा नेहरू को 'टारगेट' करने की एक बड़ी राजनैतिक वजह यह भी है कि आधुनिक भारत के निर्माण की नींव में स्वतंत्रता का आन्दोलन है, यह बात उन्हें कतई स्वीकृत नहीं थी। स्वतंत्रता-आन्दोलन उनके लिए महज एक घटना है, जिसमें ब्रिटिशों को, ध्यान रहे उपनिवेशवाद को नहीं, भारत से खदेड़ा गया था।

हजारों सालों की भारत की 'गौरवशाली परंपरा' का दिन-रात जिक्र करने वाले हिंदुत्ववादी दलों के लिए देश का इतिहास 1757 की प्लासी की लड़ाई के साथ ख़त्म हो जाता है। उसके बाद चले 'भारतीय पुनर्जागरण' का दौर और स्वतंत्रता-आन्दोलन में लंबे विमर्श के बाद उभरी 'आजादी क्यों' की संकल्पना का इतिहास हिंदुत्ववादी दल भुला देना चाहते हैं। इस समय भारत में चली समानता और न्याय की बहस और इसके मद्देनजर उभरे मजदूर, दलित, आदिवासी, महिला आन्दोलनों को हिन्दुत्ववादी विचारधारा नजरअंदाज करती है। आजादी से पहले नेहरू की 'मुक्त मार्क्सवाद' की विचारधारा ने इन आंदोलनों का स्वरूप निर्धारित करने में महत्वपूर्ण भूमिका निभाई थी। व्यक्ति को धर्म और जाति से बाहर निकालकर नागरिक बनाने की प्रक्रिया इन आंदोलनों के माध्यम से ही संभव है, यह नेहरू मानते थे। आजादी के बाद नेहरू ने कभी इन आन्दोलनों की अगुवाई नहीं की, किन्तु ऐसी परिस्थितियों का संरक्षण जरूर किया, जिनमें ये आन्दोलन पनप सकें। नेहरू को नकारना उस सोची-समझी साज़िश का हिस्सा है, जिसके तहत आजादी के आन्दोलन के स्वर्णिम प्रगतिशील इतिहास को भुलाया जा रहा है।

आजादी के बाद नेहरू सरकार की तीन नीतियों ने देश के बर्बर सामंती ढाँचे को नष्ट करने की दिशा में महत्वपूर्ण पहल की। विज्ञान और आधुनिकीकरण के सहारे समानता एवं समृद्धि लाने के प्रयासों को नेहरू ने आजादी के बाद योजनाबद्ध तरीके से लागू किया। विकास का तोलमोल वैज्ञानिकता और आधुनिकता की कसौटी पर किया गया। जमींदारों की अतिरिक्त जमीन का भूमिहीन खेतिहर मजदूरों में बँटवारा, गाँव-गाँव में गरीबों के लिए राशन-पद्धति के माध्यम से अन्न की उपलब्धता और शहरीकरण—इन तीन नीतियों ने सामंती और जातिवादी व्यवस्था को ध्वस्त करने की शुरूआत की। इसके साथ संविधान द्वारा दिए गए 'एक व्यक्ति-एक वोट और एक वोट-एक मूल्य' के सिद्धांत की ईमानदार तालीम से समतामूलक समाज की नींव

रखी गयी। नए भारत का इससे बेहतर निर्माण केवल साम्यवादी राज्यपद्धति में ही शायद संभव हो पाता। स्वातंत्र्योत्तर भारत की आर्थिक, राजनैतिक और सामाजिक खामियों का यथातथ्य विवेचन करने के बदले हिंदुत्ववादी केवल यह कहते हुए नेहरू को कोसते रहते हैं कि पहले भारत सोने की चिड़िया था, जिसे नेहरू ने बर्बाद कर दिया। लेकिन अपने राजनैतिक दर्शन को राजनैतिक कार्य के साथ जोड़कर जनता के सामने पेश करना जवाहरलाल नेहरू को खूब आता था। यही वजह थी कि उनका राजनैतिक दर्शन और आम भारतीय की मानसिकता—इसमें खाई होने के बावजूद नेहरू और आम आदमी के बीच कोई अंतर नहीं था। तमाम मुश्किलों और कई कमियों के बावजूद वे अपने समय के सबसे लोकप्रिय नेता थे, जिन्होंने अपनी लोकप्रियता का इस्तेमाल वैज्ञानिकता और आधुनिकता की सोच को आगे बढ़ाने के लिए किया। उनके समय के 'मराठा' दैनिक के संपादक और उनके राजनैतिक विरोधी आचार्य अत्रे ने नेहरू के देहांत के बाद लिखे 13 संपादकीय लेखों में से एक में लिखा है कि नेहरू की एक आम सभा विरोधी दलों की 100 आम सभा से ज्यादा असरदार होती थी। अत्रे लिखते हैं कि महाराष्ट्र में चुनावी दौर में हिन्दू महासभा के विनायक दामोदर सावरकर एक के बाद एक सभाएँ लेकर कांग्रेस के लिए मुश्किल खड़ी करते थे। सावरकर बेशक अपने समय के सर्वाधिक प्रभावशाली व्यक्तियों में से एक थे, लेकिन चुनाव के दो दिन पहले नेहरू महाराष्ट्र में आकर चुनिंदा सभाओं को संबोधित करते हैं और पूरा पासा पलट जाता है। भीड़ जुटाने और लोकप्रियता के मामले में महाराष्ट्र में नेहरू और सावरकर में से कोई एक-दूसरे से कम नहीं था, पर नेहरू राजनैतिक बात को लोगों के दिलोदिमाग में उतारने में कामयाब होते थे।

भारत के मुस्लिम तथा कम्युनिस्ट नेताओं के अतिरिक्त नेहरू ऐसे एकमात्र शख्स हैं, जिनसे हिंदुत्ववादी शक्तियाँ कोई समानता नहीं तलाशना चाहती हैं, या यह कहें कि कोई समानता उन्हें नहीं मिल पाती है। इसके पहले हिंदुत्ववादी दलों ने गांधी और अंबेडकर पर ऐसे ही घृणित हमले किये थे, जैसे आज वे नेहरू पर कर रहे हैं। देश के प्रगतिशील आन्दोलन के चलते जब वे गांधी और अंबेडकर को ध्वस्त नहीं कर पाए तो उन्हें तेजी से अपने पोस्टरों पर अपना लिया। क्या वे नेहरू को ध्वस्त कर पायेंगे? यदि नहीं, तो क्या वे नेहरू को भी अपनाने की कोशिश करेंगे? कदापि नहीं। गांधी और हिन्दुत्ववादी विचारधारा में बहुत कम समानता और बहुत ज्यादा भिन्नता है। गांधी और अंबेडकर के साथ हिंदुत्ववाद का जो अंतर्विरोध है, वह खुलकर सामने नहीं आये, इसलिए नेहरू को विवादों में घेरे रखना हिंदुत्ववाद की मजबूरी भी है। हिन्दुत्ववादी शक्तियों के हमले से नेहरू को बचाना आधुनिक भारत की संकल्पना का बचाव होगा और हिंदुत्ववादी दलों से गांधी और अंबेडकर की मुक्तता का बिगुल होगा।

*अध्याय 9*

# नेहरू बिना गांधी

***सदन झा***

*यद्यपि मैं लंबे समय से भारतीय राजनीति के रथ में संचालित गुलाम हो गया हूँ, जहाँ थोड़ा ही अवकाश हमारे विचारों के लिए मिलता है, मेरा मन अक्सर उन दिनों को, जब मैं एक छात्र के रूप में, कैम्ब्रिज की प्रयोगशालाओं, जो विज्ञान का घर था, याद करता हूँ। हालाँकि परिस्थितियों ने मुझे विज्ञान से दूर कर दिया, पर मेरे विचार इसके लिए लालायित रहे थे।*
जवाहरलाल नेहरू, साइंस एंड प्लानिंग, इलाहाबाद, दिसम्बर 26, 1937

धनंजय द्वारा नेहरू और आधुनिकता पर लिखा गया यह लेख एक जरूरी लेखन है। मैं इस विषय पर बहुत कुछ तो यहाँ नहीं लिख पाऊँगा, पर मेरा प्रयास यह रहेगा कि इस संवादनुमा टिप्पणी से आपके लेखन से उपजे सवालों को तीखे तौर पर उभारा जाय। कुछ सवाल ऐसे भी हों, जो इस विषय को एक अलग नजरिया भी दे सके और कुछ असहमतियों को उभारा भी जाए, जिससे विषय की पेचीदगियों को थोड़ा और खोलकर पाठकों के सामने लाया जा सके। जवाहरलाल नेहरू हिन्दुस्तान में आधुनिकता के सबसे बड़े पैरोकार के रूप जनमानस में जाने जाते हैं, एक ऐसा शख्स, जिसने बीसवीं सदी के हिन्दुस्तान को उसकी चिंतन शैली, राज्य प्रणाली, इतिहास की संकल्पना और संस्थागत ढाँचे को सबसे अधिक प्रभावित किया। इन ऊपर गिनाये गए क्षेत्रों में मुझे यह कहने में तनिक भी संकोच नहीं होगा कि मैं नेहरू को महात्मा गांधी से अधिक वरीयता दूँगा। भले ही मैं नेहरू की अपेक्षा महात्मा गांधी का अधिक प्रशंसक हूँ और अपनी विचार पद्धति में भी मैं खुद पर महात्मा के प्रभाव को अधिक पाता हूँ। नेहरू एक राजनैतिक नेता और राजनैतिक चिन्तक थे। ऐसे में, यह यहाँ उद्धृत करना लाजिमी हो जाता है कि नेहरू जैसे युग-पुरुष से संबंधित राजनैतिक सैद्धांतिकी

हिंदी में बहुत कम उपलब्ध हैं। हिंदी में उनके ऊपर लिखे गंभीर लेखन का हाल के दशकों में अभाव ही रहा है। हिंदी में नेहरू के बारे में बहुत कम सामग्री उपलब्ध है और जो है भी उनमें अधिकांश अंग्रेजी-लेखन का हिंदी-अनुवाद है। इसे विडंबना ही कहा जाय कि जिन्होंने स्वतंत्रता के बाद के अकादमिक संस्थाओं को खड़ा करने में सबसे महत्वपूर्ण भूमिका अदा की, जिनके चिंतन ने व्यापक और गहरा प्रभाव डाला, उनके चिंतन पर गंभीर लेखन नहीं हुआ है। जैसा कि धनंजय भी कहते हैं कि नेहरू को अक्सर उनके कामों के बरक्स ही आँका जाता रहा है, उनके चिंतन को तरजीह नहीं दी गयी। यहाँ यह मैं अपनी तरफ से जोड़ना चाहूँगा कि अंग्रेजी भाषा में उन पर काफी लिखा गया है और लगभग सभी बड़े राजनीतिक सिद्धान्तकारों ने (जिन्होंने भारत के संबंध में लिखा है) नेहरू के राजनैतिक काम और विचारों दोनों को ही खंगाला है। धनंजय के द्वारा यहाँ दी गयी सन्दर्भ-सूची इस बात की तस्दीक भी करती है और इस बाबत मैं धनंजय की इन बात से असहमति जताता हूँ कि नेहरू को 'वह जगह नहीं मिल पाई, जिसके वह हकदार थे। नेहरू को राजनैतिक विचारक की जगह राजनैतिक कर्ता के तौर पर देखा' गया है। बहरहाल, धनंजय द्वारा कर्ता और चिंतक में किया गया फर्क प्रोवोकेटिव है और इसके पक्ष-विपक्ष में तर्क दिये जा सकते हैं, लेकिन इसकी अहमियत बरकरार रहेगी।

राजनैतिक सिद्धांत की अपनी भाषा होती है। इसमें विचारों और सिद्धांतों के स्तर पर व्याख्या की जाती है। इस व्याख्या से कोई सहमत होता है, कोई असहमत। इस सहमतियों-असहमतियों के वैचारिक संघर्ष से विचार-पद्धति समृद्ध होती है।

धनंजय का यह लेखन ऐसे ही सिद्धांत के व्याकरण से गढ़ा गया प्रयास है और हिंदी में ऐसे बहुतेरे प्रयासों की जरूरत है। नेहरू और आधुनिकता, जिस विषय पर यह लेखन केन्द्रित है, शाश्वत रूप से मौजूं विषय तो नहीं कहा जा सकता है, लेकिन इतना अवश्य है कि अस्सी और खासकर नब्बे के दशक में जब आधुनिकता पर सवाल उठने शुरू हुए, तब से ही नेहरू मौजूं बने हुए हैं। सेकुलरिज्म, विज्ञान, परंपरा, देश-निर्माण, योजना आदि अनेक मुद्दों पर नेहरू और उनकी विचार-पद्धति को कसौटी पर कसा जाता रहा या फिर महिमामंडित किया जाता रहा, पर धनंजय ने इस विमर्श को एक-दूसरे धरातल पर ले जाकर देखने की कोशिश की है। वे आधुनिकता से विकसित होने वाले इंडिविजुअलिटी के इतिहास में नेहरू को रख कर देख रहे हैं, पुनर्जागरण तक जाते हैं और व्यक्तिवाद के बजाय इंडिविजुअलिटी (जिसे मैं निजता कह सकता हूँ) को केंद्र में लाते हैं, इस बड़े फलक में सरलीकरण हो जाना असंभव नहीं। यह जो पुनर्जागरण तक जाता इतिहास है, इसमें कई पेचीदगियाँ हैं। इनका जिस तरह से वैश्वीकरण के साथ संबंध रहा है, जिस तरह की

चेतना के विकास में इस इतिहास का महत्वपूर्ण योगदान रहा है और फिर इस चेतना को जब औपनिवेशिक सन्दर्भ में लाते हैं तो ये पेचीदगियाँ खासी बढ़ जाती है।

इन पेचीदगियों को चंद पृष्ठों में समेटना नामुमकिन-सा काम है और धनंजय ने इस पचड़े में पड़ने के बजाय फोकस को नेहरू-विमर्श के दो धरों तक सीमित रखा है, जिसे वे समुदायवादी और पुनरुत्थानवादी कहते हैं। यह भी एक नया आयाम हमारे सामने लाता है, नेहरू को आँकने के लिए। यहाँ भी सरलीकरण है। यहाँ भी कई ग्रे एरिया (अपरिभाषित क्षेत्र) हैं, जिसके रास्ते इस लेखन से खुलते हैं। मेरे लिए महात्मा गांधी का विचार क्षेत्र एक ऐसा ही ग्रे एरिया है, जो हमें समुदाय और पुनरुत्थान दोनों के ही मान्य अर्थों को चुनौती देता दिखाई देता है। यहाँ सवाल यह भी है कि क्या बिना महात्मा गांधी की आधुनिकता की आलोचना के बगैर नेहरू की आधुनिकता पर मानीखेज ढंग से लिखा जा सकता है। धनंजय यहाँ यह दिखाते हैं कि यह जरूरी नहीं कि हम हमेशा नेहरू को महात्मा के बरक्स ही आँकें। मेरे लिए धनंजय के द्वारा नेहरू का किया गया आकलन यह दीर्घ सवाल छोड़ जाता है। यही मेरी असहमति है। यही धनंजय की सार्थकता भी। एक उम्दा शोध सहमतियों की भीड़ इकट्ठा नहीं करता, वह जेहन में सवाल खड़ा करता है।

## सन्दर्भ

गोपाल, एस. (सम्पादित) (1976). *नेहरू : सेलेक्टेड वर्क्स*, वॉल्यूम 8. मद्रास : ओरिएंट लोंगमन और संगम बुक्स।

# लेखक-परिचय

**धनंजय राय,** सेंटर फॉर स्टडीज एंड रिसर्च इन गांधियन थॉट एंड पीस, गुजरात केंद्रीय विश्वविद्यालय में असिस्टेंट प्रोफेसर हैं।

**धर्मेन्द्र कुमार,** राजनीति शास्त्र विभाग, जे. एच. स्नातकोत्तर कॉलेज, बैतुल, मध्य प्रदेश, में प्रोफेसर हैं।

**अब्दुल रहमान अंसारी,** इंद्रप्रस्थ कॉलेज, दिल्ली विश्वविद्यालय में असिस्टेंट प्रोफेसर हैं।

**पावेल तोमर,** सेंटर फॉर हिस्टॉरिकल रिसर्च, जवाहरलाल नेहरू विश्वविद्यालय में वरिष्ठ शोधार्थी हैं।

**प्रमोद कुमार तिवारी,** हिंदी अध्ययन एवं शोध केंद्र, गुजरात केंद्रीय विश्वविद्यालय में असिस्टेंट प्रोफेसर हैं।

**सुधीर कुमार सुथार,** सेंटर फॉर पॉलिटिकल स्टडीज, जवाहरलाल नेहरू विश्वविद्यालय में असिस्टेंट प्रोफेसर हैं।

**कमल नयन चौबे,** दयाल सिंह कॉलेज, दिल्ली विश्वविद्यालय में असिस्टेंट प्रोफेसर हैं।

**परिमल माया सुधाकर,** एम. आई. टी. स्कूल ऑफ़ गवर्नमेंट पुणे, महाराष्ट्र के हेड-एकेडेमिक्स हैं।

**सदन झा,** सेंटर फॉर सोशल स्टडीज, सूरत में एसोसिएट प्रोफेसर हैं।